La sociedad tiene derecho a opinar
pero sobre todo... a conocer la verdad.

En la siguiente Edición,
porque la realidad supera la ficción,
se invita al amable lector,
a convertirse en un verdadero investigador
y desenmascarar (juntos)
a los verdaderos culpables,
de acuerdo a las pruebas y evidencias
que aquí les comparto y que nunca
se quisieron dar a conocer a la sociedad,
por parte de las autoridades de esos tiempos,
porque eran parte de:

"UN SUPUESTO SECRETO DE ESTADO".

Mario Aburto Martínez
21 de Octubre de 2017.

BESTSELLER

Laura Sánchez Ley nació en Tijuana, Baja California. Es periodista de investigación y escritora. Durante 15 años ha publicado reportajes que han revelado tramas de corrupción e impunidad al interior del poder político, mismos que han sido reconocidos con diversos premios nacionales e internacionales. Ha colaborado para distintos medios como *Milenio*, *El Universal*, Univision entre otros. Actualmente es periodista independiente y creadora de Archivero, un proyecto que tiene como objetivo la desclasificación de expedientes clasificados como secretos por el estado, desde donde ha aperturado e indagado en archivos del poder político y la historia contemporánea.

LAURA SÁNCHEZ LEY

ABURTO

Testimonios desde Almoloya, el infierno de hielo

DEBOLS!LLO

El papel utilizado para la impresión de este libro ha sido fabricado a partir de madera
procedente de bosques y plantaciones gestionadas con los más altos estándares ambientales,
garantizando una explotación de los recursos sostenible con el medio ambiente y beneficiosa para las personas.

Aburto
Testimonios desde Almoloya, el infierno de hielo

Primera edición en Debolsillo: julio, 2022

Penguin Random House Grupo Editorial, S. A. de C. V.
Blvd. Miguel de Cervantes Saavedra núm. 301, 1er piso,
colonia Granada, alcaldía Miguel Hidalgo, C. P. 11520,
Ciudad de México

penguinlibros.com

Diseño de portada: Penguin Random House/ Paola García Moreno

ISBN: 978-607-381-609-0
Impreso en México – *Printed in Mexico*

Para Guadalupe, Arturo y mi Dardo
Y por supuesto para Miranda y Daniel

Índice

Prólogo

Esa tarde, en Lomas Taurinas, cambió el curso de la historia, la política y la sociedad mexicanas.

Los dos disparos que quitaron la vida a Luis Donaldo Colosio Murrieta irrumpieron en la conciencia nacional en forma de rumores y especulaciones. Pero también de hechos concretos, como el manipulador control gubernamental sobre el proceso judicial de quien fue sentenciado como único autor material de tal magnicidio, Mario Aburto Martínez, y la crueldad de las peleas por el poder que se multiplicaron y, muy pocos años después, llevarían al entonces aplastante Partido Revolucionario Institucional (PRI) a sucesivas derrotas electorales y alternancias partidistas de orden mayor.

La supresión del candidato presidencial del PRI en 1994 —cuando contar con esa postulación era virtual garantía de alcanzar la banda presidencial al costo que fuera— agregó sangre y conmoción a los procesos políticos de sucesión presidencial priista que habían saltado del "nacionalismo revolucionario" a la tecnocracia neoliberal encarnada por el entonces ocupante de Los Pinos, Carlos Salinas de Gortari.

La ejecución de Colosio en una colonia popular de Tijuana, Baja California puso trágico fin a la sorda batalla palaciega, impuesta por Salinas de Gortari, entre el sonorense, al que había ido cultivando como hechura política propia (acaso con pretensiones de imponerle una tutela transexenal), y el despechado Manuel Camacho Solís, que se sentía predestinado a una sucesión que el jefe de calva distintiva prefirió resolver a favor del "hijo" político, Colosio, y no del "hermano" Camacho que podría resultarle menos manejable en un proyecto de maximato carlista.

Salinas creó el ambiente de incertidumbre en la campaña presidencial de Colosio y de aliento a la confrontación interna, con Camacho como eventual alternativa de relevo ante el desconcierto del norteño, que 17 días antes de ser asesinado había pronunciado en el Monumento a la Revolución, en un aniversario del Partido Revolucionario Institucional, un discurso que ya nunca pudo pasar de la retórica de campaña a la práctica reformista: "Yo veo un México con hambre y con sed de justicia. Un México de gente agraviada, de gente agraviada por las distorsiones que imponen a la ley quienes deberían de servirla. De mujeres y hombres afligidos por abuso de las autoridades o por la arrogancia de las oficinas gubernamentales. Veo a ciudadanos angustiados por la falta de seguridad, ciudadanos que merecen mejores servicios y gobiernos que les cumplan".

La tragedia sucedida en Tijuana —la ciudad más importante del estado que Colosio, como presidente nacional del PRI, concertadamente reconoció perdido en elecciones que dieron paso al derechista Partido Acción Nacional, instalado a partir de ahí 30 años en el gobierno de Baja California— generó la llegada a la presidencia de la República de una figura políticamente atípica, Ernesto Zedillo Ponce de León. Dicho personaje establecería una "sana distancia" del PRI, se confrontaría secamente con Salinas y propiciaría la pérdida irreversible de la histórica mayoría priista en el congreso federal, la entrada perdurable de la izquierda partidista a la jefatura de gobierno de la Ciudad de México y, en 2000, la primera derrota presidencial del PRI, a manos del panista Vicente Fox.

Un 1994 en cuyas primeras horas se produjo la declaración de guerra al Estado mexicano por parte del Ejército Zapatista de Liberación Nacional, con sus rifles de palo y sus militantes textilmente embozados, al mismo tiempo que se ponía en vigor el Tratado de Libre Comercio con Estados Unidos, que era promovido como puerta de entrada de México a un primer mundo idealizado a conveniencia.

El asesinato de Colosio, que en aquel lapso no fue el único en cuanto a figuras políticas relevantes, confirmó en muchos mexicanos la inviabilidad de conocer la verdad en casos en que el interés de los poderosos se aplica a crear narrativas engañosas, distractoras, muchas veces francamente grotescas.

Mario Aburto Martínez, de 23 años de edad, fue acusado, procesado y sentenciado como responsable de ese momento crucial en Lomas Taurinas. Todo se enfiló desde el primer momento en contra del joven nacido en Michoacán, con la aplastante ayuda de la mayoría de los medios de comunicación, bajo el sabido control gubernamental férreo, y con la fuerza del aparato policiaco y judicial domado a conveniencia de los poderes supremos.

El esfuerzo formal del gobierno salinista, como luego el zedillista, fue monumental en términos de revisiones, cotejos, declaraciones e investigaciones, entre un desfile de fiscales especiales que llegaron a prodigar hipótesis de toda índole. Pero por encima de esas diligencias inusitadas quedó la percepción generalizada de que había sido un crimen de Estado, o cuando menos relacionado con personajes clave del poder político de esa época, jefes formales o hermanos carnales.

Aún a estas alturas, a 28 años de distancia, el caso Aburto sigue provocando polémica, distante del escrutinio nacional por el paso del tiempo y por la existencia de una sentencia judicial con enigmas, zonas oscuras y puntos críticos en los que asoma la legítima exigencia de verdad.

Justamente en ese campo de la investigación en busca de esclarecer —porque ha de decirse que en este caso hubo "investigación" para no esclarecer— se instala el cuidadoso trabajo periodístico de Laura Sánchez Ley, quien no sólo relata con ritmo, precisión y abundancia los pasajes sombríos del proceso policiaco y judicial sino, en especial, la historia personal y familiar de Aburto, con documentos de puño y letra y la transcripción de grabaciones de voz que muestran un perfil muy necesario para contrastarlo con la pretensión oficialista de hacerlo pasar como alguien burdo, rústico, obligadamente sancionable.

Las investigaciones de Sánchez Ley resultan muy importantes, más allá del específico entorno judicial. No aventura hipótesis ni pretende sentencias. Hurga, cultiva fuentes, entrevista, accede a documentos, reporta e incluso consigue que el propio Aburto haga añadidos a partir de su lectura en prisión de la primera edición de este libro. De manera extraordinaria, consigue que, desde el aislamiento y las explicables precauciones, Aburto agregue parte de su testimonio a la nueva edición, así tan enriquecida, que el lector tiene en sus manos.

El Aburto cuyo retrato ofrece la periodista Sánchez Ley en cuanto a su entorno familiar, social, cultural e incluso político, más las cartas, expresiones escritas y grabaciones de audio que lo muestran nítidamente es de una valía fundamental para entender cómo se fueron construyendo los sueños, las frustraciones, la confusión y, en general, la personalidad de un joven finalmente arrollado por las circunstancias y convertido en pieza oficial de explicación formal de la tragedia de Lomas Taurinas.

Es probable que a estas alturas, luego del viaje por el mundo y los submundos de Aburto que nos ofrece la periodista Sánchez Ley, ni siquiera sea tan importante confirmar o desechar la versión institucional, la sentencia consumada, que coloca a Aburto como asesino único de Luis Donaldo Colosio Murrieta.

Tal vez resulta de la lectura de este libro que Aburto fue y no fue el asesino; que fue al mismo tiempo solitario, concertado y de múltiples imágenes corporales y personalidades; que fue uno y muchos más; que murió el mismo día que Colosio, con otro nombre y en un taller mecánico; que fue agente de seguridad nacional o policía estatal o federal; que fue descomponiéndose y reconstruyéndose en cada uno de los interrogatorios, las diligencias judiciales, los peritajes psicológicos y el aislamiento brutal que se le impuso, como si no se quisiese que se supiese más de él que lo visto una y millones de veces en aquel video histórico del día en que el sistema priista llevó a su inexplicablemente maltratado candidato a la presidencia a una trampa literalmente mortal.

Aburto pudo haber sido general, coronel, guardaespaldas militar, porrista de partido u organizador de vallas en mítines políticos. Pero también pudo haber sido presidente de la República, secretario de Estado, jefe de oficina presidencial, gobernador norteño, procurador de justicia, fiscal especial, enlace gubernamental con el narcotráfico, fraterno recaudador incómodo de fondos para campaña tricolor que vio distanciarse al candidato sonorense de los patrocinadores implacables o de verdad, simplemente, un joven de lecturas dispersas pero clara concepción de la injusticia social comprobada en su corta vida en libertad. Uno de tantos chavos del México de la pobreza y el abandono, que un mal día llevó su pistola recién comprada a un mitin político al que decidió a última hora asistir y en el que se tropezó con el sino trágico al terminar disparando en la sien del abanderado propuesto por el partido aplanadora para presidir un país ya convulso por su carga histórica, la del falso revolucionarismo institucionalizado que no encontraba la manera de procesar la suerte máxima de la sucesión presidencial, desde entonces accidentada pero nunca al nivel de lo vivido y lo desatado a partir de la tarde de aquel 23 de marzo que cambió el curso de la historia, la política y la sociedad mexicanas.

Julio Astillero

Parte de este libro está escrita con entrevistas realizadas a las personas involucradas en el asesinato de Luis Donaldo Colosio, candidato a la presidencia de México, el 23 de marzo de 1994 en la ciudad de Tijuana, o relacionadas con su asesino confeso, Mario Aburto Martínez. Veintiocho años después, algunos de los entrevistados pidieron proteger su identidad por temor a sufrir represalias, lo cual se ha respetado. El material de este libro también deriva de las investigaciones que se llevaron a cabo por más de 10 años y de la desclasificación en el año 2019 de las dos investigaciones oficiales del caso: la de la entonces Procuraduría General de la República y la del Poder Judicial de la Federación.

Las ediciones de Aburto

Hace cinco años, a este libro, a mí, nos faltaba algo: a pesar de haber hecho cientos de entrevistas, recopilado miles de archivos, de leer y cotejar bitácoras médicas y partes policiales. De haber visto una y otra vez el video del disparo. El fusil que dio en el blanco. Adelantar, pausar, regresar, me hacía falta.

Este libro estaba incompleto pese a haber escuchado durante una década cientos de teorías del asesinato. Que si existieron tres Aburtos. Que si la sangre espesa y oscura de Colosio curó enfermedades. De haber intentado hilar una trama de secretos, conspiraciones políticas y traiciones de una época.

Confieso entonces que incluso yo empecé a dudar, y por unos segundos me convencí con la teoría de que los balazos vinieron sincronizados al estribillo de la canción de la banda Machos llamada "La culebra". "Huye, José, huye, José, ven —primer disparo— pacá, cuidao con la culebra —el segundo—. Me lo creí para después volver a dudar.

Había 224 hojas escritas y a pesar de ello me hacía falta. El 23 de marzo del año 2017 salió a las estanterías *Aburto. Testimonios desde Almoloya, el infierno de hielo* sin él: sin la versión de Mario Aburto Martínez, el presunto asesino del candidato presidencial del Partido Revolucionario Institucional (PRI), Luis Donaldo Colosio.

Pero es que cuando se publicó este libro también era otra época: entonces estaba en el poder el presidente priista Enrique Peña Nieto, uno de los mandatarios más corruptos en la historia moderna de México, quien decidió negarme el acceso al penal. Entonces me convencieron de hacerme pasar por monja para ingresar. Lo pensé y después lo descarté. Ésta y otras 20 opciones. Todos mis intentos fracasaron.

Han pasado cinco años y esta edición, hoy, es muy distinta. Mario Aburto está aquí. Lo hizo a través de las páginas de este libro tachoneando y agregando notas al pie de página desde su celda. Revelando por fin quiénes fueron, según él, los asesinos de Luis Donaldo Colosio, ya que desde 1994 asegura que es un chivo expiatorio.

Esta edición, en cuya investigación se invirtieron ya más de 10 años, también revela nueva evidencia que modifica la versión histórica que sostuvo el gobierno mexicano sobre el asesinato de Luis Donaldo Colosio Murrieta.

Además de la versión de Aburto, esta edición incluye los archivos desclasificados del caso que tanto la entonces Procuraduría General de la República como el Poder Judicial mantuvieron en el más estricto secreto en las bóvedas de sus archivos.

Los más de 160 mil documentos históricos, videos y fotografías inéditas me permitieron adentrarme en el submundo de la justicia mexicana, y revelarles con acontecimientos lo que ya era sospecha: que la investigación y el encarcelamiento de Aburto estuvieron llenos de irregularidades, mentiras y estrategias políticas para resolver un crimen donde aún abundaban más dudas que certezas. Ya les contaré más adelante.

Pero como en la primera edición me hizo falta la versión de Aburto, hoy quiero darle la oportunidad de abrir las páginas de este libro. Y aclaro que mi intención no es tomar postura: es un acto de justicia permitirle al investigado que nos revele su versión de cómo ocurrieron los hechos del 23 de marzo de 1994.

Más adelante llegaremos al montaje. Hoy dejaré que hable Aburto.

Las ediciones

Sólo unos meses después de haberse publicado este libro, desde el penal federal de Huimanguillo, Tabasco, donde estaba purgando su condena luego de haber sido trasladado de Almoloya de Juárez, en el Estado de México, con una letra totalmente legible en lo que fuera la hoja número 1 de la primera edición, Aburto asegura que la sociedad tiene todo el derecho a opinar, pero sobre todo a conocer la verdad. Sin alterar o corregir los dichos de Aburto comenzaré a escribir textualmente lo que dijo:

En la siguiente edición, porque la realidad supera la ficción se invita al amable lector a convertirse en un verdadero investigador y desenmascarar (juntos) a los verdaderos culpables, de acuerdo a las pruebas y evidencias que aquí les comparto y que nunca se quisieron dar a conocer a la sociedad por parte de las autoridades de esos tiempos, por que eran parte de un supuesto secreto de estado.

Mario Aburto Martínez
21 de octubre del 2017

Les cuento un poco sobre estas páginas, sobre las correcciones que su familia logró sacar del penal y que hoy resguardan en su casa en Los Ángeles, en Estados Unidos. Su padre, Rubén Aburto, y sus hermanos guardan con recelo el ejemplar que en teoría era para esta editorial. Por supuesto no me lo entregaron.

Sin embargo, en una visita logré obtener algunas fotografías de las páginas donde Aburto cuenta su "verdad". Acá otra anotación que hizo a nuestro libro:

Un dictamen hecho y realizado por la policía científica española contratada por el mismo presidente de México, Carlos Salinas de Gortari y la Fiscalía Especial del caso determinó y resolvió que la persona que dispara no es Mario Aburto Martínez si no otra persona que se le puede identificar en los videos en tiempo, lugar, modo y forma.

Ernesto Rubio Mendoza al que se le puede identificar en los videos en tiempo, lugar modo y forma. Pero el deshonesto comandante Raul Loza Parra (comandante de la entonces Policía Federal) quiso ocultar la verdad alterando y falsificando los videos y las demás pruebas para deshacerse del testigo protegido de la DEA en USA.

Mario Aburto Martínez por primera vez en 25 años señaló al "verdadero asesino" de Luis Donaldo Colosio: Ernesto Rubio Mendoza —de quien se hablará más adelante—, un hombre que el mismo 23 de marzo de 1994 apareció muerto en un taller mecánico de Tijuana. Lo que sorprende hasta el día de hoy es el tremendo parecido con Aburto. De ahí las versiones que apuntaban a que fue el verdadero asesino.

Aburto continúa relatando su versión:

En un dictamen pericial al arma presentada como prueba, que no tenía las huellas de Mario Aburto sí no del agente de Seguridad Nacional Jorge Antonio Sánchez Ortega, este último salió positivo en la prueba de pólvora en las manos. Además de que su tío, también del CISEN, declaró en el expediente que cuando iba huyendo su sobrino con la ropa manchada de sangre de colosio le confesó asustado que él había baliado o disparo a Colosio. José Antonio o Jorge Sánchez Ortega.

También el comandante de la PGR de aquel entonces Raúl Loza Parra, sembró otra bala en el lugar de los hechos. La exconductora de televisión Talina Fernández muchos años después entregaría a la PGR otra ojiva de bala que fue también sembrada en la chamarra o en la bolsa de la chamarra de Colosio. Que es a la que han querido atribuir ser la "bala mágica" que entró, salió, volvió a entrar y volvió a salir por el abdomen del Lic.Colosio, según las pruebas y exámenes periciales de la neurocirujana Patricia Aubanel y el personal de la Semefo, es imposible que existan balas mágicas o inteligentes.

Mario Aburto termina esta página hablando de la segunda bala que mató al candidato Colosio, la que recibió en el abdomen y que ha causado sospechas, ya que, según la versión oficial, Mario Aburto también le lanzó ese disparo segundos después del primero en la cabeza, y ya detenido por las personas que asistieron al mitin.

En una edición hecha a la página 24, Aburto también habla sobre el último fiscal a cargo de la investigación, Luis Raúl González Pérez, quien hasta hace poco fue el presidente de la Comisión Nacional de Derechos Humanos. Fue él quien cerró el caso en el año 2000.

Luis Raúl González ocultó la verdad por lealtad al PRI por estar comprometido con ellos esperando algún día ser recompensado con algún buen cargo público que siempre a ambicionado, como el de presidente de la CNDH, procurador General de la República, en el Poder Judicial de la Federación o en algún puesto público o político, o ser el rector de alguna universidad de prestigio y si no le cunplen es capaz hasta de cambiarse de partido como lo hizo su pareja Jorge Carpizo.

En esa misma página 24 de las hojas que se lograron rescatar, Aburto cuenta cómo vive en el reclusorio y cuál ha sido el trato que ha recibido por parte de las autoridades penitenciarias a lo largo de estos años:

Aún me siguen dando malos tratos se me discrimina, amenazas y diferentes tipos de torturas físicas y psicológicas propias de las cárceles, de los sistemas carcelarios represivos e inhumanos que son son solapados por los diferentes niveles de gobierno y que hacen todo tipo de artimañas deshonestas para que no prosperen ni se ganen las demandas, denuncias y amparos. Desaparecen los escritos, documentos, fotografías, artículos y cartas para que no lleguen. Obligan a trabajar a los internos pero no les pagan, no les quieren pagar, dar beneficios de la ley, alejando a los internos de su familia, de la comunidad y lugar de origen torturando así también a las familias a las que les provocan una angustia constante y más traumas.

En estas correcciones que hoy incluimos en esta nueva edición Mario habla de su familia: que desde que ocurrió el asesinato vive en Estados Unidos, primero como asilados políticos, hoy como residentes norteamericanos.

Aunque en estas páginas se dedica un capítulo completo a la familia, me parece importante anteponer la versión de Mario Aburto, porque finalmente es él quien les ha impedido visitarlo desde que fue encarcelado, según él por miedo a que sean asesinados. A través de estas correcciones se entiende ese miedo:

Contrataron los servicios de un taxi para supuestamente llevar a toda la familia Aburto a un centro comercial que está cerca de la línea divisoria con Estados Unidos. Pero en el último instante se le pidió a un taxista que acelerara rumbo a la línea, mientras un vehículo tripulado por los llamados policias malditos de la PGR armados hasta los dientes trataron de impedirlo, pero el vehículo de un ciudadano se les atravesó y unos periodistas que coincidentemente pasaban por ese boulevard vieron la persecución, logrando la familia aburto llegar a la meta de bajar.

Otra de las ediciones que hizo Mario Aburto fue al capítulo donde diversos testigos anónimos aseguraban que Manlio Fabio Beltrones, expresidente del PRI, exgobernador de Sonora y uno de los priistas más duros que ha tenido este país lo había torturado el día de su detención. Hoy Mario confirma que en efecto, lo sacó de las instalaciones de la PGR en Tijuana para torturarlo.

Alcides Beltrones y su hermano Manlio Fabio se les quitaron las visas para cruzar a Estados Unidos por los reportes de que la DEA descubrió algunas de las conexiones que tenían los hermanos con el narcotráfico. Pero muchos años después les volvieron a dar la visa por la intervención del gobierno del presidente Ernesto Zedillo. Los 2 hermanos también me dijeron que si no me hacía pasar como el verdadero asesino iban a matar a mi familia y que ese era el mismo trato con el presidente Carlos Salinas de Gortari.

Creo fervientemente que revelar y hacer explícitos estos testimonios y documentos contribuyen al esclarecimiento de una historia que ha estado marcada por la opacidad de los gobiernos, quienes durante años han intentado resguardar con excesos los detalles del asesinato político más importante de nuestra historia moderna.

Parte de estos nuevos testimonios documentales incluyen una charla con Mario Aburto en el año 2019: recuerdo bien que entró una llamada de Estados Unidos. Era su hermana menor, Karina, quien puso su celular en la bocina del teléfono de sus padres en Long Beach.

Mario me habló: me dijo que estaba mal, que había estado llorando, "porque sí, los hombres también lloran", ésas fueron las palabras. "Ya fueron muchos años" dijo con la voz entrecortada y me contó su versión resumida de los hechos. Él no lo había matado. Esa tarde en la Ciudad de México supe que este libro finalmente estaba terminado. Ésta es la versión definitiva (al menos hasta que se revele nueva información oculta) de *Aburto. Testimonios desde Almoloya, el infierno de hielo.*

“¡Déjenlo aquí para matarlo!”

Yo no maté al licenciado Colosio. Yo no lo maté. No hay que perder la fe. Yo no pierdo la fe, creo mucho en Dios y creo que Dios es justo, y también creo que algún día me hará justicia. Mi único pecado es haber sido pobre y no tener para haber pagado un abogado defensor particular que me defendiera en realidad, y que al mismo tiempo pudiéramos tener los recursos necesarios para hacernos llegar pruebas que presentaríamos y poder comprobar mi inocencia. Porque de otra manera pues no, porque somos pobres. Nuestro único pecado es haber sido pobres, no tener recursos para llevar nuestra propia investigación y presentar pruebas. Ése es nuestro único pecado. Y nada más.

MARIO ABURTO,
Almoloya de Juárez

Cuando aquel miércoles 23 de marzo de 1994 se oyó el primer disparo, los residentes de Lomas Taurinas se abrieron como barridos por el viento. Los que estaban más cerca retrocedieron con dos pasos torpes y el cuerpo de Luis Donaldo Colosio, desplomado de frente, quedó a la vista de todo el mundo.

Eran las 5:12 de la tarde y Colosio, el hombre que iba a gobernar México, moría a balazos en plena campaña electoral sobre la tierra pedregosa de una colonia llamada Lomas Taurinas. La imagen de su cuerpo inerte, a pesar de las décadas transcurridas, sigue siendo brutal y desoladora.

La bala de un revólver Taurus calibre .38 perforó la sien derecha del hombre, justo encima de la oreja. La bala, que viajó a 265 metros por segundo, licuó el cerebro de Colosio y al salir hizo estallar su cráneo en esquirlas. Le brotó sangre por la boca y los oídos: le dispararon a dos centímetros de la cabeza y el único rasgo que se distinguía en su cara era la punta de la nariz.

El cabello y el bigote, que aún conservaban el color oscuro, quedaron irreconocibles; en cambio, en la chamarra aperlada de diseñador inglés y en la camisa italiana apenas quedaron rastros del segundo tiro que le sorrajaron en el estómago. El hombre más conocido de México en esos días era un cuerpo inmóvil tendido de boca con la pierna derecha flexionada, el rostro sobre la tierra arenosa que atestiguó sus últimos pasos.

Un grito desgarrador retumbó más allá y atrajo la atención de la gente. Hacia el norte, a tres metros de la escena, seis elementos de seguridad brincaron el cuerpo inmóvil del candidato y detuvieron a un joven delgado de chamarra negra al que violentamente jalaron y apretaron contra el piso con las rodillas sobre su espalda. Alguien gritó:

—¡Desgraciado asesino!

Y a ese grito, como si fuera una necesidad colectiva, se sumaron una tras otra mil voces:

—¡Asesino! ¡Asesino!

La enardecida multitud, que aún llevaba gorras blancas con el logotipo de su apellido, comenzó a correr hacia el joven y los agentes de seguridad debieron esforzarse para cortar su avance, formando una valla circular con sus propios cuerpos; levantaron del piso al joven homicida, y fue ahí cuando varios hombres estiraron las manos para arrebatarlo de sus captores.

—¡Mátenlo!

En un momento, la valla cedió y un grupo de unos 50 hombres se libró de los policías y cayó sobre el joven a patadas y jalones de cabello.

—¡Déjenlo aquí, cabrones, para matarlo!

Un vecino lanzó un manotazo y alcanzó a agarrarle la cabeza. Al sentir en sus manos el cabello del que había disparado contra Luis Donaldo Colosio, juntó tanta furia que apretó hasta arrancarle un mechón de pelo.

—¡Déjemelo aquí para matarlo!

El joven se retorció de pie; otro, a su lado, levantó un terrón de tierra y lo arrojó con fuerza de beisbolista. El tumulto de agentes no pudo evitar el lanzamiento y al magnicida se le abrió el costado derecho de la cabeza. Los vecinos intentaron matarlo hasta que un grito ronco los paró:

—¡Suéltenlo, o se van con él!

Uno de los agentes, un militar, desenfundó su escuadra 9 mm, la empuñó a lo alto y amenazó a todo aquel que se atravesara en su camino por sacar de Lomas Taurinas al ejecutor del candidato presidencial. Pero su esfuerzo fue inútil: a los captores les costaba trabajo levantar los pies para dar cada paso y evitar que el torrente humano se les fuera de frente.

Caminaron rumbo a un puente de madera destartalado que cruzaba un canal de aguas negras y conectaba la avenida principal de la colonia con el parque donde había sido baleado Colosio. El joven criminal, empapado en sudor, intentó moverse y arrastró los pies con titánico esfuerzo.

—¡Mataron a Colosio, lo mataron, Dios mío!

Avanzaron y el joven alcanzó a levantar la cabeza, su rostro estaba tenso y crispado en una mueca de terror; parecía desplomarse frente a los ojos de todo mundo, pero los agentes de seguridad lo mantenían erguido tirando de sus cabellos. Para ese momento, su camisa había sido desgarrada por la multitud y su torso estaba completamente descubierto. Sobre su pecho caían gotas de sangre que le escurrían hasta el ombligo. Continuó avanzando y arrastró otro pie, pero era como tratar de caminar empujando un muro de ladrillos.

—¡Pinches policías, déjenlo aquí para matarlo!

En esos minutos el pistolero estuvo a punto de ser linchado por una avalancha de gente que con los puños llenos de piedras intentó arrebatarlo de sus captores. Los agentes amortiguaron a medias los golpes y en medio de la confusión, los gritos y las amenazas, lograron meterlo a una camioneta Suburban vieja que iba saliendo del lugar, propiedad de un taxista que fue obligado a asistir al mitin.

La multitud tropezaba, los unos contra los otros. Con una descarga de adrenalina hicieron un último esfuerzo por matarlo. Zangolotearon de un lado a otro la camioneta, pero no lograron bajarlo.

—¡Déjenlo aquí para matarlo!

El joven sobrevivió a Lomas Taurinas. En la camioneta, y seis kilómetros de por medio, fue el turno de los agentes de descargar su odio contra él.

—¡No sabes con quién te metiste, hijo de la chingada!

—¡Que yo no fui!

El olor a sangre fresca rivalizó con el sudor de los agentes, que debían resguardar al candidato y ahora trasladaban a su asesino. Más allá del hedor humano, era difícil respirar por la opresión en el pecho que cada uno sentía; sabían que ese hombre no era el único culpable.

Con la cabeza metida entre las piernas, el joven iba sentado en medio de dos policías y trató de inclinarse, pero uno de sus captores lo empujó violentamente al piso. El pecho clavado en sus prominentes rodillas lo asfixió, pero tomó una bocanada de aire para despedazar el silencio y contestar cuando le preguntaron su nombre.

—Me llamo Mario Aburto.

El expediente Colosio

El tiro que le disparó, presuntamente, un joven llamado Mario Aburto a Luis Donaldo Colosio y que le atravesó la cabeza de parte a parte destrozándole el cráneo y el cerebro, no permitió que el candidato presidencial escuchara la segunda descarga que cayó sobre su abdomen.

Luis Donaldo murió dos horas y media más tarde, a las 7:45: a partir ese momento se convirtió en mártir de un pueblo, en estandarte de un partido que en cada elección presidencial, en cada estado, municipio o ejido, recurriría a la figura del candidato asesinado en Lomas Taurinas.

Pero a partir de ese día empezó también un calvario infinito para el gobierno mexicano, que encabezaba Carlos Salinas de Gortari: explicarle al pueblo quién había asesinado al aspirante emanado de su partido, un sonorense carismático próximo a convertirse en mandatario.

Aunque Mario Aburto había sido detenido en el lugar del crimen, existían demasiadas inconsistencias. Los mexicanos no estaban conformes con la versión que ofreció la autoridad la primera semana del magnicidio: un obrero de 23 años con personalidad *borderline* había atentado contra Colosio, logrando evadir a 45 elementos del Estado Mayor Presidencial y a la Comisión de Orden y Seguridad del Partido Revolucionario Institucional (PRI) que resguardaban al político.

Incitadas por la prensa nacional e internacional, aumentaban las sospechas que afirmaban que Aburto no era Aburto. El joven arrestado en Tijuana no parecía ser el mismo que estaba cumpliendo sentencia en Almoloya de Juárez, y la teoría popular era que había sido sustituido durante su traslado al Estado de México.

El debate nació cuando las cámaras de televisión grabaron el momento en que el joven fue detenido en Lomas Taurinas: exhibieron a un hombre de figura escuálida, rematada por una cabellera crispada. En cambio, durante la presentación tras un vidrio a prueba de balas, lucía robusto, blanco, de cuello ancho.

Pasaron siete años de investigaciones de una subprocuraduría especial creada para la investigación del homicidio del licenciado Luis Donaldo Colosio. Tres subprocuradores fueron designados y removidos igual de rápido; ninguno ofrecía una explicación satisfactoria y crecían las teorías de conspiración. ¿Por qué el gobierno no resolvía el asesinato? ¿Acaso Colosio había sido ultimado por el Estado?

Las dudas surgían de una sucesión de hechos trágicos que no habían sido esclarecidos por el gobierno federal desde 1993, año en que Colosio fue *destapado*. Un cardenal de la Iglesia católica mexicana, Juan Jesús Posadas Ocampo, había sido acribillado por sicarios de un poderoso cártel de la droga, el de la familia Arellano Félix. El narcotráfico demostraba que México se estaba convirtiendo en un país en el que los capos eran intocables.

Incluso antes de que iniciara oficialmente la contienda por la presidencia, el 1 de enero de 1994 estalló la rebelión en Chiapas: en lo más profundo de la selva miles de indígenas, agrupados en el Ejército Zapatista de Liberación Nacional (EZLN), se levantaron en armas para exigir justicia.

Dos meses después el país se conmocionaría nuevamente, esta vez por el homicidio de Luis Donaldo Colosio. Era el primer crimen presidencial desde que un "asesino solitario" le quitara la vida al general Álvaro Obregón en 1928; México se unía a la lista de países donde habían sido asesinadas figuras presidenciales. En 1963 John F. Kennedy fue muerto por un francotirador en Estados Unidos: Mario Aburto pasaría a convertirse en un Lee Harvey Oswald tropicalizado.

Las sospechas de que había sido un crimen orquestado desde las más altas esferas del poder cobró relevancia cuando se filtró que el discurso pronunciado por Colosio 17 días antes de ser ultimado a tiros había molestado a los priistas de la vieja guardia: criticó la excesiva concentración del poder y reconoció que en México había "hambre y sed de justicia". El propio Carlos Salinas de Gortari y la idea de un crimen de Estado quedaron indisolublemente ligados de por vida.

Durante más de media década, la subprocuraduría y sus titulares integraron una averiguación previa de 68 293 fojas, llamaron a declarar a 1 460 personas y 533 ampliaron su declaración. Solicitaron 551 informes a diversas autoridades; ordenaron a la entonces Policía Judicial Federal 982 investigaciones. Tomaron declaración a dos ex presidentes.

Los expedientes del caso Colosio ocuparon durante décadas metros cúbicos del espacio de anaqueles dentro de una bóveda en el Archivo General de la Nación, una fortaleza semejante a un castillo europeo. Bajo estricta vigilancia y claves de acceso se resguardaron 16 discos magnéticos y cuatro grabaciones del día del asesinato, y miles y miles de documentos que supuestamente comprobaron la teoría del "asesino solitario". Otra parte de la documentación generada por la subprocuraduría se encuentra resumida en cuatro libros hoy sólo existentes en las sombras de algunas bibliotecas y estanterías de oficinas judiciales gubernamentales.

Hoy esos archivos son los mismos que logré abrir y donde ahora podemos ser testigos de todas las irregularidades que se cometieron en el proceso para investigar y enjuiciar a Mario Aburto Martínez.

Ahora nos damos cuenta de que las investigaciones de la subprocuraduría especializada, como reconocerían académicos, historiadores y periodistas, entre otros, mostraron defectos desde el primer momento; se cometieron errores tan severos que pusieron en tela de juicio casi una década de trabajo. No logró dar seguimiento a elementos que consideraron probatorios en su época y se demostró más tarde que testigos importantes alteraron sus declaraciones. Nadie llegó al fondo de los hechos sobre la muerte de Luis Donaldo Colosio.

Según la primera declaración del entonces procurador general de la República, Diego Valadés, Mario Aburto hizo dos disparos:

uno directamente a la sien derecha del candidato y otro al abdomen. ¿Cómo pudo ocurrir que entre la muchedumbre lanzara los dos tiros? Tenía una explicación: herido mortalmente, Luis Donaldo Colosio giró sobre su eje en sentido contrario a las manecillas del reloj, y cuando iba cayendo, Aburto tuvo tiempo nuevamente de accionar el arma para producir una segunda lesión en el abdomen.

Al crimen de Colosio se sumaron otras 15 muertes supuestamente vinculadas al magnicidio, entre ellas, las de tres personas del equipo de seguridad, tres investigadores, un político, y la de aquel a quien más tarde Mario Aburto señalara como el verdadero homicida: Ernesto Rubio Mendoza, acribillado cuatro horas después que Colosio.

Pocas horas habían transcurrido desde el traslado del cuerpo del candidato presidencial a la Ciudad de México cuando las pruebas relacionadas con el asesinato comenzaron a alterarse.

En la delegación de la Procuraduría General de la República (PGR) en Tijuana, supuestamente una mecanógrafa trascribió de manera puntual las preguntas y respuestas que se formularon durante el interrogatorio. Más tarde, el primer abogado defensor de Mario Aburto señalaría que no fue así, habiéndose dicho cosas importantes que no se pusieron en el papel.

Tampoco se había informado de la captura e inmediata liberación de Jorge Antonio Sánchez Ortega, agente de la Secretaría de Gobernación detenido en Lomas Taurinas minutos después del atentado, cuya chamarra quedó llena de sangre. Y estaba la omisión ante la declaración que diera a los medios de comunicación la doctora Patricia Aubanel —la primera en explorar a Luis Donaldo Colosio en el Hospital General de Tijuana—, quien aseguró que el candidato había muerto de dos disparos de dos calibres distintos, .38 y .22.

Para aclarar el proceder del asesino y de las autoridades, el entonces presidente de México, Carlos Salinas, anunció el 28 de marzo la creación de la Subprocuraduría Especial para el Caso Colosio y la designación de su primer titular, Miguel Montes García, un reconocido ministro de la Suprema Corte de Justicia. Habría sido la misma esposa de Luis Donaldo Colosio, Diana Laura Riojas, quien solicitara su nombramiento como fiscal.

Pero el anuncio anticipaba que el crimen no sería resuelto: en los últimos años se habían creado otras fiscalías especiales para investigar los asesinatos de periodistas, la desaparición de un militante de un partido político y la muerte de dos miembros de una coalición de fuerzas políticas mexicanas, y sólo se generaron dudas e inconsistencias.

La primera hipótesis que formuló Montes García fue la de la llamada "acción concertada". Sustentó la teoría de que luego del primer tiro, el candidato giró aproximadamente 90 grados a la izquierda y se dio, simultáneamente, un posible desplazamiento de Mario Aburto Martínez hacia la izquierda por detrás de él, quedando el costado izquierdo del político frente al victimario, quien entonces hizo el segundo disparo.

Mario habría tenido cuatro cómplices que lo ayudaron a asesinar a Colosio, uno de ellos Tranquilino Sánchez Venegas, un hombre de 57 años de edad que trabajaba para la policía comercial de Tijuana, priista; se encontraba cerca del candidato, y según Montes su delito fue extender los brazos cuando Colosio caminaba, abriéndole paso a Mario: para afirmar esto se apoyó en videos donde se veía a Tranquilino, que llevaba una chamarra negra y una gorra oscura, desplazar a varias personas para llegar al costado derecho del aspirante y así ayudar a un sujeto bajito que le apuntó con una pistola a la cabeza.

Otros eran Vicente Mayoral y su hijo Rodolfo, pertenecientes a un grupo de seguridad llamado Tucán, dedicado a hacer vallas, cuidar el orden en eventos y controlar multitudes. Montes García aseguró que tanto padre como hijo habrían desviado a la gente para poner a Colosio a un costado de Aburto. Sin embargo, el propio Vicente fue el primero en lanzarse contra Mario y señalarlo como la persona que disparó contra Colosio.

Rodolfo Rivapalacio Tinajero fue presentado como el cuarto cómplice: su involucramiento se debió únicamente a que fue quien contrató a los Mayoral para evitar desórdenes en el mitin político. Era el coordinador del Grupo Tucán en Tijuana, conformado por 45 policías que apoyaban en eventos de ese tipo.

La subprocuraduría descartó que se hubieran utilizado dos calibres distintos, como afirmó la doctora Patricia Aubanel, y explicó que el orificio de 11 milímetros de la cabeza y el de 9 milímetros del abdomen obedecían a que la pistola estuvo muy cerca de la cabeza, en cambio el segundo disparo se hizo a una distancia mayor.

Montes sustentó sus señalamientos en una declaración que resultó clave para encarcelar a Mario: la de Graciela González Díaz, novia del homicida. Era una jovencita que apenas cumpliría 17 años, trabajaba en la misma maquiladora que Mario y era hija de un militar. Había entrado a trabajar a la empresa Cameros Magnéticos 14 días antes del asesinato de Luis Donaldo Colosio y ahí conoció fortuitamente a Mario, un joven obrero con quien salió un par de veces. Según su primera declaración, Mario le confesó que algún día figuraría en un museo.

Meses después Montes García cambiaría de hipótesis: Mario Aburto era un asesino solitario, por lo tanto resultaba improcedente la acusación contra los cuatro presuntos cómplices. El 14 de julio Miguel Montes García se separó del cargo y se dieron un sinfín de rumores, entre ellos que Diana Laura, viuda de Luis Donaldo, se sentía insatisfecha por su gestión. "Ahora sólo falta que salgan con que Colosio se suicidó", diría. Ella misma murió unos meses más tarde, de un cáncer que la había invadido.

Luego de la renuncia de Montes García, el presidente designó a Olga Islas de González Mariscal como segunda titular de la subprocuraduría especial. A mediados de 1990 era reconocida como una jurista intachable en el país, por eso se le encomendó profundizar en las indagatorias para determinar si una o más personas habían influido en Mario Aburto para cometer el crimen.

Asumió el cargo 18 de julio pero no sostuvo una tesis en particular, ocupándose más bien de la reorganización de las averiguaciones. Definió 31 líneas de investigación, resolvió 22 y dejó abiertas nueve para que se continuaran hasta su conclusión. El objetivo de Olga Islas fue lograr la sentencia condenatoria de Mario Aburto.

La jurista no aportó nuevos elementos pero investigó a las personas que tuvieron contacto con Mario Aburto durante su detención, traslados e interrogatorios; volvió sobre los videos del asesinato, la vida de Mario Aburto, y le mandó a hacer nuevos estudios psicológicos.

Siempre advirtió que en su gestión no iba a concluir el caso, sino que se dejarían abiertas diversas líneas de investigación, incluso para encontrar o descubrir que Aburto fue influenciado por otras personas. Olga Islas sólo permaneció cinco meses en el cargo, pero logró que el 22 de diciembre de 1994 condenaran a 42 años de prisión a Mario Aburto Martínez.

• • •

Un nuevo presidente llegó; un nuevo fiscal también. Ernesto Zedillo Ponce de León asumió la candidatura que dejó Luis Donaldo Colosio cuando fue asesinado. Ganó sin complicaciones. Fue una victoria demasiado fácil, un homenaje póstumo del pueblo al político ultimado en Lomas Taurinas.

El 16 de diciembre de 1994 designó como nuevo subprocurador especial a Pablo Chapa Bezanilla, otro abogado, que había trabajado como fiscal. A poco más de dos meses de iniciada su gestión, dio un vuelco a las investigaciones al negar la tesis del giro de 90 grados del candidato y el movimiento de Mario Aburto, reviviendo la tesis de la concertación planteada por el primer subprocurador, Miguel Montes.

En 60 días resolvió el asesinato y contradijo la tesis del asesino solitario. Mario Aburto no lo había hecho solo, y un segundo tirador le soltó otro balazo en el estómago al candidato. Su nombre era Othón Cortés, un joven chofer del PRI en Tijuana. "Aburto no pudo accionar dos veces el arma de fuego", sentenció en aquel entonces.

Aseguró que el lugar donde ocurrió el crimen no fue preservado y se sembró una bala sobre la sangre de Colosio. Más tarde, dadas las inconsistencias y el poco sustento técnico de esta teoría, se retiraron los cargos contra Othón Cortés y además se comprobó que los testigos utilizados para inculparlo fueron inducidos, extemporáneos, llegando a declarar uno de ellos que soñó al "segundo tirador": quedó al descubierto que Chapa Bezanilla había inventado todo.

Este fiscal generó más incertidumbre y escepticismo en la sociedad sobre la labor de la subprocuraduría, que se suponía buscaba la verdad de los hechos del homicidio. Finalmente, el 30 de agosto de 1996 fue removido. Ese mismo año Luis Raúl González Pérez, un reconocido abogado de 39 años y uno de los fundadores de la Comisión Nacional de los Derechos Humanos en México, empezó a recabar nuevas evidencias del magnicidio. Su reto: limpiar la imagen de la subprocuraduría y convencer al pueblo de que el Mario Aburto detenido en Lomas Taurinas era el mismo que se encontraba recluido en el penal de Almoloya de Juárez, y así, aclarar las versiones que manejaba la prensa; buscar en los lugares más recónditos a todos aquellos que tuvieron algún vínculo con Aburto desde su niñez para explicar por qué un joven de 23 años asesinó, solo, a Colosio.

Para ello emprendió la mayor investigación judicial de la historia del país, porque hasta ese momento nadie había encontrado una explicación lógica: reconstruyó el momento del crimen, investigó a todos los que participaron en la detención de Mario Aburto, revisó las diferentes filiaciones, indagó si hubo tortura y citó a declarar a todos aquellos que eran parte del entorno político de la campaña, incluido el ex presidente Salinas de Gortari.

Tras seis años de investigación, González Pérez concluyó que no hubo ningún complot para eliminar al candidato e intentó resolver los mitos que habían surgido alrededor del asesinato más polémico de la historia de México. Durante casi tres años se manejaron versiones que apuntaban a que Mario Aburto no era el asesino y había sido un agente del Centro de Información y Seguridad Nacional (Cisen), Jorge Antonio Sánchez Ortega, un sinaloense de 33 años, quien había ultimado a Colosio; era un hombre de ojos pequeños, ceja rala, bigote incipiente y melena crispada: idéntico a Aburto. Nacido en Rosarito, Sinaloa, llegó a Tijuana cuando cumplió 12 años. En su juventud ingresó a estudiar la carrera de Derecho, pero no concluyó; fue militante del PRI y apenas tenía cinco meses de haber ingresado a trabajar en la Secretaría de Gobernación cuando asesinaron a Colosio.

Había sido enviado por sus superiores supuestamente para recabar información de aquellos grupos que se manifestaran en el Aeropuerto Internacional de Tijuana y en el mitin de Lomas Taurinas. Lo detuvo un comandante de la policía municipal cuando corría hacia un automóvil Volkswagen color rojo; iba manchado de sangre en el antebrazo izquierdo de la chamarra. Los colonos de Lomas Taurinas empezaron gritar histéricos e intentaron arrebatarlo de sus captores:

—¡Tiene sangre, es del candidato!

—¡Para atrás, por favor, tranquilos!

—¡Es el asesino!

Lo trasladaron a las oficinas de la Policía Judicial Estatal, donde le hicieron una prueba de rodizonato de sodio que resultó positiva. Fue trasladado a las instalaciones de la PGR y unas horas más tarde liberado por la autoridad federal porque no había elementos en su contra. Sánchez Ortega desapareció.

Luis Raúl González Pérez destacó en su informe final que la presencia de Sánchez Ortega el 23 de marzo de 1994 se debió a una instrucción de sus superiores de cubrir, desarmado, el evento. Admitió que ese día se presentó personal del Cisen en la PGR pero eso no fue determinante, fue liberado porque la prueba de rodizonato de sodio era insuficiente para atribuirle cualquier responsabilidad. Si se había manchado la chamarra, fue por accidente.

Durante sus primeros años en reclusión, Mario Aburto declararía que el verdadero culpable era un hombre que fue asesinado en un taller mecánico cuatro horas después del atentado; otra de las líneas de investigación de esta fiscalía se abocó a resolver esta versión.

Ernesto Rubio Mendoza tenía casi la misma edad que Mario Aburto, recién había cumplido 24 años y era originario del Distrito Federal. Tenía crispado el cabello oscuro, morena la piel; su parecido con Mario también era impresionante. Había llegado a Tijuana un mes antes del asesinato de Colosio, en compañía de un amigo que era agente de la Policía Judicial Federal. Según el testimonio de sus familiares, fue éste quien lo recomendó para trabajar con Javier Loza, hermano de Raúl Loza, delegado de la Policía Judicial, el que se convertiría en uno de los personajes más importantes dentro de la investigación, pues fue quien interrogó por primera vez a Mario Aburto.

Rubio fue asesinado en un taller mecánico junto al dueño del negocio, y el homicida huyó en un Lincoln con placas de California.

El crimen fue resuelto en unas horas: el supuesto móvil, un pleito entre el propietario del taller y el asesino. El proceso concluyó en una sentencia de 28 años y el acusado no se defendió durante el proceso, fue hasta después que apeló y obtuvo su libertad. Nadie volvió a investigar si la muerte de Rubio estaba ligada al asesinato de Colosio.

Las teorías de que Mario Aburto fue sustituido por el hombre que se encontraba recluido en Almoloya y las versiones de que los verdaderos asesinos habían sido Ernesto Rubio Mendoza o Jorge Antonio Sánchez Ortega fueron desechadas. El último fiscal aseguró contundentemente que la mano que accionó el arma de fuego en la cabeza de Luis Donaldo Colosio fue la de Mario Aburto Martínez; la persona aprehendida inmediatamente después de cometer el atentado fue Mario Aburto Martínez; la persona trasladada a la sede de la PGR en Tijuana fue Mario Aburto Martínez; la persona detenida en la PGR fue Mario Aburto Martínez. Según el informe que presentó, se agotaron todos los medios de prueba técnicos y científicos para concluir que el asesino fue Mario Aburto Martínez.

Desde que el gobierno encontró culpable a Mario Aburto, se convirtió en el homicida más famoso de México y a la vez del que menos información se posee públicamente, porque durante 22 años, recelosos, lo han ocultado en penales de máxima seguridad. Hoy es un recuerdo borroso para los que vivieron aquel 1994, y un desconocido para las nuevas generaciones; mucho se ha escrito de Luis Donaldo Colosio, y nada de su asesino. Ésta es la historia de Mario Aburto.

La detención

Pasadas las siete de la noche del 23 marzo de 1994, María Luisa Martínez acudió a las instalaciones de la PGR en Tijuana; quería comprobar que su hijo, Mario Aburto, seguía vivo. La condujeron por pasillos oscuros hasta llegar a un área donde se respiraban olores nauseabundos; rivalizaban la sangre fresca y el tabaco.

Agentes de la PGR la encararon con un hombre flaco, moreno, de pelo chino: vestía pantalón café y una chamarra negra con hombreras. A pesar de estar detenido se llevaba tranquilamente un cigarro a la boca; con cada bocanada fabricaba un anillo de humo, luego otro. Estaba sentado en un rincón del suelo con las piernas dobladas, apoyaba una mano en las rodillas y en la otra sostenía el cigarrillo.

Los gritos pastosos y el vocabulario limitado pero convincente la dejaron atónita:

—¡Órale, pa que no estén chingando! ¡Éste es tu hijo, el que mató al licenciado Colosio!

María Luisa sintió alivio y quiso correr a abrazarlo, pero al clavar los ojos en la oscura mazmorra para tratar de advertir sus rasgos, rápidamente rectificó: nunca había visto fumar a su hijo ni tenía esa cabellera tan crispada.

—Sí se parece mucho, ¡pero ése no es mi hijo!

Dio dos pasos torpes hacia delante y sin pedir permiso levantó la camisa del detenido: ahora dice que fue un acto subversivo para probar sus reclamos. Buscaba la cicatriz de tres pulgadas que Mario se había hecho en la espina dorsal con las ramas de un huizache cuando era niño.

En ese momento María Luisa debió pensar que aquello era una pesadilla infinita donde cíclicamente iría viendo a hombres que se parecían, pero no eran su hijo; inhaló aire para agarrar valor y lo sacó transformado en reclamo:

—¡Yo no soy ninguna pendeja y no tiene su cicatriz!

Ahora sabe que probablemente era José Antonio Sánchez Ortega, el agente del Cisen.

Por eso, pasada la medianoche la trasladaron a la oficialía de partes, donde encontró a otro hombre. Estaba hecho una ruina: sentado a la mitad de la silla con el brazo izquierdo colgando, el otro recargado sobre su pecho y el rostro caído sobre un hombro. Dice que Mario apenas le lanzó una mirada fortuita que rápidamente volvió al piso. No había duda, ésos eran los ojos de su hijo, pero tenía las pupilas dilatadas; parecían los de uno de esos muñequitos viejos que con el paso del tiempo acaban dislocados.

—Mijo, ¡¿qué tienes, qué pasó?!

Mario Aburto intentó hablarle pero no pudo articular palabra, apenas alcanzó a balbucear. De nada sirvieron las súplicas de los suyos, María Luisa tuvo que sofocar el flujo histérico de angustia que quería salir de su boca.

• • •

El 23 de marzo de 1994 Luis Donaldo Colosio terminó de pronunciar su discurso: era el mismo que había repetido durante toda la campaña. Iba a combatir la pobreza, y ese día se comprometió con los residentes de Lomas Taurinas a que tendrían una mejor calidad de vida.

—¡Ya ganamos! ¡Aquí en Tijuana, como en Baja California, vamos a ganar! ¡Que viva el PRI, que viva México!

Bajó del templete improvisado, una camioneta *pick up*, desde donde por media hora platicó con los asistentes. Su equipo de seguridad trató de hacer una valla para que la multitud no se arremolinara, pero las más de 4000 personas querían besarlo, entregarle hojas con peticiones y reclamos. Querían que les llevara llantas para hacer unas escaleritas y subir a sus casas en los cerros, una escuela, pavimentación. Apretujado, Colosio trató de avanzar hacia el puente de acceso, pero la marejada de gente se lo impidió.

—¡Hagan una valla, hagan una valla! —gritaba Fernando de la Sota, un hombre que sostenía 120 kilos sobre su cuerpo; iba a la izquierda del candidato, tratando de abrirse paso. De fondo se escuchaba una melodía que estaba de moda en el radio, "La culebra", de un grupo regional, Banda Machos: la gente tarareaba la canción o gritaba descontrolada sus peticiones a Colosio.

—¡Viva Colosio, duro, duro, duro!

—¡Colosio, Colosio, Colosio!

—¡Colosio, eres un papucho!

El candidato alcanzó a avanzar 13.5 metros desde el templete. Habían pasado apenas unos minutos; asfixiado por la multitud que le impedía respirar, levantar los brazos o dar pasos sin sentir que llevaba a cuestas veinte ladrillos, le dijo "vámonos" a su equipo de seguridad. Brincando charcos y zanjas, el tiempo parecía eterno.

A su izquierda, a un metro y medio, un joven caminaba sin perderlo de vista; llevaba una chamarra negra y se movía al ritmo del mar de gente en que todos se mecían, empujándose unos a otros. Fue a las 5:12 que sacó el revólver que llevaba oculto en la espalda. Ahora la canción opacaba los gritos desenfrenados de la gente, y el coro de "La culebra" arrancó: "Huye, José, huye, José, ven —como el sonido hueco de un cohete, se escuchó un disparo— pacá, cuidao con la culebra..."; al ritmo de la canción, vino el segundo disparo.

Colosio entró en *shock*, se tambaleó, parpadeó, sus ojos iban de un lado a otro, y un hilo de sangre y masa encefálica salió de su cabeza, salpicando la chamarra de uno de los agentes de seguridad. Espantada, la muchedumbre alcanzó a ver cuando cayó al piso de frente; rápidamente, cuatro hombres lo voltearon jalando de su pierna izquierda.

La gente gritaba y los agentes trataron de controlar sus nervios, se abrieron paso y lo subieron a una camioneta Blazer que se encontraba en el lugar: aceleró, frenó y estuvo a punto de chocar. El rostro de Luis Donaldo iba bañado en sangre, sus facciones irreconocibles, su chamarra inglesa Burberry color perla se había teñido de púrpura.

—¡La ambulancia, le dieron al candidato!

Su cuerpo inerte fue traslado a una ambulancia que se encontraba a 500 metros del lugar: avanzó lentamente tratando de esquivar a los carros que habían bloqueado la única entrada al cañón. En medio del caos, el candidato fue llevado en ocho minutos al Hospital General de Tijuana. Durante el trayecto ya no respiraba, estaba pálido, había perdido todo signo de alerta, sangraba por boca y oídos, y las taquicardias anunciaban que podría entrar en paro. A las 6:55 de la tarde sufrió un paro cardiorrespiratorio irreversible. Trataron de reanimarlo durante 50 minutos pero a las 7:45 fue declarado muerto. Haciendo pausas, con voz entrecortada hizo el anuncio Liébano Sáenz Ortiz, quien fuera secretario de Información y Propaganda Política del PRI.

• • •

Mario Aburto fue detenido en Lomas Taurinas a las 5:16, exactamente cuatro minutos con 46 segundos después de que presuntamente le sorrajara un disparo en la cabeza a Luis Donaldo Colosio.

Lo subieron a una camioneta, la de Enrique Alemán, un taxista que acudió al mitin obligado por la Confederación de Trabajadores de México (CTM) para que se concentrara más gente en el acto político. Enrique cuenta que para evitar el congestionamiento de vehículos subió a la unidad antes de que terminara el evento, por eso cuando detuvieron a Mario Aburto se encontraba prácticamente por salir del cañón. Recuerda que unos hombres le dijeron "hágase a un lado" y lo bajaron jaloneándolo de la chamarra, pero no estaba dispuesto a perder su auto, así que con él en marcha alcanzó a subir nuevamente, esta vez en la parte trasera, junto a Mario Aburto.

Era una Suburban viejita fabricada en 1985 por Chevrolet, color gris con franjas azul marino a los costados, que no estaba enclavada como otros vehículos oficiales. Parecía que desde años atrás pequeñas coincidencias auguraban que Mario tendría una cita el 23 de marzo de 1994 con Luis Donaldo Colosio: Aburto había trabajado en la maquiladora de Chevrolet instalada en Zamora, Michoacán, elaborando componentes para sus carros.

Veinte años después, los que atestiguaron su detención juran que Mario Aburto hubiera sido asesinado.

David Rubí Gómez era jefe del grupo táctico de la policía municipal de Tijuana. Recuerda que cuando se enteró por la frecuencia policial de que habían herido al candidato en Lomas Taurinas, se trasladó para auxiliar en lo que fuera necesario.

Antes de bajar al cañón y a mitad de rampa, se encontró con una camioneta: Mario Aburto iba a bordo, custodiado por elementos de seguridad que lo habían detenido en el lugar unos minutos antes. Les pidió que se detuvieran pero lo ignoraron; entonces, a punta de pistola los amenazó.

—Pensé que lo iba a matar, recuerdo que muchos periodistas así como ciudadanos nos pedían que detuviéramos la Suburban que llevaba a la persona que había lesionado al licenciado Colosio; no sabía quiénes eran y lo podrían matar, así que tuve que correr tras la camioneta y cortar cartucho.

El hombre que manejaba era el coronel Federico Antonio Reynaldos del Pozo, y trabajaba para el Estado Mayor Presidencial. Nervioso, pero sobre todo enojadísimo, le mostró su credencial; sin embargo, el entonces comandante le advirtió que los escoltaría hasta que Mario Aburto llegara vivo a su destino.

David Rubí cuenta que cuando sacó el cuerno de chivo para detener a Federico Antonio Reynaldos, éste se orinó en los pantalones:

—Ahí supe que estaban tan nerviosos que serían capaces hasta de matarlo.

Hipótesis que comprobó a los 30 segundos, cuando Mario le gritó que lo ayudara, pues querían ejecutarlo. El comandante escoltó al presunto asesino con 36 elementos del grupo táctico montados en cinco vehículos.

Las camionetas salieron de Lomas Taurinas hasta llegar a una avenida principal de la ciudad llamada Tomás Aquino; transitaron unos seis kilómetros hasta las instalaciones de la delegación de la PGR. Ésos serían los últimos catorce minutos que Mario vería Tijuana, aunque obstruido por la sangre que le escurría de la frente hasta el cuello.

Rubí también recuerda que cuando interceptó el vehículo vio cómo dos hombres golpeaban a Mario en la parte trasera, por lo que a pesar de la histeria del momento los amenazó con que se los quitaría si seguían golpeándolo.

—Viajaban como seis personas más custodiándolo que lo golpeaban, aunque lo nieguen, y por eso a mí ya no me gusta hablar; lo golpeaban terriblemente. Lo estaban matando.

Enrique Alemán, el taxista y dueño de la Suburban, recuerda que llevaban a Mario casi a gatas, con las muñecas apoyadas sobre el piso y la espalda tan inclinada como si fuera contorsionista de circo.

—Le apachurraban la cabeza, y un hombre le decía: "Vas a ver, hijo de la chingada, lo que te va a pasar; no sabes lo que hiciste". Mario se limitó a contestar: "Yo no fui, fue el ruco". Antes de llegar a la PGR logró articular una oración: "Yo soy inocente, el asesino es el viejo; háganme las pruebas que quieran, es más, si quieren, la de parafina".

• • •

Mario Aburto llegó a las instalaciones de la PGR a las 5:30. Lo bajaron de la Suburban a jalones de greñas y desgarrándole la ropa. Al atravesar la puerta del lugar fue conducido a una oficina, donde un médico lo examinó físicamente. La revisión duró apenas 20 minutos y después el entonces comandante de la Policía Judicial Federal en Tijuana, Raúl Loza Parra, comenzó a interrogarlo. Un audiocasete de ese día ofrecería una aproximación de lo que sucedió durante las primeras horas de su detención.

Recuerdan algunas abogadas, mecanógrafas y asistentes —que aún ahora han pedido que se omitan sus nombres por temor a ser asesinadas— que cuando Mario llegó era una ruina de hombre, al borde de la demencia. Inspiraba lástima, parecía un adolescente al que apenas le estaba saliendo el bigote. Se dejaba jalonear sin oponer resistencia. Años más tarde, los fiscales especiales para esclarecer el asesinato de Luis Donaldo Colosio sostendrían que el joven confesó sin ninguna clase de presión.

—Que tenía, que tenía reuniones…

—¿Cuáles? ¿A qué reuniones te refieres?

—No, lo siento, no puedo decir —preguntó el comandante Loza con varias gentes, y ahí fue donde me di cuenta de que no eran cien, eran miles de personas que querían hacer otra vez lo que se hizo en Chiapas, y no es un estado, son algunos estados que no quiero decir la cantidad pero la cosa es más grave de lo que muchos se imaginan, y yo por eso preferí mil veces sacrificar mi vida a que hubiera pasado otra cosa de Chiapas.

—¿En qué forma?

—Sólo herir al candidato nada más, para que la prensa, este, hubiera… me filmara y yo decir ante las cámaras… Era de que no quería otro, otro acto como el de Chiapas y que esto que había hecho yo era pues precisamente para evitar eso, y más que nada evitar los actos bélicos en México, porque yo he visto que la gente está siendo engañada.

—¿Entonces sí eres parte de algún grupo?

—Sí, lo reconozco.

—¿Verdad? O sea que esto tal vez estuvo planeado.

—No estuvo planeado.

—O sea, sí, tú dices que tú lo estás haciendo.

—Yo lo planeé al ver, al ver que lo que querían hacer y la verdad no me gustó, no volví a ir, con nadie me dediqué ya. Eso viene desde hace muchos años, desde antes que Chiapas, iba a suceder en otros estados. No tuve el valor, no tuve el valor de poder hacer una cosa antes, yo decía: "Bueno, qué, qué hago. Si, este, agarro una pistola y puedo herir a…" En ese entonces estaba Carlos Salinas de Gortari, herirlo y así los medios de comunicación, decirles yo lo que estaba pasando en México, porque puedo afirmar también que posiblemente alguien extranjero esté en todo esto queriendo poner al país en peligro y la estabilidad del país, y preferible, yo mejor prefiero morir a que sigan pasando actos bélicos; pero en ningún momento fue mi intención herir al candidato en ningún momento, eh, así nada grave no, que una leve lesión y la prensa me iba a agarrar, me iba a tomar en cuenta, incluso cuando, cuando… antes de que hablara el candidato yo quise pasar a hablar y le iba a decir, eh: "Señor licenciado, este, es un orgullo para mí conocerlo y saber de sus decisiones que tiene con el pueblo mexicano", y yo le iba a exponer varios, varios temas como nuevas reformas, este, que se aumente el nivel de vida de los trabajadores y de toda la sociedad mexicana, y varios más; aumentos de salario a los maestros, para que haya más educación en toda la nación, hasta los más marginados; que se combata la ignorancia, porque a base de la ignorancia no vamos a llegar a ningún lado; queremos gente preparada, tenemos nuevos retos y por eso todo esto, usted sabe... Ahorita me duele un poco la cabeza y quisiera que me dejaran descansar un poco, y... pero no pienso cooperar mucho en lo que, que... decir personas ni nada de eso, hasta no hablar con la prensa.

—¿Desde cuándo decidiste tú esta situación, este atentado?

—Desde hace ocho años, tenía la edad de quince.

—¿Cuándo empezaste tú ya a formar parte del grupo?

—No le voy a poder decir eso.

—No, bueno, pero digo yo, ¿desde entonces pensabas tú en esto?

—Sí, yo pensaba en una solución que no fuera a ser lo de Chiapas, y...

—La agresión que se da al candidato, ¿cuándo se la... cuándo la decidiste? ¿Cuándo la decidiste tú? Este acontecimiento, lo que pasó hoy.

—Con el presidente o con Colosio, porque...

—Bueno, pensaste con el presidente también, ¿verdad?

—Sí.

—¿Cuándo lo ibas a hacer?

—Cuando estaba en campaña.

—¿Cuando iba a ser?

—Sí.

—¿Y no se llevó a cabo?

—No, porque creí que estaba, que por mi edad estaba equivocado, y que...

—¿En qué actos estuviste?

—¿Mande?

—¿En qué actos estuviste tú cuando, cuando...?

—No voy a cooperar en eso tampoco, lo siento.

—Ok. Entonces, ahora ya que tú ya maduraste...

—Sí, sí; no, por más que le buscaba soluciones, no encontraba una. Por eso yo en un libro que escribí, este, está en los Estados Unidos, en... No lo tienen familiares míos, son personas de la prensa de Estados Unidos y ellos son los que van a utilizar esa información, ese material, según que si no llegaran a saber nada de mí, que porque quieren en verdad cooperar con el pueblo de México y que haya una verdadera justicia y democracia, pero ahora mi miedo es de que... no morir, porque no tengo miedo a la muerte, nunca le he tenido miedo a nada, incluso renuncié a todo, a mi familia, a mi nombre y fui condecorado como un Caballero Águila...

—¿De dónde?

—...máximo de los guerreros, y en Estados Unidos está este libro, y la prensa lo tiene y lo va a utilizar. Mi miedo es de que lo puede utilizar mal, porque cuando yo hablé con ellos, yo los busqué, me dijeron que, que sí iban a cooperar con nosotros y que si en verdad estaban las cosas así, que este, que no iban a apoyar actos bélicos, que si yo tenía una solución, este, que la hiciera, siempre y cuando no pusiera en peligro la vida de otras personas, por eso reitero que no tenía ninguna intención de hacerle daño al candidato, grave no, sólo herirlo pero cuando, cuando alcé el arma, alguna persona me aventó, me movió, por eso, pero mi intención tampoco era hacerle daño a ninguna de las personas que había ahí, porque había niños y eso es de gente loca, de gente...

—Cobarde.

—Sí, sí.

—Y eso es lo que tratas de evitar, ¿no?

—Sí, eso es lo que me duele; si en un dado caso yo hubiera hecho daño a un niño, en ese mismo momento me hubiera alzado el arma a mí y me hubiera disparado. Pero mi intención es ésa, salvar al país de algo que a nadie nos conviene.

—¿Tú te preparaste para esto?

—Estuve trabajando con el proyecto ocho años.

—Estudiaste, ¿qué tope estudiaste? Tu escolaridad.

—Secundaria.

—¿Dónde?

—En Zamora, Michoacán.
—Michoacán.
—Sí.
—¿Cuánto tiempo tienes viviendo desde…?
—Pues voy y vengo a Estados Unidos y he andado por muchas partes de Estados Unidos.
—Pero…
—Aquí, cuando llegué, fue hace ocho años.
—Exactamente aquí.
—Sí.
—La, mi pregunta, te decía, es si te preparaste en la escuela para esto.
—¿En la escuela secundaria?
—En tu preparación, eh, ¿preparatoria, tuviste?
—Secundaria.
—¿Y ahí nació tu inquietud?
—Sí, desde que tenía, tal vez cuando estaba en, creo que en segundo año.
—¿Basada en qué tu inquietud? ¿Las injusticias?
—En las injusticias que había, este, pues más que nada en las injusticias y me dejé llevar por los comentarios de la demás gente que estaban bien fundamentados, están bien armados y yo tuve miedo que llegara a pasar algo como lo que pasó en Chiapas, incluso no podía descartar que conozca al Subcomandante *Marcos*.
—¿Tú?
—Sí.
—¿Sí lo conoces?
—Posiblemente pueda conocerlo.
—¿Estás de acuerdo con su política?
—¿Mande?
—¿Estás de acuerdo con su política?
—No, en ningún momento.
—Es lo que tratas de evitar.
—Es lo que trato de evitar, lo que él hizo, porque ésas no son soluciones.
—¿Y tú para este acto obviamente ocupaste el arma?

—Sí.

—¿Es tuya? ¿Tienes mucho tiempo con ella?

—No.

—¿Cuándo la adquiriste y cómo?

—La compré y me la dejaron en un lugar donde ellos me indicaban, este, dónde iba a recibir el arma y todo.

—¿Quiénes te indicaron?

—Lo siento, no voy a poder decir eso.

—Ahorita mencionaste a una persona de un apodo.

—Pues sí, pero él no, no fue; esto lo, usted puede ver que estoy, estoy tratando de cubrir a mis personas, y…

—Es obvio, pero yo te digo…

—Pero voy a decirlo todo ya cuando esté frente a la prensa, y la prensa se va a encargar de todo.

—Tú vas a tener la libertad de hablar, efectivamente, como la tienes aquí, nadie te está presionando, está aquí el licenciado precisamente…

—Pues sí, pero como le digo, o sea, traten de sacarme lo que quieran, tortúrenme, háganme lo que quieran, pero en ningún momento voy a llegar a hablar.

—¿Te ha torturado alguien aquí?

—Sí, me han golpeado.

—¿Aquí, nosotros?

—Sí, me golpearon, incluso sus agentes, este, me golpearon la cabeza y me hicieron heridas.

—¿Dónde?

—Cuando me agarraron.

—Ah, bueno, pero eso fue el público.

—No, también parte del público, pero también los agentes me golpearon, tampoco voy a decir sus nombres, y aquí también me golpearon, cuando entré aquí me decían que hablara, que hablara.

—Este, ¿cuánto te costó el arma?

—Ciento… no sé, no sé.

—Cantidad, cantidad…

—Usted debe comprenderme, o sea…

—Yo te entiendo, te entiendo perfectamente bien, pero también tú entiende que nosotros tenemos que rendir un informe justo y apegado a la verdad, y obviamente eso lo podemos obtener de tu... Sin presiones, porque has visto que nosotros hemos estado platicando contigo.

—En verdad, como le digo, no me interesa si me presionan o me golpean, no me interesa, pueden hacer lo que quieran.

—Nadie te va a tocar.

—No me interesa morir.

—No es ésa la finalidad de la autoridad, entiéndeme, pero sí esclarecer si hay más involucrados.

—Sí, pero no espere que coopere mucho si no antes hablo con la prensa y dar el mensaje que tengo, y entonces... Pero yo, yo sé que es difícil confiar en alguien como yo, que ha hecho eso, pero pues sí le pediría que me dieran la oportunidad de hablar con la prensa.

—La vas a tener.

—Lo que yo estoy hablando aquí, ustedes díganme si está mal.

—No, no, no, no, supuestamente eres sincero, ¿no? Tienes una ideología que es la que tratas de llevar a cabo, de mensaje a la nación.

—No nada más a la nación, también a todo el mundo, que se dé cuenta de que las cosas no son como pasaron en Chiapas.

Durante el interrogatorio el comandante preguntó de dónde era originario, quiénes eran sus familiares, a qué se dedicaban, dónde vivían; incluso le inquirió si había leído libros de Salvador Allende, e hizo énfasis en preguntarle si había visitado Chiapas.

Supuestamente el interrogatorio terminó con una promesa: "Tienes esa ventaja, tienes el ofrecimiento del presidente de la nación, tengo la orden de esa oficina de protegerte al máximo y lo voy a hacer, nadie te va a tocar".

El interrogatorio se llevó a cabo sin la presencia de un ministerio público o un abogado defensor, y Mario nunca fue informado de en qué consistía el procedimiento y el proceso.

• • •

Xavier Carvajal y Mario Aburto no se conocían pero tenían algo en común, un nombre: María Luisa. Así se llamaba la madre de Mario, también la esposa de Carvajal. Una simple coincidencia durante muchos años, hasta que para Carvajal en 1994 cobraría relevancia.

Xavier Carvajal era una estampa de hombre: alto, delgado, de bigote fino que le rebasaba ampliamente la comisura de los labios. Vestía trajes elegantes; sus preferidos eran los de tonos azulados, que le daban un aire señorial. Por esos días había sido nombrado presidente del Colegio de Abogados Emilio Rabasa, un ala del PRI en Baja California, y era ampliamente conocido entre políticos y empresarios.

El 23 de marzo, alrededor de las 5:30 de la tarde, iba rumbo a su oficina, localizada a una cuadra de las instalaciones de la PGR, acompañado de su María Luisa. Desde temprano estuvo pensando en Luis Donaldo Colosio: quería asistir al mitin que ofrecería su candidato, pero imprevistos laborales se lo impidieron. Consideró que ya era hora de prender el radio de su Dodge Raider, una camioneta cuadrada parecida a una lavadora con ruedas; debía haber terminado el mitin, así que estarían repitiendo el discurso. No necesitó cambiar de estación: como una ráfaga de balazos sobre su oído escuchó que el aspirante iba mortalmente herido. Recuerda que aceleró con los pies temblorosos hasta llegar a su oficina y en el camino recordó que no tenía televisión. Con el pretexto de cortarse el cabello, se metió a una estética que sí tenía.

—Vi las primeras escenas, cómo llevaban algunos agentes al Aburto, una persona pero así, greñudón, herido del lado izquierdo en la frente, sangrando, y le iban dando golpes; híjole, se veía que toda la gente iba atrás de él.

Desde hace dos décadas Carvajal no había hablado con ningún periodista: hubo demasiadas muertes, por eso hoy cuenta esta historia haciendo grandes pausas, carraspeando para aclarar la garganta y dejando brechas de silencios.

Aquel día, aún no terminaba de cortarse el cabello cuando su asistente llegó a la estética con un enorme teléfono inalámbrico: "Le hablan de la PGR, lic". Era un abogado que trabajaba en la procuraduría y en 1975 había sido practicante en un despacho.

—No terminé de cortarme el pelo cuando salí corriendo, literalmente corrí hasta la PGR unas cuadras: me pidieron que fuera el abogado defensor del supuesto asesino. Le juro que vi algo que aún no se me olvida: cuando iba entrando por una escalera de caracol, bajaban a un joven; lo vi, era Aburto. Dije: "Tiene que ser él". Lo llevaban envuelto en un colchón de esponja; iba envuelto ¡en un colchón!

Fue conducido a un cuarto amplio donde había una mesa redonda con capacidad para unas 15 personas; sin embargo, durante el interrogatorio se hicieron bolas unos 22: agentes del Ministerio Público, elementos del Estado Mayor Presidencial, agentes de la Policía Judicial, un defensor de derechos humanos, un hombre que le tomó una muestra de orina a Mario, supervisados por el entonces delegado de la PGR.

El interrogatorio inició a las 7:30 de la noche, y el agente del Ministerio Público fue un conocido abogado, Jesús Romero Magaña, quien se convertiría oficialmente en la primera persona en cuestionar a Mario, ya que la declaración que éste le hizo al comandante Loza Parra fue extraoficial.

Romero, que por entonces tenía 46 años, acompañado por una mecanógrafa, elaboró un documento histórico: la averiguación previa 739/94. Durante años permaneció clasificada como secreto de Estado por las autoridades mexicanas, pero alguien que estuvo presente ese día —aunque han pasado muchos años pide anonimato, por miedo a ser asesinado— me lo entregó. Lo rescató de algún cajón donde se archivan aquellos casos que jamás saldrán de la PGR.

En ella se deja asentado que a un joven que dijo llamarse Mario Aburto Martínez se le informó que el motivo de su detención eran las lesiones causadas con arma de fuego contra el licenciado Luis Donaldo Colosio Murrieta, candidato del PRI a la presidencia de la República.

Por no tener ningún abogado de confianza, se nombró su representante al licenciado Xavier Carvajal. Mario rindió su declaración totalmente hermético, incluso drogado, según algunos recuerdan. Gracias a esta confesión se enteraron de que era originario de Michoacán, que tenía 23 años, que era un mecánico industrialque trabajaba en una maquiladora de la ciudad; también declaró que estudió en un seminario porque quería ser sacerdote, pero renunció a esta idea porque sería enviado a Puerto Rico. Vivió en Estados Unidos, y cuando llegó a Tijuana comenzó a trabajar en maquiladoras, la última: Cameros Magnéticos, pero en su tiempo libre practicaba en un campo de tiro con un arma que adquirió en fecha reciente. Su intención directa no era herir al candidato, pero fue empujado por una de las personas que asistieron al evento, disparándole accidentalmente. Después Romero Magaña le haría 22 preguntas que fueron documentadas, entre las que destacaron si tuvo adiestramiento y a qué distancia se encontraba cuando efectuó los disparos. Mario Aburto se limitó a contestar: "No voy a responder esa pregunta".

Xavier Carvajal, el primer abogado del hombre que el gobierno mexicano encontraría único responsable del asesinato, recuerda que aquel día las preguntas eran desordenadas, tal vez por inexperiencia.

—Era una impotencia ver la incapacidad, la inexperiencia de los agentes para sacarle la verdad a Aburto, lo sucedido, dónde, quién, por qué, para saber si hubo el famoso complot o no. Vi que los ministerios públicos no podían, él se reservó a declarar nada y al percatarme de esa situación, cuando ya no le podían sacar nada, yo por dentro tenía urgencia de que hablara.

Aquella noche Mario estaba sentado a su derecha, con la cabeza siempre abajo. Llevaba una chamarra negra, un pantalón de mezclilla y unos zapatos viejos.

—Yo lo tuve aquí, así de cerca; sus ojos... ¿Sabe? Lo agarré —Carvajal recrea la escena y empuña los pliegues del cuello de su saco—. Lo apreté de la ropa, y eso es un pasaje muy importante que nunca se me va a olvidar porque sus ojos, su mirada, cuando en la televisión Jacobo Zabludovsky dio la noticia... Ahí estábamos todos cuando anunció que el candidato Colosio había muerto.

Mario, quien siempre mantuvo la cabeza abajo, levantó los ojos al ras de la televisión y se puso pálido. La mandíbula comenzó a temblarle, el chirrido de sus dientes impactándose unos contra otros fue tan fuerte que hasta Carvajal lo escuchó. Ahora su situación jurídica había cambiado: ya no estaba acusado de intento de homicidio.

Alrededor de las ocho de la noche escuchó cómo Jacobo Zabludovsky lo convertía en magnicida.

Al oír que el político había fallecido, Xavier Carvajal sabía que la situación jurídica de su defendido era otra y tenía que explicarle: a pesar de estar sufriendo tremendamente con la noticia, solicitó que lo dejaran hablar en privado con su cliente. No se lo permitieron, por eso lo apartó a una esquina del cuarto de interrogatorios y le habló en voz baja.

—¿Sabe? Yo me perdí un poco, como abogado defensor me volví un inquisidor, le dije: "¡Cabrón, lo mataste!" Me perdí, me salí: "¡Defiéndete, jijo de la madre, lo mataste, cabrón, no te lo comas solo!" Las expresiones no eran propias de un abogado: "Ya te lo chingaste, cabrón, ayúdate, cabrón, di lo que tengas ahora en tu defensa, lo que sepas. Defiéndete ahorita que puedes hacerlo, no te chingues tú solo".

Para controlar la temblorina de la mandíbula, Mario la clavó sobre su pecho y no hubo poder humano que pudiera hacerlo hablar. "Mátenme si quieren", fueron casi sus últimas palabras.

La declaración terminó y también la representación de Xavier Carvajal. Desde ese entonces no había querido recordar en voz alta, aunque ahora, con muchas canas y más de 60 años, explica por qué.

Y es que no cree en las coincidencias: Romero Magaña, quien hizo el primer interrogatorio y estuvo sentado frente a él, fue asesinado de 14 balazos dos años después; José Arturo Ochoa Palacios, entonces delegado de la PGR, fue asesinado de varios tiros, también en 1996. Ese año enterró a dos personas que estuvieron en la PGR aquella noche.

El 23 de marzo de 1994, al terminar el interrogatorio, el abogado regresó a casa, donde durmió al lado de su madre, María Luisa. En la PGR, Mario apenas alcanzó a ver de reojo a su María Luisa.

• • •

A las ocho de la noche, media hora después de que iniciara el interrogatorio oficial de Mario Aburto, José Luis Pérez Canchola llegó apresurado a las instalaciones de la PGR: lo habían llamado unos minutos antes para solicitar su presencia en el cuestionario, y que constatara públicamente que el detenido no fue torturado.

Pérez Canchola se había convertido en una figura importante en México: fue nombrado el primer procurador de Derechos Humanos en Baja California, y uno de los primeros a nivel nacional luego de la creación de la Comisión Nacional de los Derechos Humanos en 1992.

—Cuando llegué, me pareció todo muy extraño; para empezar, Mario se veía mal, alterado. Otra cosa: el abogado público de oficio no estaba representando a Mario, era Xavier Carvajal, un abogado del PRI y que además era particular. ¿Qué hacía ahí?

El interrogatorio duró apenas dos horas, cuando en casos sin relevancia llegan a extenderse hasta cinco. El procedimiento fue superficial, recuerda.

—Yo lo vi con la vista perdida, cabizbajo; no miraba directamente a los que estaban ahí. Pedí que se le examinara. De mala manera el ministerio público a cargo me alegó que lo habían examinado, que no había nada que hacer.

Mario Aburto se negó a contestar todas las preguntas, generalmente su respuesta era que se reservaba el derecho. Esas palabras despertaron suspicacias en el procurador: ¿cómo un trabajador de maquiladora podía contestar así? Estaba aleccionado, se responde. Las preguntas fueron vagas y superficiales, apresuradas.

—Yo entiendo a partir de este momento que había consigna de no llevar una investigación profesional y técnica en el asesinato... Estaba sedado, estoy seguro.

Fue José Luis Pérez Canchola el único que se negó a firmar la averiguación previa, argumentando que Mario rindió una declaración incoherente y sobre los influjos de algún sedante.

Recuerda que todo el interrogatorio fue tan turbio, que incluso hicieron que el agente del Ministerio Público que estaba de turno se retirara para que otra persona se hiciera cargo del proceso.

Durante el interrogatorio que finalmente condenaría a Mario Aburto, ocurrió otra irregularidad: mientras era cuestionado, una mujer alta, bien vestida y de voz dulce tocó a la puerta de la oficina; gritaba que no podían sacar a la prensa. Se identificó como periodista de un canal de televisión de Estados Unidos y exigió que la dejaran hablar con el detenido. En realidad era una agente de la policía que se hizo pasar por periodista para obtener más información del presunto culpable.

Mario llevaba la chamarra negra con la que fue detenido en Lomas Taurinas, una camisa negra desabotonada que dejaba ver su pecho y un poco del vientre, un pantalón ajustado al cuerpo, manchado de mugre, y el pelo esponjado y lleno de polvo; estaba sentado en una silla negra con respaldo alto y recargaba los codos sobre los descansabrazos de metal.

—¿Cómo te llamas? —preguntó la joven.

Mario no contestó y enfurecieron los agentes, que en venganza levantaron su cara jalándole el cabello, pero Mario forcejeó y rápidamente volvió a clavarla entre las piernas.

—Somos del Canal 33, ¿cuál es tu nombre? —repitió la joven agente.

—Mario Aburto Martínez —contestó haciendo una pausa en cada sílaba.

La mujer continuó con su interrogatorio y volvió a pedirle su nombre, estado civil, dirección. Mario respondió como contestadora automática: el mismo ritmo de la voz, el mismo volumen pastoso, hasta que la "reportera" preguntó por qué había asesinado al licenciado Colosio.

—No voy a hablar de eso.

La supuesta reportera preguntó si tenía miedo a alguien y ahí la voz, la postura de Mario cambiaron; se inclinó ligeramente, sacó la cabeza de entre las piernas y contestó seguro:

—No. No tengo miedo a nada, incluso ni a morir.

Hablaría también de un libro que decía haber escrito y entregado a la prensa extranjera hacía años. Ella indagó sobre el contenido del libro.

—Mi amor, pero si tú me estás diciendo que escribiste un libro, ¿escribiste un libro sobre qué? ¿Qué pasa, por qué tienes miedo? ¿Sobre qué escribiste un libro?

Mario empezó a responder incoherencias: que "ellos" le dijeron, que lo trataron de intimidar, que lo iban a matar; que "ellos" lo habían amenazado de muerte y podían inculpar a sus compañeros.

—Quiero prensa extranjera. Quiero una cara conocida aquí: Gratas, Enrique Gratas —dijo.

—Es de Telemundo, es de Miami. Enrique Gratas difícilmente va a llegar ahorita.

Ante la negativa de Mario la joven agente, acompañada por un camarógrafo, salió de la oficina donde fue interrogado, una sala anacrónica de alfombra color azul rey, escritorios de madera falsa y un ventilador que durante horas apuntó hacia el detenido; al terminar, Mario se abotonó la camiseta, se acomodó el cuello de la chamarra de piel negra y cerró la bragueta de su pantalón. Se limpió las costras de sangre que quedaron incrustadas sobre su rostro.

En el video que grabó la supuesta reportera quedaron documentados los gritos del ministerio público, Jesús Romero Magaña: perdió los estribos.

—Está mal de la cabeza, usted está loco, porque si el objeto de hacerle daño a una persona es atraer la atención de la prensa y viene la prensa, se queda callado. ¿Entonces qué persigue? ¿Es usted católico?

—Yo le dije qué tipo de prensa quería.

—¿Quién le dice? No, si aquí no cumplimos caprichos, no está usted hospedado aquí por buena gente, viene acusado por un delito, usted es un asesino, es un hampón; ¿ya pensó cómo la va a pasar su mamá cuando lo hagan famoso, cuando se hizo famoso?

—Yo renuncié a todo antes de…

—Usted renunció, pero su mamá no renunció a usted.

Mario Aburto levantó el hombro derecho e hizo una mueca de desagrado.

De fondo se escuchaba el teclado de la máquina de escribir eléctrica, los rechinidos de la puerta y murmullos; Romero continuó con el interrogatorio y Mario siguió negándose a responder.

Se escucha otra voz y un reclamo:

—No te das cuenta que es un ser humano; qué poco valor darle en la cabeza. Pensar que tiene hijos, que tiene… Tú, que dices que ibas para cura, le disparaste a una persona inerme en la cabeza para matarlo, ¿qué triste, no?

Mario volvió a levantar los hombros, clavó la mirada a la nada y se tumbó en la silla.

—No subas los hombros, pendejo; sea respetuoso, porque le están teniendo respeto —gritó el ministerio público.

Dos agentes de la Policía Judicial Federal sujetaron a Mario de cada brazo y lo sacaron del cuarto de interrogatorios: terminó de rendir su declaración pero se fue sin firmar el documento.

José Luis Pérez Canchola recuerda que un mes después visitaría a Mario Aburto, ya encarcelado en Almoloya de Juárez, y parecía otro hombre: hablaba con cordura, mirando de frente. El joven le platicó que antes de empezar los interrogatorios un agente de la policía le dio a beber un líquido que lo hizo sentirse mareado. El entonces procurador de los Derechos Humanos considera que la versión de Mario tiene perfecto sentido.

Pero Pérez Canchola tiene otro recuerdo: cuando se iba del lugar vio cómo envolvían a Mario en un colchón y él, inerte, se dejó hacer sin oponer ninguna clase de resistencia.

Una vez terminado el interrogatorio, según el libro de visitas de la PGR, aproximadamente a las 10 de la noche arribó a las instalaciones el procurador general de la República, Diego Valadés Ríos. Le tomaron una muestra de orina a Mario Aburto; a la medianoche fue interrogado otra vez en la oficialía de partes por un comandante y María Luisa Martínez, su madre, lo visitó más tarde. Hasta las cuatro de la mañana del 24 de marzo, Mario permaneció en el área de separos custodiado por agentes de la Judicial Federal.

Pero a esa hora sucedería uno de los episodios que más suspicacias ha despertado en el caso Colosio: la llegada del gobernador de Sonora, Manlio Fabio Beltrones, uno de los políticos más importantes de la época, cercano al entonces presidente Salinas de Gortari.

• • •

Según la versión oficial, a las 4:10 de la mañana del 24 de marzo Manlio Fabio Beltrones, que había llegado a Tijuana por encomienda del presidente de México, le solicitó a Diego Valadés ver al detenido; Mario, custodiado por dos agentes de la Policía Judicial

Federal, se encontraba sentado en una silla frente a un escritorio, la mirada clavada en la pared.

—El gobernador Beltrones me expresó su interés por ver al señor Aburto, a lo cual accedí, y a mi vez le comenté que yo mismo participaba en el interés de verlo. En el momento en que bajábamos al lugar donde se encontraba custodiado, algún colaborador me hizo una consulta; por ese motivo le indiqué a Beltrones que, en compañía de otros funcionarios de la procuraduría, se adelantara. Permanecieron los agentes de custodia, que en ningún momento abandonaron al hasta entonces presunto responsable del homicidio. Mi presencia posterior en el lugar no duró a lo sumo ni dos minutos. Una única [pregunta] que le dirigí fue la de si estaba consciente del grave daño que con su acción había ocasionado; Aburto no dio respuesta. Me llamó la atención su aplomo, su enorme tranquilidad y el aspecto desafiante y cínico de su mirada.

Manlio Fabio Beltrones secundó esta declaración: a las cuatro de la mañana había asistido a una reunión donde los funcionarios encargados de continuar la investigación le hicieron saber que el detenido no había querido declarar nada adicional. Ante su silencio y sus evasivas, Beltrones solicitó al procurador le autorizara ver al asesino para constatar su estado físico y cerciorarse de que estaba en un lugar seguro, bien custodiado y sin la posibilidad de ser víctima de un atentado. Pero al estar frente al asesino de su amigo, no pudo contener el impulso de reclamarle:

—¡¿Por qué a Luis Donaldo?! ¡¿Por qué no a otra persona?!

—No voy a contestar hasta que estén mi abogado y el procurador de Derechos Humanos —contestó Aburto.

La versión del político sonorense fue sustentada por agentes de la PGR y la Policía Judicial Federal: el único acercamiento que Beltrones tuvo con Mario Aburto fueron breves instantes en las oficinas de la delegación en Tijuana. Sin embargo Mario, y un informante del FBI, contaron una historia muy diferente.

Aburto Martínez aseguró que fue sacado de las instalaciones de la PGR: no sabe la hora, desconoce a dónde, pero sabe que fue cerca del mar porque escuchaba el ruido de las olas rompiendo contra la arena. Lo llevaban vendado, las manos esposadas en la espalda y amarrado de los pies; iba envuelto en un colchón, y podía sentir que lo único que quedaba fuera de la almohadilla era su cabeza.

—Empezaron las torturas, que si no culpaba a alguien la iba a pasar muy mal; también me dijeron que mi mamá estaba siendo torturada. Yo les contesté que había sido un accidente y ellos me decían que alguien me había mandado, y que si no decía lo que indicaban iban a abusar de mi madre e iban a hacer que lo viera, y después me iban a cortar el dedo de mi mano, que eso lo iban a justificar diciendo que lo había perdido cuando me detuvieron. Estuvieron torturándome hasta que se cansaron.

Según Mario, lo asfixiaron, le echaban agua salada y otro líquido que no pudo identificar. Una persona se subía a su estómago y empezaba a asfixiarlo hasta que se cansaban; después otro, y otro.

—¡Señores, yo no sé nada, nada, les juro que no sé nada!

—Ahorita estamos torturando a tu mamá, cabrón, ¿y sabes qué? La pinche vieja ya se desmayó.

—Señores, ustedes están cometiendo un grave error, pero si quieren que viva, díganme lo que tengo que decir y ya.

Meses después, a través de su padre, Mario responsabilizaría a Manlio Fabio Beltrones: en una carta le explicó que "por medio de diferentes torturas físicas, me hicieron hacerme declararme culpable de un delito que no cometí... El gobernador de Sonora, Manlio Fabio Beltrones, estuvo presente ordenando a mis torturadores".

Casi un año después del atentado, el 19 de enero de 1995, Donald E. Robinson, Jr., un reconocido agente especial de la Oficina Federal de Investigaciones (FBI), notificó a la embajada de Estados Unidos que tenía información que podía contribuir al esclarecimiento de los acontecimientos del 23 de marzo de 1994 en Tijuana: un informante confidencial le había proporcionado un reporte.

Supuestamente, un hombre llamado Alcides Beltrones, quien fungía como director del Aeropuerto Internacional de Tijuana, había tenido contacto con Mario Aburto Martínez, presunto asesino del candidato presidencial Luis Donaldo Colosio, durante las primeras horas de su detención.

Dentro de las veinticuatro horas después del arresto del hombre de apellido Aburto, un alto funcionario de la Procuraduría General de la República con conexiones en el partido político PRI hizo arreglos para que Alcides Beltrones se reuniera a solas por aproximadamente treinta minutos; se desconoce de qué hablaron en esta reunión. Como el conocimiento de este encuentro se extendió en todo el PRI, Beltrones ha comenzado a recibir duras críticas por sus actos. Oficiales del partido se han estado reuniendo con Beltrones en un intento de tener conocimiento de la esencia de su entrevista con Aburto.

Alcides Beltrones era un hombre de espalda ancha y piel morena; se le identificaba fácilmente porque en su rostro quedaron cráteres dejados por la adolescencia. Originario de Sonora, un estado situado al norte de México, había llegado a Tijuana a principios de 1980. Tenía un hermano menor, Manlio, que desde chiquillo había demostrado ser más inteligente que él: se afilió al Revolucionario Institucional a los 16 años, y a los 30 ya se había convertido en diputado por su estado. Brilló desde muy joven; tres años después sería senador y en 2015 alcanzaría la presidencia del PRI, pero fue entrada la década de los noventa cuando llegó a las ligas mayores, designado por el entonces presidente de la República, Carlos Salinas de Gortari, como subsecretario de Gobierno de la Secretaría de Gobernación.

Para 1994, mientras su hermano ya se había convertido en gobernador de su natal Sonora, Alcides Beltrones se desempeñaba como director del aeropuerto de Tijuana; estaba claro que sería Manlio el que dejaría grabado en piedra el apellido de su padre.

Fue Alcides quien recibió a Luis Donaldo Colosio el 23 de marzo de 1994 en el aeropuerto de Tijuana, a las tres de la tarde.

Sin embargo, la última fiscalía especializada para el caso Colosio determinó que Mario Aburto nunca fue sacado de la delegación de la PGR para torturarlo y tiene sustento en evidencias. De hecho, su testigo clave —el que corroboró que Mario estuvo en los separos de la delegación desde las cuatro de la mañana hasta las 6:45, cuando fue trasladado a la Ciudad de México— fue Jaime López Ferreiro, el jefe de Seguridad Pública de Manlio Fabio Beltrones.

Hace unos años Manlio y yo nos encontramos en Tijuana. Tranquilo, con una sonrisa mesurada, me dijo que ése fue el día más triste de su vida y negó las acusaciones en su contra. Su gran amigo había muerto, me dijo, así que si estaba en Tijuana era como un acto de solidaridad. Todas las historias que le inventaron fueron lamentables y han sido tergiversadas, reiteró.

—Sí, yo vi a Mario; sentí rabia, coraje en su momento, y nada pude más que acumular indignación por saber cuál era la verdad, la verdad que aún nos tiene confundidos a todos, sobre todo a muchos interesados en tergiversar la misma para que no se conozca la verdad. Se han escrito muchas historias morbosas e intentaron matar un proyecto de nación.

Finalmente Mario saldría de la PGR a las 6:45 de la mañana para ser trasladado al aeropuerto de Tijuana. Desde la ventana blindada de la Suburban alcanzó a ver cómo despegaban algunos aviones, el paso acelerado de las personas. Dos horas esperó hasta el arribo de un piloto que lo llevaría a la capital del país. El 24 de marzo, a las 8:04, dejó para siempre Tijuana a bordo de un avión Learjet 35A.

• • •

El 25 de marzo, Mario llegó a Almoloya de Juárez en una camioneta Suburban azul pasada la medianoche; aún escurría hilachas de sangre de la cabeza, y tras 72 horas de detención habían comenzado a brotarle moretones por todo el cuerpo. Eran las 0:35 cuando el entonces director del centro penitenciario, Juan Pablo de Tavira, lo recibió. En la primera ficha de identificación que se elaboró en el penal de máxima seguridad anotaron que su nombre completo era Mario Aburto Martínez, de estado civil soltero, con el número de interno 502, que ubicarían en la estancia número 10.

En otra ficha de ingreso elaborada ese día anotaron que era el autor único, material e intelectual, del célebre magnicidio: no presentaba procesos pendientes ni reclusiones anteriores. La primera persona a la que Mario autorizó que lo visitara durante las horas iniciales de su encierro fue a un amigo, Javier Juárez, originario de Tijuana, aunque nadie pudo corroborar la existencia de esa persona.

En la primera entrevista psicológica que se le realizó, cuatro días después de su captura, los especialistas explicaron que procedía de una zona suburbana estable, que a los 14 años inició el consumo de cerveza de forma esporádica y que la actitud que asumió frente a su delito fue de aparente tristeza, afrontando y adjudicándose toda la responsabilidad.

Tras cuatro días en Almoloya, los psicólogos determinaron que era una persona manipuladora que requería aprobación social para sentir confianza y seguridad en sí mismo. El primer diagnóstico: trastorno narcisista de la personalidad.

Mario fue recluido en una pequeña celda en el área "especial", donde los internos eran vigilados veinticuatro horas por los mejores custodios que en ese entonces tenía el penal de máxima seguridad. Al joven de 23 años se le cortó el cabello casi a rape, se le rasuró el incipiente bigote, y se le dio la vestimenta que por siempre llevaría: el pantalón, la camisa y la chamarra color caqui que otorgan en la prisión.

Más tarde fue presentado a los medios de comunicación detrás de un cristal antibalas: con la cabeza erguida, las manos en la espalda, la mirada hacia las cámaras, Aburto no titubeó, casi no parpadeó a pesar de las decenas de flashes que rebotaron sobre su rostro.

Mientras que era formalmente ingresado a Almoloya, en otra parte del Estado de México un joven defensor de oficio trabajaba en 170 casos al mismo tiempo cuando le avisaron de uno nuevo: el de su vida.

—Yo trabajaba en el Juzgado Primero de Toluca, y me dicen que hay una declaración preparatoria, como nos avisan siempre a los defensores, que es en Almoloya de Juárez y pues ya empieza uno a escuchar que es el que hizo esto, que es el que mató a Colosio. Me dije: "¡Wow!" No supe qué decir; todavía no dimensionaba. Cuando empecé a dimensionar fue cuando llegué con mi personal al Cefereso y me dicen: "No pasas". "¿Por qué?" "Pues porque no pasas." "Yo soy el defensor de oficio que va a representar al señor Aburto." "Pues no pasas." Y bueno, algo que me caracteriza es que soy medio peleonero, y dije: "Pues voy a pasar". Yo no tenía ni idea de quién era, simplemente yo voy a pasar y se acabó, usted no me va decir que no. Como que todos estaban medios inquietos ahí en el Cefereso, el custodio, seguridad y todo ello, y salen, efectivamente: "Que lo dejes pasar, es el que va a representar, no va a dejar de tener defensor". Dije: "Pero no voy solo, va mi auxiliar". Pues "que no, que nada más usted": otra vez el mismo pleito, y ya entramos. El primer pacto de vista, como dicen: hablar con él. Entonces primero me fijo en cuál es su nombre, cuál es el asunto, por qué va acusado, y le digo: "Yo soy defensor de oficio de este juzgado. Tiene usted derecho...", y le doy a conocer brevemente sus derechos. Primer impacto: se me queda viendo de una manera un tanto despectiva, un tanto desconfiada, y eso es parte del perfil: *desconfiada*. Es, cómo le podría decir, calculadora. Me dice: "Si a usted le paga el gobierno, ¿cómo va a ser mi defensor?" Dije: "Efectivamente, me paga. Usted tiene derecho a nombrar a otro defensor, por lo tanto en esta diligencia se le harán valer sus derechos". Me dijo que no tenía dinero, que me aceptaba.

"Me acuerdo mucho de su primera versión: dijo que había sido un accidente, algo que no tenía planeado. Que él quería vender el arma, y en el momento de quererla sacar porque le estorbaba, fue cuando recibe un puntapié, y ¡pa!

"Que por protección a los hermanos, por la colonia en la que él vivía, la había adquirido, pero consideraba que era un peligro que los niños vieran el arma y a su vez pues no acostumbra portarlas. 'Pero me entero que hay un mitin, quiero saber qué es eso, había mucha publicidad, y dije: *Pues voy.*' Al ir, ya no sabía dónde colocarse el arma porque había mucha gente, todo mundo se aventaba, le pegan con los papeles y hasta le dan un puntapié, y entonces se le contrae el cuerpo; palabras más, palabras menos. También habló ahí de que lo habían sacado de la delegación de la PGR, que había sido torturado, que había sido golpeado.

"Veo todo el aparato que se me venía encima de ministerios públicos: me amenazaron, fue ahí cuando empiezo a acorralarme. Todo empezó porque yo llevaba mis apuntes, Mario iba apuntando lo que consideraba importante, y me acusaron de desvirtuar la verdad histórica —esa famosa frase de toda la vida— y me tratan de arrebatar mis documentos.

"Entonces me amenazan, que me iban a fincar una averiguación previa, y que porque yo estoy desvirtuando y obstaculizando la verdad histórica, y dije: 'Bueno, pues es parte de lo que ellos acostumbran'. Fui a la dirección general, tuve audiencia con el director y le dije: 'Yo estoy prácticamente solo contra todos estos, estoy peleándome con este señor, Marco Antonio Díaz de León, como con diez fiscales especiales, y me están tratando de esta forma, me están amenazando'.

"Mario Aburto es una persona un poquito compleja. No se dejaba a veces entrevistar, trata de llevar a cabo su asunto; por más que uno le decía haz esto, que estas declaraciones, que estos testigos, que ya lo estudié, él era muy difícil. Cambiaba las versiones: es más, le voy a comentar lo que hacía en las audiencias. Él me decía, no sé cómo se enteraba de que yo daba entrevistas —con cierta reserva, no daba a conocer cómo estaba el asunto—, pero siempre me decía que cuidado, que no hablara de él, que lo que habláramos aquí no lo comentáramos. Yo le decía que no podía comentarlo; no se dejaba, era un poquito difícil.

"Cuando fue la segunda o tercera ampliación de declaración —recuerdo que ya estaba el grupo de ministerios públicos—, interrogábamos a uno de los tantos testigos, si no mal recuerdo estaba Mario Aburto tras la reja de práctica, cuando empezó a hacer como señas, como saludándolo, y cayó, picó el anzuelo: le responde las señas. Lo observo pero no digo nada, porque pienso: '¿Qué está sucediendo aquí?' Voy a descubrir algo, cuando Mario nada más dice: 'Señor juez, ese señor que está allá, usted ya lo vio, me está haciendo señas, me está amenazando'. Así de sencillo, y entonces dice: 'Pido que se certifique que el nombre del ministerio público es fulano de tal, que se están haciendo esas señas, y que se está haciendo esto'. El juez lo tuvo que certificar y dar por terminada la ampliación. Así era Mario.

"Cambió muchas veces su declaración, como siete si no mal recuerdo. Tuve que ir hasta Los Ángeles, California, a una audiencia, la testimonial de su papá, el señor Rubén: era como si estuviera tratando a Mario.

Recuerdo que yo anotaba todo lo que hablábamos en las entrevistas en el penal; un día, cuando saco las actas de entrevista, me intercepta seguridad y me las quiere quitar, no se las dejo y ahí mismo las rompo: querían ver lo que había escrito él. Entonces le dije: 'Oiga, Mario, vamos a hacer otra vez la entrevista pero nada más, concreto'. 'Sí', dice, 'se lo han de haber querido quitar, o se la quitaron.' Le expliqué: 'No, yo la rompí'. Desde entonces me empezó a escribir con claves.

—Él quería que le platicara cosas sobre su hermanita menor, Karina se llamaba; en la prisión le puso *Charolais*. Todos tenían un nombre clave: él me escribía con claves y con ellas yo le decía a la jovencita los mensajes que le quería transmitir su hermano cuando de vez en vez me llamaban por teléfono, porque no era seguido.

A pesar de haber crecido en un pueblo y trabajar durante años como obrero en maquiladoras, Mario consiguió descifrar las claves de comunicación en Almoloya:

—Imagínate, empezó a descifrar las claves de los custodios, cómo se comunicaban entre ellos: que 'Z1 con su Z3 va a su 44', 'Z3 a Z10 va con un 20', él empezó a relacionar y descubrió el código de todas las claves: 'Z1 con 23', desayuno; 'Z3 con el Z20', defensor; 'Z4 al 3', teléfono. Entonces, cuando hablaba alguno de los custodios me explicaba, por ejemplo: 'Van a sacar a un interno'. Interpretó todas las claves.

Desde que Mario logró descifrar las claves de comunicación entre custodios, Héctor Sergio jamás lo volvió a ver a solas. En Almoloya de Juárez aprendieron a tenerle miedo al joven obrero.

—Se supone que era un empleado de maquiladora y todas estas versiones que se manejaron, pero era un hombre muy astuto.

—¿Lo mató? —interrumpo la entrevista. Héctor Sergio Pérez sonríe, se desabotona el saco azul y cruza la pierna izquierda; se acomoda para decir lo que se había reservado por temor.

—Yo creo que a él no le importaba quién fuera, lo que le importaba era que fuera un candidato, y candidato prácticamente seguro que ocupara la presidencia, a lo que pude apreciar. Él decía, igual que el papá, que no era justo que la gente viniera de tan lejos a sufrir todas las penalidades en las fronteras, no le parecía justo que se metieran a fábricas y los trataran como esclavos, y con toda la producción que sacaban, y todo lo que ellos ganaban, tuvieran el pie prácticamente encima. Y peor aún si querían pasarse a Estados Unidos.

"Él presentaba ese esquema reivindicador, histrionista también, porque sí se aventaba cada cosa... Le decía: 'Oiga, Mario, no', siempre le hablaba casi de usted, 'es que esto no nos lleva a nada'. Le gustaba de repente sacar nombres de gente importante: Beltrones. Él lo mencionó, y dijo: 'De manera personal yo lo vi, y a mí él me torturó'. ¿Cuándo lo iban a aceptar? O sea, jamás. De aquí nunca salió, estaba de 'pruébame esto y ya luego vemos'. A él le gustaba que de pronto pasara cierto tiempo del proceso y soltaba los nombres, me sacaba de mis casillas. Me acuerdo que... Quizá usted conoció a De la Sota, un hombre de estatura tremenda, un peso tremendo, y Mario nunca se intimidó con él en los careos.

"Siempre vi a Mario tranquilo, sereno. ¿Sabe cuándo fue la primera vez que se quebró? Cuando le llevaron a la que supuestamente era su novia en ese tiempo, una chamaquita; la mayoría de sus encuentros eran en ese Parque de la Amistad, en Tijuana. Pero cuando fue a declarar a petición de él —que yo le decía: 'Pero ¿para qué, Mario, ella a qué nos va a llevar, a nada?'—, entendí que lo que quería era verla. Se manifestó con el juez que no podía declarar a través de exhorto, que era menester que ahí estuviera, y en caso de que resultara un careo se hiciera inmediatamente: como defensa le tienes que hacer así para tenerla aquí enfrente. Y dicho y hecho, la joven declaró lo mínimo —'Sí, sí lo conocí, mantuvimos una relación'—, entonces ahí es cuando Mario me dice que quería hablar con ella; le dije que sí, que dejara que terminara. A Mario no le interesó preguntarle: su mirada, su mundo era ella. Ella igual. Se termina, ahora sí a firmar, se acerca a la reja y el ministerio público estaba de que 'no, no', se negaba, y entonces le dije al juez qué por qué, que ya no iba a interferir nadie, que era un derecho que se tiene de poder comunicarse con el público; era cuando empezaba todo esto de los derechos humanos, y pues ya el juez dijo: 'Sí, sí, adelante', nada más que con cierta distancia para que no le fuera a pasar algo. Entonces él empezó a hablar como es su costumbre, con claves, y ella igual le contestaba así; respetando todo esto, al ministerio público se le pidió que se hiciera más para atrás, y fue cuando veo que a él los ojos se le empiezan a llenar de lágrimas.

"Era evidente que había algo, una relación muy marcada, es entendible, por eso pedí que se separaran los otros, que lo más seguro es que cuando se la llevaron la han de haber estado cuestionando, cuestionando y cuestionando; pero ahí no.

"Bueno, pero volviendo al proceso, me enteré de que el gobierno nos grababa, ¿usted cree? Escuchaban todo, cómo nos íbamos a defender, en fin, nos grababan. Entonces empezamos a hablar con claves, porque nos dimos cuenta de eso.

"Hay un día que recuerdo mucho, me permitieron entrar a una sala con un ventanal, y le dije a Mario: 'Aquí están las conclusiones, las agravantes, todo'. Para eso, él ya había hecho sus conclusiones, exigía papel y escribía; 'Estas son las mías', me dijo. Yo le decía: 'Sí, Mario, pero hay que ver que no se contradigan'. Y me dice: 'A ver, ¿cuáles son las suyas?' Empiezo destacando lo más relevante y dijo: 'No, hoja por hoja hay que leerlas', y le digo: 'Pero, Mario, son como seiscientas'. Fue la única vez que me empecé a portar un poco… no grosero, pero sí un poco más duro. Cuando ve hacia la ventana que daba a un patio del Cefereso, se queda admirado y dice: 'Ah, por aquí es una de las avenidas', y le contesto: 'Sí, Mario, pero vamos a ver esto', y él empezó a volar hacia la luz. Cuando ya íbamos alternando y diciendo palabras como "se cometió el homicidio", "se dio muerte", palabras de estas, él decía: "Usted me está acusando en lugar de defenderme". "No, Mario, es que son los términos que se utilizan para aterrizar esta idea", y me dijo: "Pues no firmo nada". Fue muy difícil todo.

"Mario era altivo. Le digo que no se amedrentó con De la Sota; era altanero, queriendo ser el eje, y sólo preguntaba: "¿Licenciado, voy bien?", y pues ya se seguía. "Espérate, espérate", y se paraba como diciendo "¿qué pasó?" y ya se seguía.

"Estuve con Mario prácticamente hasta que se le dictó sentencia; se logró que le quitaran el agravante de alevosía —eran más de quinientos elementos de seguridad, cuál alevosía—, pero se fue a segunda instancia y el magistrado le impuso dos más, o sea, cuarenta y cuatro años en prisión.

"Fui a comunicarle su sentencia una tarde a Almoloya: se quedó serio, muy serio. Le expliqué que con la apelación iba otro defensor, no yo, y le doy a conocer los pasos a seguir, o sea, el amparo directo contra esa sentencia. Lo vi muy serio y él decía que hasta que se calmara todo, hasta que cambiaran los representantes de gobierno.

"Por esos años también me llegué a enterar de que Chapa Bezanilla fue a coquetearle a Mario: le ofreció mujer, comida, televisión, lentes y la llamada al señor Rubén, su padre. Pero qué curioso, porque cada que él llamaba, el señor Rubén grababa y andaba vendiendo las entrevistas; en las revistas más o menos famosas era donde las vendía. ¿Sabía que a Mario se le facilita el dibujo? Me hizo favor de regalarme una geisha; hasta eso, le caía yo bien porque se dio cuenta de que era ajeno, vio toda la batalla que hicimos, en un principio era desconfiado pero después ya no.

"Hay una anécdota que me contaron otros internos de Almoloya: me dijeron 'Ya no callamos a su defendido'; causó *cura*. Le preguntó a un general en prisión que cuánta gente intervino en la guerra, no supo, y entonces Mario le dijo: '¿No que eres general? El general debe de saber todo'. A lo que voy es a eso, no se medía con nadie. Eso sí, muy respetuoso.

"Mario siempre estuvo totalmente aislado bajo el argumento de que estaba en máxima seguridad, por si alguien quería atentar contra él en caso de estar en población, no sé quién; en lo particular pienso que no había quién, pero no, porque todos lo reconocían.

"De hecho, la última vez que lo vi fue cuando yo ya estaba de delegado, en el año 2000, y tenía que hacer depuración de expedientes; fue entonces cuando los envío a México. Pero era delegado, ya no defensor, y entonces lo voy a ver y le digo: 'Mario, está pendiente su amparo, ¿qué piensa hacer?' O sea, me saludó bien, vamos, se dirigió bien conmigo, pero en cuanto al amparo me dijo: 'No quiero que mueva nada'. Había custodios, y le dije: '¿Quiere que hablemos a solas? Podemos hacerlo'. 'No, ya no', y nunca se hizo el amparo. Después busqué documentos y no, todo el proceso se quedó en el 98 con la última fiscalía, y ya no hubo más.

Trataron de sobornar al abogado con cinco millones de dólares para que colaborara con el esclarecimiento del caso Colosio inculpando a Mario Aburto y Othón Cortés, quien después sería acusado de ser el segundo tirador.

Tras dos décadas Héctor Sergio Pérez aún es cauteloso, recuerda que cuando terminó el proceso de Mario Aburto el gobierno de México le pidió todos los documentos, expedientes y declaraciones que recabó, pero conservó bajo llave en su antigua casa de Toluca uno que lo impresionó.

Hace unos meses me entregó un CD con pésima calidad donde se alcanza a apreciar a Mario haciendo la recreación del asesinato ante un grupo de personas en Almoloya de Juárez: es un documento histórico, lo sabe, porque la PGR decretó la reserva del expediente Colosio por más de tres décadas. Nadie verá ese video hasta el año 2035.

En él, Mario Aburto sentencia que si el celador encargado de representar a Colosio no se le parece, no haría la recreación: tuvieron que buscar por todo el penal, y Mario seleccionó al hombre que interpretaría al candidato presidencial.

Héctor Sergio Pérez cierra con una anécdota: el día que Mario recibió su sentencia, lo llamó desde la ventanilla de los acusados.

—Venga, lic, quiero pedirle algo.

—¿Qué quieres, Mario? ¿Deseas agregar algo a tu condena?

—Sí, quiero hablar con Olga Islas.

—Pero te acaba de sentenciar, ¿qué quieres?

El defensor se imaginó mil cosas: tal vez quería pedirle perdón, reiterarle su inocencia. Se acercó a la fiscal y, extrañada, se negó rotundamente; ¿pero qué podía perder?, le planteó Héctor Sergio. De mala gana ella dio unos pasos hasta Mario y solicitó que todo el personal se alejara. Se acercó a Mario por última vez:

—Olga, ¿le han dicho que es usted una señora muy guapa?

Borderline

Aquellas tardes en que Mario Aburto llamaba por teléfono a sus sobrinos en Los Ángeles, California, eran los únicos momentos en que se permitía imaginarse más allá de la celda inmunda en que lo recluyeron desde el asesinato de Luis Donaldo Colosio: esperaba ansioso a que contestara alguno de sus familiares, preguntaba cariñosamente por la salud de sus padres, saludaba al hermano que estuviera por ahí y después pedía que le comunicaran a alguno de sus sobrinos.

Para Mario, que siempre quiso tener muchos hijos, sus sobrinos se convirtieron en lo más cercano a la paternidad; sus pláticas semanales le permitían escapar de las paredes impenetrables de la prisión de máxima seguridad en Almoloya de Juárez, en el Estado de México.

Desde su detención en 1994, Mario y sus hermanos llegaron a un acuerdo: sería el tío que vivía en un país llamado México, donde trabajaba en una ranchería, y que llamaría regularmente porque no podía cruzar a Estados Unidos. Cuando se comunicaba desde el penal, los niños Aburto preguntaban cariñosamente cómo iba el trabajo en el ranchito: para ellos, su tío era un granjero que vivía en una parcela rodeado de cientos de animales. Mario iniciaba su conversación contándoles las novedades del rancho: si había adquirido un nuevo caballo, cuántos puerquitos nacieron, cuántos huevos de gallina recolectó. Hablaba sin respirar; disfrutaba cada palabra que salía de su boca.

—¿Y tienes muchos animales, gallinas? ¿Y tú agarras los huevos? ¿Y la leche también? —inundaban de preguntas al tío, que contestaba eufórico al otro lado del aparato.

De pronto, las llamadas eran menos frecuentes, pero aquellos minutos que podía hablar por teléfono, Mario prefería contarles a sus sobrinos las novedades del día en el rancho. El hombre, que por ese entonces alcanzaba los 30 años de edad, tras una década encarcelado seguía repitiendo la mentira.

—Hasta que un día llamó mi suegro, y contestó uno de los niños; le dijo: "Dile a tu papá que prenda la televisión", los niños pusieron el canal y mi suegro estaba hablando de Mario, del asesinato. Cuando mi esposo captó, desconectó enojadísimo la televisión pero ya no había mucho que hacer, los niños se pusieron mal. Nos acusaron de mentirosos, "ustedes nos mintieron", decían muy enojados —recuerda Alma Aburto, cuñada de Mario.

Ese día terminó la farsa que durante más de 10 años la familia Aburto repitió a sus descendientes para protegerlos de un pasado que finalmente los alcanzó; para Mario significó el fin de esas llamadas telefónicas donde se permitía imaginar cómo sería su vida si no hubiera acudido al mitin del 23 de marzo de 1994 en Lomas Taurinas.

En los niños Aburto creció la inquietud por saber cuál era el verdadero Mario: el hombre cariñoso con el que hablaban esporádicamente por teléfono, o al que veían en la televisión, detrás del cristal de una cárcel, cuando se cumplía un aniversario más de la muerte de Luis Donaldo Colosio.

Desde que Mario Aburto fue detenido en Tijuana, la incertidumbre se apoderó del país. ¿Era el mismo hombre al que detuvieron en Lomas Taurinas y el presentado en Almoloya de Juárez? ¿Era Mario el asesino? Para sus familiares y amigos la interrogante es más profunda y aún les duele en alguna parte del cuerpo: ¿cuál es el verdadero Mario? ¿El que la PGR catalogó casi como un enfermo psiquiátrico, o el hombre aniñado que conocieron antes del magnicidio? La historia de Mario Aburto, contada por familiares y amigos, sus amores y las cartas enviadas desde prisión, da cuenta de un hombre distinto.

• • •

Mario Aburto echó el primer grito el 3 de octubre de 1970 en La Rinconada, un pueblito humilde del estado mexicano de Michoacán. Fue el segundo de seis hermanos, y el más despierto de todos.

Su figura escuálida iba rematada por una melena rizada y rebelde que caía en rizos sobre su frente. Desde que era jovencito tenía esa mirada triste que acentuaba sus ojeras.

Los que lo conocieron en La Rinconada recuerdan que desde niño prefería sentarse solo en las escalinatas de la escuela; sin que se dieran cuenta, le gustaba dibujar a sus compañeros en un pequeño cuaderno que cargaba bajo el brazo. De hecho, fue en esa época que lo apodaron *el Aborto.*

En la primaria la situación se volvió tan complicada para Mario que su madre emprendió acciones: lo cambió al turno vespertino para que lograra terminar sus estudios lejos de las burlas de los compañeros.

Una de sus profesoras de secundaria, María del Carmen Ávalos, recordaría que en la adolescencia Mario fue un joven de buen porte, muy limpio y puntual a pesar de que su familia vivía de manera muy precaria.

Los primeros 18 años de vida se fueron en asistir a la escuela y al trabajo, y desde los 11 comenzó a contribuir a los gastos familiares. Pasaba largas jornadas con las rodillas en el piso, pizcando fresas: ganaba dos pesos por cajita, que entregaba puntualmente a sus padres.

Aunque Mario fue un niño afanoso y centrado que soñaba con estudiar, apenas ingresó a la escuela preparatoria anticipó que eso no sucedería. No pudo costear los gastos de la carrera técnica que eligió, construcción urbana: los materiales de dibujo eran costosos y tuvo que abandonarla. Nadie podía imaginar que ese jovencito estaba por iniciar un largo peregrinaje.

Vecinos de La Rinconada describirían a Mario como un joven solitario que siempre se mantuvo aislado del resto de los compañeros, prefería quedarse solo en el salón a escribir o dibujar.

Su tía, doña Avelina Aburto, contó que durante su juventud Mario era un muchacho sencillo, reservado, al que era difícil hacer hablar; se concretaba a contestar sí o no. No decía malas palabras, era muy parco para comunicarse, y siempre se aisló.

—Se expresaba bien, hablaba con respeto y siempre usaba las palabras adecuadas. Lo que se tenía que guardar se lo guardaba, es decir, si no quería hacer comentarios de algo en particular, mejor no los hacía.

Tras 20 años encarcelado, familiares, vecinos y conocidos recuerdan a Mario Aburto como quien vivió y murió: siempre en pasado. Fue un joven tranquilo, con deseos de superación, sencillo, no era agresivo, de poco hablar, educado aunque serio, muy serio.

Un amigo de juventud recordó que era tan recto que en 1987 trató de ingresar al Ejército Mexicano.

—Por problemas económicos no pude continuar con mis estudios, entonces pensé en entrar al Ejército para que mis amigos, familia y la nación se sintieran orgullosos de mí, pero desistí en entrar debido a que no me gustaban las armas ni andar persiguiendo maleantes, ya que mi meta era estudiar Economía y llegar a tener doctorado.

Sin oportunidades en el pueblo y habiendo abandonado los estudios, Mario decidió emprender un viaje de dos días en un camión destartalado hasta Tijuana, donde su padre y hermano ya habían emigrado un año antes, con la certeza de que la vida mejoraría: llegar a la frontera, continuar sus estudios y trabajar en alguna de las miles de maquiladoras que pagaban bien en el norte.

• • •

Cuando llegó a Tijuana, en marzo de 1988, tenía 18 años; venía de aquella zona marginada de Michoacán, huyendo de la miseria. Pero la primera búsqueda de empleo acabó por desmoronar su frágil resistencia y empezó su historia de derrotas sucesivas.

En la bolsa de trabajo local encontró que una maquiladora que fabricaba muebles para niños solicitaba un obrero: se presentó en el departamento de máquinas, pero al escuchar lo que ganaría, comenzó en él una insatisfacción creciente que lo hizo brincar de uno a otro empleo.

Cincuenta pesos diarios, 300 pesos semanales; ocho meses cubriendo turnos nocturnos fueron suficientes para que perdiera unos kilos y se le pronunciaran las ojeras.

Para 1989 ingresó a trabajar en otra maquiladora, Industrias Cokin; harto de los sueldos que ofrecían y lo desgastante que se había vuelto cada una de las horas laboradas, renunció dos meses después.

En febrero de ese año emigró a Estados Unidos y llegó al pequeño departamento en Los Ángeles que su padre y hermano alquilaron unos meses antes en busca de mejor trabajo; a su arribo, colocaron a Mario como lijador de muebles en Geron Furniture, una maderería localizada en un barrio de mexicanos llamado San Pedro.

Por primera vez desde que salió del pueblo no sabía qué hacer con tanto dinero. Ganaba 360 pesos diarios, más de siete veces el sueldo que percibía en las fábricas de Tijuana. En esa época Mario le empezó a agarrar un gusto tremendo al mar, caminaba hasta que el agua le llegaba al cuello y nadaba por horas a pesar de los calambres que le provocaban las frías aguas californianas.

Alma Muñoz, una joven grande y de carita redonda, era su única amiga; de hecho, fue en esa época cuando se casó con su hermano, Rafael Aburto.

—Mario era muy cariñoso, sentimental; es de esas personas que dan muchas caricias, te abraza, te toca un hombro, toma tu mano. Siempre te preguntaba: "¿Cómo estás, cómo te sientes?" Cuando vivíamos en Los Ángeles participaba en todo: si estábamos las mujeres adentro preparando el guacamole y esas cosas, y afuera los hombres haciendo la carne asada, siempre era servicial, era el único de los hombres que entraba a ayudar a las mujeres. Le encantaban los niños, es más, él era un niño al que le encantaba ver las caricaturas; me acuerdo que la gente me decía: "Mira, Mario está viendo las caricaturas". La verdad, a mí me daba vergüenza y le decía: "No seas ridículo, oye, qué ridículo te ves, no seas así". Se sentaba frente a la televisión, señalaba la pantalla y gritaba: "Mira, mira, Alma, el ratón", y soltaba unas risas.

La caricatura favorita de Mario era *Tom y Jerry*, una historia estadounidense de un gato que intentaba atrapar a un ratón, pero en cada episodio sus esfuerzos se veían frustrados por la astucia del roedor.

La rutina de Mario en Estados Unidos era como la de un deportista de alto rendimiento: tomar un autobús, luego otro y llegar a trabajar a la maderería. Sus manos acababan descarapeladas por la lija empuñada todo el día. Por las noches Alma, su hermano Rafael y él se encontraban con otros jóvenes méxico-americanos del barrio.

—Tenía buenos modales, era respetuoso, muy propio para hablar; yo siempre le decía: "Te voy a decir Mariana". Debió llamarse así, no Mario, era como una señorita porque siempre andaba de "hola" por aquí, por allá. Se enojaba y me decía: "¡Hey, calmada!", pero yo nada más me lo cotorreaba. No era rascuacho, siempre andaba limpiecito. Aquí en Estados Unidos llegaban los muchachos de México y se hacían cholos, pero Mario nunca, recuerdo que le encantaba ir al museo que estaba en el puerto de Long Beach y ver los animales del mar que exhibían. Eran tiempos lindos.

Considera que aquéllos fueron los días más felices de Mario, cuando comía hamburguesas y pizzas todos los días. Para un joven de 19 años que venía de un rancho, Long Beach, una ciudad dividida por un río que desembocaba en una playa tan azul y una arena tan blanca, parecía un paisaje sacado de una película de Hollywood.

En 1990 terminó el "sueño americano" para Mario: su padre lo envió a Tijuana a cuidar a su madre y dos hermanas pequeñas. Contra su voluntad tomó un autobús en el centro de Los Ángeles y subió con destino a México, creyendo que sería temporal y pronto regresaría. Pero el 23 de marzo de 1994 pondría punto final a ese anhelo.

• • •

Los vecinos que lo vieron llegar a la calle Mexicali, en la colonia Buenos Aires Sur de Tijuana, recuerdan que era difícil diferenciar si estaba acongojado; su semblante perpetuo era el de un hombre deprimido y agotado. Pese a que no tenía amigos y le gustaba estar solo, jamás lo vieron faltarle al respeto a las damas o diciendo malas palabras.

El joven emprendió nuevamente la búsqueda de empleo la segunda semana de diciembre de 1990; el primer lugar al que llevó una solicitud de empleo fue una tienda departamental llamada Calimax. Fue contratado inmediatamente como surtidor de abarrotes, con un salario de 16 pesos diarios. Cuando recibió su primer pago sintió que el mundo lo lapidaba otra vez.

De 1990 a 1994 trabajó en seis distintas maquiladoras, aunque eso no era anormal: en la década de los noventa Tijuana se convirtió en la capital de este sector por la ventaja de su ubicación, que ofrecía menores costos de transporte de materias primas y productos terminados de y hacia Estados Unidos, así como acceso a mano de obra barata; jóvenes muy necesitados, de baja formación profesional como Mario Aburto, aceptaban sueldos que iban de los 15 a los 20 pesos diarios.

Cuando Mario llegó a Tijuana estaban asentados 667 centros maquiladores, destacando las empresas japonesas y coreanas; más de 145 000 personas trabajaban en ellos, sobre todo migrantes sin experiencia laboral.

Mario trabajó en maquiladoras de renombre internacional como Chevrolet y Hyundai, dos empresas del sector automotriz, y otras donde manufacturó juguetes para niños. La última vez que checó tarjeta fue en Audiomatic, donde trabajó como auxiliar de mantenimiento.

Durante estos años, los únicos que mantuvieron alguna clase de relación personal con él fueron compañeros de trabajo de seis maquiladoras. Las versiones no chocan: todos llegaron a la conclusión de que fue un excelente camarada, inteligente, que siempre platicaba sobre sus sueños de ser el primero de la estirpe Aburto en titularse de una universidad; Martín López, quien laboró con él en Chevrolet, dijo que siempre juró: "Yo voy a ser grande".

Le gustaba andar limpio, cuando le caía polvo de las máquinas iba al baño y se aseaba. López lo recuerda reservado, callado y retraído, un obrero que jamás llegó tarde a ninguno de sus empleos y que siempre acató las órdenes sin objetar.

Otro, su compañero en una empresa electromecánica, recordó que era muy empeñoso pero serio; cuando alguno de los obreros le hacía alguna broma, no le causaba ni tantita risa.

En 1991 Mario le confesó a un compañero que iba a "realizar algo grande": el otro lo consideró medio loco, incluso pensó que tal vez tenía alguna afectación mental porque era muy retraído.

Sin embargo, allá por 1992, cansado de los abusos a que eran sometidos en las maquiladoras, alzó la voz para exigir un aumento de sueldo. Un día convenció a todos los obreros de no entrar a trabajar, de esta manera presionarían a la empresa a mejorar las condiciones laborales; también exigió que les proporcionaran fajas para levantar las cargas de materiales pesados, que les estaban lesionando la espalda. Mario logró un pequeño aumento salarial, pero fue despedido a la semana siguiente y ahí acabó el activismo sindical.

Precisamente en sus años como obrero industrial el joven conoció el amor; muchos años después, en Almoloya de Juárez, confesaría a otros reos que por las noches soñaba con las mujeres con las que compartió caricias en las maquiladoras.

• • •

Ella lleva un vestido de noche azul turquesa, bordado con chaquiras brillantes que empiezan en su pecho y caen sobre su abdomen plano: tiene una abertura por debajo de la rodilla izquierda que deja ver sus medias de nylon en tono arena y un zapato de charol de punta redonda color plateado.

Su cara es tan delgada que su quijada se marca en forma de un diamante; la nariz respingada parece esculpida por un bisturí, y los ojos almendrados están alineados en perfecta armonía con el arco de su ceja. La boca pintada parece un corazón y ni el rojo carmín de sus labios opaca su dentadura blanca. Lleva el cabello negro recogido en un chongo que deja libre su cuello, remarcando sus clavículas y unos pechos redondos que sobresalen por su blancura.

Se llama Alma Beatriz Acosta Chávez, y Mario Aburto —chamarra negra de piel, camisa de vestir, zapatos bien boleados— la aferra por la cintura y la aprieta contra su cuerpo; así lucen en la única fotografía que existe de la única mujer que algún día vivió con Mario.

La conoció en 1991 en la maquiladora ERTL, una fábrica dedicada a la elaboración de juguetes de metal donde trabajaba de lunes a viernes, de siete de la mañana a cinco de la tarde, como ensamblador y empacador. A su costado se sentaba esta bella joven: Alma había llegado de Sinaloa con su hermana en busca de empleo.

El 14 de febrero de 1992, Día de San Valentín, Mario, tímido y reservado, se atrevió a declararle su amor; Alma Beatriz, una chica de sonrisa panorámica, aceptó emocionada.

Pero la relación inició con un gran conflicto, recordaría años después la misma Alma Beatriz. Cuando fue a conocer a la familia de su novio, apenas saludó a uno de los hermanos cuando escuchó los gritos de María Luisa, madre de Mario; la jovencita se llevó el susto de su vida cuando la mujer la corrió a gritos de su casa.

—No le gustaba que llevaran novias sus hijos.

Pero eso provocó que Mario se aferrara más a ella, así que cuatro meses después del incidente le ofreció llevarla a vivir a su casa: aceptó porque el dinero no le alcanzaba para vivir sola, y regresar a Sinaloa no era una opción.

La fotografía donde aparecen juntos fue tomada durante un concurso llamado "Señorita Maquiladora", donde Alma Beatriz se alzó como la ganadora. Por esos años Mario le escribió una carta donde quedó plasmado lo que sentía por ella:

> Todo en la vida es un sueño y nosotros vivimos el nuestro a nuestra manera. Hoy, 14 de febrero de 1992, grito al mundo que te quiero por siempre, siempre estarás en mi mente y en mi corazón porque eres una de las cosas más bonitas que han pasado en mi vida. Con todo cariño y mi amor. Para: Beatriz A. Ch. De: Mario Aburto M. Por siempre Bety y Mario.

En algunas de las cartas que Beatriz envió a Mario en 1992, deja ver que el amor que él sentía era recíproco:

> Dedico esta foto especialmente para el chiquillo de parte de su visquilla, consérvala siempre y si algún día llegáramos a separarnos te pediría que no la rompieras, mejor regrésamela pero no la rompas porque sería como romperme a mí o hacerme daño, pero no olvides que siempre estarás en mi mente y en mi corazón ya que tengo tantas cosas que agradecerte por todo lo que has hecho por mí, por

ser tan comprensivo conmigo. Recuérdame siempre por sobre todas las cosas. Te quiere Beatriz. 13 de dic. 92.

Un par de semanas después de esta carta los problemas entre Alma y Mario se intensificaron. Ella le propuso que se casaran y tuvieran hijos: Mario se rehusó, así que la joven agarró sus cosas y regresó a Culiacán, Sinaloa, con su familia. Tras las súplicas de Mario, Alma regresó en enero de 1993, pero acompañada de su hermana; él no soportó que trajera consigo a su familia y la condicionó:

—O se va tu hermana o me voy yo —sentenció.

La joven hizo sus maletas y jamás volvió a la casa que compartían. Muchos años después ella reflexionaría: "Yo creo que nunca me quiso. Lo que nos separó es que él tampoco quería trabajar más".

Días, incluso meses después de la ruptura, los vecinos de la colonia Buenos Aires Sur recuerdan que la única vez que lo vieron llorar fue cuando Alma Beatriz lo dejó; también sería la única ocasión que sus familiares lo vieron ahogado en alcohol.

—Pero era un hombre bueno, tranquilo, no violento, nunca tuve problemas con él. El trato siempre fue adecuado, con cariño y afecto, en mi vida íntima me sentía satisfecha; sentí que me quiso y que fue sincero en aquel momento. Siempre fue correcto y respetuoso, era muy bromista.

Alma le pidió tener un hijo, incluso se comprometió a que si después se separaban no importaría, ella quería tener algo de él, pero Mario se negó: no le aclaró con exactitud qué padecía, pero no podía tener hijos porque estaba enfermo de la sangre. Harta de tanta mentira, lo abandonó.

Después de Alma, Mario tendría otros noviazgos furtivos con jovencitas que trabajaban con él en las maquiladoras: Sandra Sida, una adolescente que ahora recuerda que él siempre la motivó a continuar sus estudios, y Alma Rosa Cruz Soto, quien tenía 15 años cuando inició una relación con él en febrero de 1994.

Alma Rosa y Mario se conocieron el 7 de febrero de 1994, exactamente 44 días antes del asesinato de Luis Donaldo Colosio, en la empresa Cameros Magnéticos, donde él trabajaba como operador de máquinas; a partir de ese día ella quedó indisolublemente ligada a Mario.

Según la misma Alma Rosa, en aquel momento atravesaba por una situación de soledad y falta de afecto, por eso se encariñó rápidamente con Mario. Sintió que era un hombre mayor que la protegía y la cuidaba como si fuera una niña; él soportó con dulzura sus rabietas, intolerancias y conductas infantiles.

—Era guapo, inteligente y grande, ¡muuuy grande! Tenía suerte con otras chicas porque hablaba bien, no era vulgar; lo vi como un político. Mario me mimaba, para mi cumpleaños me regaló un oso de peluche.

Pero el romance terminó cuando Alma Rosa renunció a su trabajo el 9 de marzo de ese año, al enterarse sus padres de que era novia de un hombre mayor, por lo que se la llevaron a su natal Sinaloa. Nunca volvieron a verse: ella supo de él hasta el 23 de marzo, cuando lo vio en la televisión sangrando y acosado por una multitud enardecida.

Años después Mario la acreditaría como visita en el penal de Almoloya, pero Alma Rosa jamás se presentó.

La pluma se niega a escribir

Hoy quisiera recordarte una anécdota para reír juntos, de un primo que por poco se queda mudo. Según lo que me contaron, un día muy de mañana salió un grupo de niños, entre ellos primos, amiguitos y vecinos, a jugar como era su costumbre. Entre ellos había de todo: el niño peleonero, el enfermizo, el "tontín", el distraído, el dormido, el soñador, el cantaor, el bromista chistoso, el peleonero que peleaba con el bravucón, con el gritón, con el enojón, y por supuesto no faltaba el temerario aventurero que era un poco güero. En un momento en que ya se habían aburrido del repertorio de sus juegos, se concertaron para atrapar un pollino muy crecido: uno la cabeza le agarraría, otros las patas delanteras, y al que más mal le fue, fue al que le agarró los cuartos traseros, pues de tremendas coces al primo mandó al suelo con una cosa dibujada en medio de la frente. El primo quedó tirado en el suelo, privado y despatarrado; los demás niños pensaban que la coz del burro lo había matado. Lo llevaron a curarlo, y no parecía ser nada grave, pero tiempo después se empezaron a dar cuenta de que el primo, con parche en la frente, cuando le preguntaban algo se tardaba en responder, pues tropezaba con las sílabas y palabras y no podía pronunciarlas bien aunque mucho se esforzara. La conclusión fue que tartamudo estaba, ése fue el recuerdo que la coz del burro le dejara aparte de la pezuña en su frente dibujada. Para variar un poco, ese niño era hijo de un señor de nombre Quijotesco; su nombre salió del Lorne y muchas aventuras tiene en su haber, mismas que te contaré después. Cada persona y vida tiene su propia historia, y si de historia y anécdota hablamos, si la tratara de escribir no tengo pa cuando, así que nos abocaremos de aquí en adelante en la serie epistolar, porque si me pongo a contar muchas cosas, algunos me pueden demandar por contar algo o mucho de la intimidad de sus vidas. Me gustaría decirte que cuando llame por teléfono, estuvieras más seguido presente, puesto que hay momentos que quisiera consultar cosas contigo, pero también comprendo que en ocasiones tienes muchas cosas que hacer y por eso últimamente no he tenido la oportunidad de hablar contigo; yo quisiera que estuvieras presente en la mayoría de mis llamadas telefónicas, porque como te mencioné anteriormente, para mí es muy importante consultar cosas contigo. Para mí son muy importantes los puntos de vista que hagas al respecto porque tú eres muy sincero y las cosas las dices como son. Hay muchas cosas que quisiera consultar contigo, de preferencia las más relevantes. Como puedes ver, en la presente inmediata anterior soné muy reiterativo sobre la misma cuestión y dejé de seguir escribiendo porque la pluma se niega a continuar. Hoy, al despertar, quiero seguir escribiéndote, pero como puedes ver, la pluma sigue negándose a continuar escribiendo. Trataré de conseguir otra con alguien para poder seguir con esta serie y así también desahogar mis deseos de "platicar" con alguien, porque como tú bien sabes estoy en un área de segregación, incomunicado de los demás presos del penal, y mi único vecino es el hermano mayor del ex presidente, al cual no le hablo ya por obvias razones. Con los custodios tampoco hablo porque son gente muy poco preparada, sin ética profesional, sin escrúpulos para hacerle daño a alguien injustamente y algunos son unos verdaderos fanáticos políticos. Me dio mucho gusto hablar contigo. Sabes, me siento muy orgulloso de todos ustedes y en especial de ti, porque eres una gran persona; además, muy trabajador. Estuve recordando cuando yo laboraba en la fábrica, y por querer tener otro trabajo quedé mal y me regresaron al mismo departamento de donde salí; espero que tú no vayas a quedar mal y aproveches la oportunidad que se te da. Tengo muy bonitos recuerdos de cuando trabajé en esa fábrica, y si tuviera la oportunidad de seguir trabajando en la misma, sin duda no lo pensaría dos veces. En ésta me permito informarte que me pusieron un maestro de teatro que dice ser sobrino, segundo, del presidente del Grupo de los Cien y también escritor: el señor Homero Aridjis. He leído tanto que ya puedo formarme un concepto de la vida y de las cosas apegándome a un punto de vista más acertado, respetando dogmas y cánones establecidos en la vasta gama del conocimiento humano. A través de la lectura sigo cultivando el interés intelectual, y como aquí no se me da la oportunidad de estudiar una carrera profesional, pues sigo cosechando un sinfín de conocimientos a través de la prodigiosa lectura. Me he convertido en un ávido lector, y me he enamorado de la lectura como no te lo imaginas; he devorado infinidad de libros, que si me preguntaras cuántos no sabría responder. La lectura me sigue enseñando un rico acervo de conocimientos generales que me hacen comprender, entre muchas otras cosas, el profundo conocimiento humano, aunque te diré que esta vida es un constante aprendizaje a través de la vida y de los años. Por eso te invito a que en tus ratos de ocio o en tus ratos de asueto te deleites pudiendo tener en tus manos un libro, y leerlo poco a poco si tú quieres, pero lo importante es que te formes el propósito de empezar a leer; tienes la oportunidad de escoger el tipo de lectura que más te agrade o necesites en la amplia gama de lecturas existentes. Espero que aún tengas tu credencial para la biblioteca pública, porque la mía fue hurtada: cuando iba a la biblioteca pública siempre eran otros los que me sacaban los libros, por ejemplo mis amigos, amigas y algunas veces la esposa de tu cuñado. Algunas veces que iba solo no me registraba, por no considerarlo necesario, pero me salió contraproducente, porque en el burocratismo del papeleo no me quisieron dar mi credencial enmicada. Antes a tu mujer le gustaba frecuentar la biblioteca, y la esposa de Rafa tenía también muy buenos hábitos de lectura, parece ser que todos en San Pedro teníamos el buen hábito de la lectura, y espero que así siga siendo. Es bueno también que a los niños desde su tierna edad se les inculque el amor por la lectura, que en otras palabras viene siendo el amor al conocimiento que radica en cada página de un libro. Por eso es muy importante también de que los padres que ya se iniciaron o están por iniciarse en el mundo hermoso y maravilloso de la lectura guíen de la mano a sus criaturas o nenes, para que les enseñen a distinguir también entre un buen libro y uno malo; porque es menester mencionar también que hay libros buenos y malos. Al infante, si se le guía, podrá en un futuro formarse un concepto más acertado que aquel chiquito que por no guiársele va dando traspiés a tontas y locas, como ciego. Se puede decir que al niño se le ha quitado la venda de los ojos cuando él mismo puede valerse por sí y distinguir lo bueno de lo malo, y poder escoger lo que le dicte su blanco criterio, su alma y espíritu ávido de conocimientos, y explorar el mundo que le rodea y entonces en el cual vive. No es tan complicado comprender a los niños, pues para comprenderlos es necesario que uno como adolescente o adulto deje que aflore el niño que cada uno de nosotros llevamos dentro, y si está dormido hay que despertarlo y sacarlo del letargo en el que se encuentra para poder ver la vida desde otra perspectiva. Sin duda, la época de investigar, inventar, escudriñar y crear es en el momento de la infancia. Sin duda los niños son los que viven más intensamente la época de crear, y así se convierten también en los grandes creadores y constructores de su futuro mejor. Y ya que sacamos a colación el tema, podemos llegar a pensar en un momento dado que los grandes inventores, descubridores, científicos, escritores, filósofos, teólogos, ideólogos, poetas, pintores, grandes conocedores de la medicina, arquitectura, leyes, historia general, etc., han conservado muy dentro de ellos o tal vez subconscientemente la época de crear, inventar, descubrir, etc., esa época creadora de la infancia. En cuestiones de retórica o filosofía puede haber alguna persona que piense diferente; cada cabeza es un mundo, y ni los psicólogos se han podido poner de acuerdo. Pero en lo que sí podemos ponernos de acuerdo y compartir la misma idea, es que al niño, cuando se le hace crecer con raíces firmes, como un árbol fuerte y hermoso, por muy fuerte que soplen los vientos jamás lograrán tirarlo abajo. Esto te lo digo, antes que como el niño que juega a ser escritor, te lo digo como tu hermano que soy. Sé niño y echa a volar tu imaginación, vuelve a la época creadora de la infancia, no limites tus aptitudes ni posibilidades; ante ti tienes un extenso mar por explorar, la inmensidad del infinito cielo por descubrir. Todo en la vida tiene su importancia por muy pequeño que sea, por ejemplo los ojos de un niño, las arrugas de un anciano, la mirada de una madre que acaba de dar a luz a un bebé, la sonrisa de una niña. Estas cosas a algunos les pueden resultar pequeñeces sin importancia, pero si en un momento se ponen a reflexionar se darán cuenta que como eso no hay nada igual, y que si no se valoran esas cosas, el ser humano, por muy grande que sea, quedará reducido a la estatura de una hormiga que sólo trabaja y construye para que un día las inclemencias del tiempo le hagan empezar de nuevo. Por eso se debe estar seguro de labrarse un buen futuro firme que nada pueda derrumbar, y valorar lo que se tiene por "poco" que sea. Como una vez también dije: es feliz el que tiene lo que piensa que le basta.

Ése puede resultar un término un poco abstracto, pero qué mejor que dar a entender todo lo que se quiere abarcar con infinidad de interpretaciones. Como puedes ver, he abordado algunos de los temas de los cuales quería hablarte y el más importante no lo hay, porque todos tienen su importancia; como el hecho de que nunca trates de copiar a nadie, sé tú mismo como siempre lo has sido y no hagas caso a la gente que te llegue a criticar por ser tan sincero, ahorrador, trabajador y visionario. Algunas veces te podrás dar cuenta de que hay personas a las que les molesta que otros progresen en los ámbitos de la vida, pero tú no les hagas caso y sigue adelante en tus metas.

Es menester mencionarte que ya me siento un poco mejor y lo puedes comprobar en el ocurso de este escrito, donde entre otras cosas puedes distinguir que hasta mi escritura ha mejorado. Sabes, siempre me he preguntado por qué algunas veces nos pasan cosas que no comprendemos, y más sabiendo que nunca le hemos hecho daño a nadie, y que de repente me agarran de chivo expiatorio para pagar un crimen que no cometí. Son experiencias muy amargas por las que estoy pasando, pero siempre existe la fe y la esperanza en que Dios me ayude para volver lo más pronto posible a su lado y poder llevar la vida normal que siempre he llevado. No quiero ponerme un poco nostálgico, porque podría interpretarse por algunos como un poco pesimista, así que mejor cambiemos de tema. Me estoy acordando que a ti te gustaba mi forma de escribir al igual que a mi papá, por eso en veces quería que le hiciera cartas o escritos que él necesitaba; eso me hacía sentir bien y me sentía como el secretario general de la familia, porque cuando alguien tenía también algún problema acudía a mí con la gran confianza que siempre nos hemos tenido. Desgraciadamente, por el momento no estoy con ustedes, pero recemos a Dios para que lo más pronto posible pueda estar con todos y sigamos siendo la familia tan unida que siempre hemos sido.

Para que mi mamá se acuerde cuando le hacía sus cartas dile esto: que yo estoy bien u qué, que los extraño mucho u qué, que seguiré siendo su secretario que le escribe sus cartas u qué, y dile a Liz que no se esté riendo u qué. Bueno, hermano, por lo que veo ya se me está terminando el papel para seguir escribiéndote esta pequeña serie epistolar, así que aprovecho para decirte que si no entendiste alguna terminología en este escrito, pues investígala o pregunta. Fue muy grato para mí el poder haberme "comunicado" contigo en este escrito y espero que siga habiendo más posibilidades como esta. Salúdame mucho a tu señora y a los familiares de ella, y a tu hijo dale un fuerte abrazo y un besito de mi parte; a todos los amigos y conocidos; a toda la familia de Rafa, sus hijos, su esposa, suegra y cuñados; a la familia de José Luis, su esposa Adela y a los niños; a mis tíos, primos, sobrinos, agüelita o abuelita; a nuestros queridos padres y a mis hermanas.

Diles a todos que los amo, los recuerdo, rezo por ellos y siempre están en mi corazoncito por siempre. Tal vez a algunos les pudiera resultar un poco cursi, pero yo siempre he dicho lo que siento y quiero sin reservas. Tratemos de siempre ser optimistas y aprovechar las experiencias que nos ha dado la vida, y ver en alguna adversidad una oportunidad de aprender algo más viendo que nunca le hemos hecho daño a nadie, y que de repente me agarran de chivo expiatorio para pagar un crimen que no cometí. Son experiencias muy amargas por las que estoy pasando pero siempre existe la fe y la esperanza en que Dios me ayude para volver lo más pronto posible a su lado y poder llevar la vida normal que siempre he llevado.

MARIO ABURTO

carta a su hermano Rubén, Almoloya de Juárez

Desde el 29 de marzo de 1994, ya recluido en el penal de Almoloya de Juárez, diversos grupos de psicólogos, psiquiatras y criminólogos, contratados por el gobierno de México, iniciaron la aplicación de pruebas para ofrecer diagnósticos que sustentaran ante la opinión pública por qué Mario Aburto era un "asesino solitario" que decidió matar por cuenta propia al candidato presidencial Luis Donaldo Colosio.

Pareciera que el Aburto de los fiscales es otro, muy distinto al que conocieron amigos, familiares, vecinos, empleadores; este Mario Aburto, desconocido para todos, fue diagnosticado en Almoloya de Juárez como un hombre con personalidad *borderline*: se trata de pacientes psiquiátricos con emociones turbulentas que a menudo tienen acciones impulsivas.

En la primera entrevista que tuvo con el área de psicología del penal, apenas cuatro días después del asesinato, los especialistas diagnosticaron que era una persona manipuladora que requería de aprobación social para sentir confianza y seguridad en sí mismo. Durante cinco años las diversas fiscalías elaborarían tres grandes estudios psicológicos que para ellos desentrañaron al verdadero Mario Aburto, un psicópata que debía pasar 45 años en prisión porque jamás se rehabilitaría; ofrecieron argumentos que, a su parecer, demostraban que sólo él asesinó a Luis Donaldo Colosio aquel 23 de marzo.

El primer estudio, formado por una médico psiquiatra, explicó que por la línea paterna y materna existían antecedentes de consumo de bebidas embriagantes; sus padres también fueron golpeadores y poco afectivos. Mario Aburto presentó retraso en su desarrollo psicomotor y trastorno de conducta en el ciclo primario y secundario. A lo largo de su vida se observó falta de voluntad, porque siempre anheló superarse y nunca se esforzó para lograrlo; dijo que durante el periodo de privación de la libertad manifestó sentimientos de angustia, insomnio, depresión, signos de hipocondrías, rasgos obsesivos, histéricos, reacciones paranoides. Fue descrito como un hombre con rasgos narcisistas, conductas antisociales, con pobre tolerancia a la frustración. Destacó: "...con todo lo anterior se fundamenta que el sujeto activo del ilícito presenta un trastorno de personalidad *borderline*".

El segundo estudio, elaborado por la doctora Marisela Campos Velázquez, explicó que durante la adolescencia Mario externó sus ideas reivindicativas, molestia ante los gobernantes y amor a la patria; era un hombre con delirios crónicos sistematizados de tipo reivindicativo que se proyectaban en el ámbito laboral, social y familiar. Sus juicios estaban distorsionados, el autocrítico estaba sobrevalorado, predominaban sus ideas de grandiosidad y sobrevaloración. Descalificaba a las personas que lo rodeaban y en su personalidad se encontró a una persona apática, desconfiada, insatisfecha, resentida con la autoridad, aburrida, indiferente, agresiva, distanciada emocionalmente. Su manejo de la agresión era inadecuado, con gran dificultad resistía los eventos conflictivos, por lo que no existió un control adecuado de sus impulsos; su tolerancia a la frustración era baja. El diagnóstico final fue "personalidad paranoide y sociopática".

El último diagnóstico fue elaborado por una psicóloga reconocidísima en México, Annemarie Brugmann: para ella, Mario Aburto era un hombre que, al igual que los demás miembros de su familia, carecía de una disciplina interna, era inestable, inquieto, impaciente, desordenado, poco responsable. Debió haber estado expuesto a la violencia y agresión porque desde la infancia era mentiroso, deshonesto, parecía no sentir respeto por los demás, trataba de engañar y sorprender, era oportunista, ventajoso, manipulador, explotador; no asumía la responsabilidad de sus actos sino que trataba de adjudicársela a otro. Los actos delictivos no despertaron culpa en él al no haber una conciencia moral que reprobara y castigara: en conclusión, era una persona psicótica. En el diagnóstico continúan los adjetivos: receloso, desconfiado, seductor y manipulador.

"La paradoja trágica es que al perpetrar el homicidio y querer rehuir la responsabilidad, perdió la oportunidad de identificarse con el Yo ideal, el Caballero Águila, y falló su propia sentencia: la trascendió la identidad que le legara su padre. Diagnóstico: personalidad *borderline* con características sociopáticas y rasgos paranoides. Pronóstico: difícilmente rehabilitable."

Durante su estancia en Almoloya, las fiscalías también estudiaron 32 pinturas que Mario elaboró en los talleres artísticos; sus dedicatorias fueron anexadas como pruebas de que era un asesino solitario. Las pinturas, elaboradas con lápices, son bastante rudimentarias: en una se ve a un Mario con cara muy delgada, cejas abundantes, ojos grandes y boca pequeña, peinado de raya a un lado; lleva una gran chamarra y unos anteojos "de fondo de botella" que le abarcan la mitad de la cara. En otra está sentado en una silla de respaldo alto, lleva los mismos anteojos grandes y ropa elegante: corbata, un pañuelo en el bolsillo del saco. Está cruzado de piernas y lleva lo que parece un libro en la mano.

Ambos autorretratos, un busto y un plano entero, fueron pruebas para que el gobierno realizara una interpretación psicológica y determinara que su víctima significaba para él un símbolo de autoridad, de todo aquello que rechazaba y admiraba al mismo tiempo, y por eso lo asesinó.

Las dedicatorias que escribió detrás de estos cuadros, consideradas como evidencias, son estas:

> Empecé a tratar de pintar para recordar cómo es un cerro, el campo, los árboles, los animalitos, el agua, las plantas, las piedras, el cielo, las nubes, el sol y todo cuanto hay en la vida; esto porque las condiciones en que me tienen me están provocando que me olvide de muchas cosas.
>
> Con los pocos medios a mi alcance, traté de imaginarme esta escena campirana, añorando volver a ver lo que ahora me tiene prohibido la corrupción imperante. Una vez alguien dijo: ¿en qué país no se ha visto a personas buenas víctimas de los malvados? Pues ahora que me han acusado de un delito que nunca cometí y me agarraron de chivo expiatorio, también hoy digo que: a esa gente corrupta sus propios errores e injusticas les harán pagar.
>
> Antes estaba perfectamente bien de todas mis facultades y ahora ya empecé a olvidar muchísimas cosas, y empiezo a sentir las repercusiones de las torturas físicas y psicológicas a las que he sido sometido. Sólo les pido que sean y traten de ser fuertes como yo, para no sucumbir ante la gente tan malvada, sin escrúpulos y corrupta. Pero ante las adversidades no hay que perder la ecuanimidad y tratemos de ver las cosas con más optimismo, sé que es difícil pero intentémoslo. Por lo pronto reciban saludos y abrazos y todo mi cariño.

Para la fiscalía esas líneas fueron una prueba determinante para diagnosticar que Mario padecía un ligero daño orgánico cerebral, y que su condición psiquiátrica alcanzaba los límites del descontrol de su temperamento, diagnosticando un cuadro *borderline* en sentido colérico.

Otro de los estudios más importantes que se presentaron como pruebas de que Mario Aburto era el asesino de Colosio fue un análisis elaborado por la licenciada Angélica Artiachi de León seis años después del asesinato; en él argumentó que la violencia de Mario podía entenderse como el resultado de su entorno familiar.

Relató que el padre de Mario siempre portó armas de fuego, con las cuales cometió una serie de delitos, amenazas, disparos y un doble homicidio; la madre era violenta, nerviosa y autoritaria, y sus hermanos, tomadores empedernidos de alcohol, participaban constantemente en riñas callejeras.

Para ella, absolutamente todos los miembros de la familia Aburto se encontraban incapacitados para medir las consecuencias de sus actos agresivos, ya que en diferentes ocasiones presentaron conductas explosivas. Su abuelita, por ejemplo, era "agresiva y peleonera", y les inculcó a los hijos la misma mentalidad; incluso, dijo la fiscalía, ahorraba para comprarles armas a sus hijos a fin de que que no se dejaran intimidar por nadie. Todo esto, en el entorno rural michoacano de mediados del siglo pasado.

Destacó los conflictos internos que imperaban en la familia Aburto Martínez, recopilando entre los vecinos del pueblo michoacano testimonios presentados como evidencia de la relación conflictiva que supuestamente tenían.

> El 31 de diciembre de 1992, durante el destejo de fin de año, estaba el total de los miembros de la familia, en compañía de algunos otros familiares y conocidos, cuando se suscitó un problema entre el progenitor y el menor de sus hijos varones: aquél quiso golpear a éste con un palo que tenía un clavo, gritándole que lo iba a matar, por lo que la mamá del estudiado sacó una pistola 9 mm y disparó al aire, al mismo tiempo que le gritaba al esposo: "Te voy a matar, desgraciado"; mientras tanto, el descendiente agredido le decía a su

padre: "Mátame, mátame", y a las personas que querían intervenir les exclamó: "Déjenlo que me mate". Finalmente uno de los invitados los separó y tranquilizó, y en esos momentos Mario Aburto reprendió a su hermano menor.

Más testimonios que se anexaron a la investigación para desentrañar al "verdadero Mario" fueron los relatos de vecinos, quienes contaron que la fantasía de todos los hermanos Aburto era pelear bien. El mayor y el menor tenían tatuajes, además que el primero también usaba arete; la madre caminaba con faldas cortas, se pintaba el pelo de rojo, se preocupaba más por su arreglo personal que por su familia, y se ausentaba de la casa para ir a platicar con las vecinas, dando pauta para que sus hijos anduvieran desbalagados. "La familia permanece aislada de los vecinos, no tenían amigos, al punto de mencionar que sus mejores amigos eran el dinero y el perro." Los juegos que los muchachos Aburto practicaban desde pequeños eran romper láminas de los techos con resorteras, matar pollos, tirar pañales e incluso hicieron una pistola hechiza.

Sustentaron la participación de Mario en el asesinato a partir de su pasado criminal desde que era adolescente en su pueblo, La Rinconada, Michoacán: "...dentro de las conductas para y antisociales del estudiado se encuentran: modificar una pistola de salva para convertirla en arma de fuego, así como la adicción por las armas de fuego. Portación de arma blanca, falsificación de un diploma, realizó pequeños hurtos, cobró ilícitamente la renta de un terreno, y firmó dibujos que no fueron elaborados por él".

Este Mario, esta familia Aburto parece muy distinta a la que describen amigos cercanos, parientes, compañeros de trabajo. Casi para finalizar el estudio criminológico, Angélica Artiachi sabía que contrastarían tremendamente, por eso también le encontró a esto una explicación científica.

Expuso que la imagen que Mario proyectó durante toda su vida a compañeros y conocidos era la de un individuo solitario: le gustaba estar solo, no platicaba mucho en particular pero era sencillo, callado, educado, tranquilo, estudioso, serio, reservado, daba consejos a sus hermanos, primos, conocidos y compañeros de trabajo, quienes lo describían como amable, respetuoso, bromista, con labia para conquistar mujeres; su actitud física siempre fue echar el pecho hacia fuera, la cabeza firme, derecha, la barbilla levantada, la mirada firme; le gustaba estar bien peinado, perfumado, siempre aliñado, limpio.

"Detrás de esa apariencia de seriedad y amabilidad, se encontraba un Mario Aburto inseguro, inconforme con su realidad personal, económica, familiar y social. El estudiado se mantiene hasta la fecha en una imagen grandiosa de sí mismo, busca siempre entre las personas que le rodean el halago y no se siente culpable si se aprovecha de los otros; oculta sus carencias, se protege para no ser una persona indigna, rechazada. Por tal motivo no acepta perder, siempre es vencedor, es ganador ante cualquier circunstancia, razón por la que se incrementa en él la mentira." Era una máscara, dijo Angélica Artiachi, que protegió a su yo oculto. Un hombre que no sabía amar, que transitó de una mujer a otra sin sentimientos de culpabilidad.

Concluyó que Mario realmente toda su vida buscó ser "contenido", y finalmente lo consiguió en el centro penitenciario de Almoloya de Juárez. Lo que favoreció que Mario Aburto cometiera delitos fueron sus antecedentes familiares, la conducta delictiva del padre y el carácter explosivo de la madre, y su "leve retraso en su desarrollo psicomotor", porque empezó a caminar al año y medio y hasta los dos su lenguaje fue trabado.

"Conforme a lo mencionado con antelación y los elementos de estudio, Mario Aburto Martínez, de acuerdo con sus características biopsicosociales, sí tiene la capacidad para ejecutar la conducta criminal que se le imputa, considerándolo autor material único del homicidio del licenciado Luis Donaldo Colosio Murrieta, candidato por el Partido Revolucionario Institucional."

Me quieren de conejillo de Indias

Gracias a Dios por un nuevo día, por cuidarnos y por estar siempre con nosotros.

Consciente estoy de que todos mis escritos, antes que ustedes los lean, aquí en el penal hay gentes que investigan todo lo que digo y hago, y cabe la posibilidad de que muchos de mis escritos no lleguen a ustedes porque son plagiados por unas ratas de dos pies. Creo que hoy amanecí muy inspirado por Dios, por eso me puedo dar cuenta de que todos mis escritos serán materia de estudio para estudiar a fondo los escritos y sacar supuestos "exámenes psicológicos y de personalidad", pero eso me tiene sin cuidado, esos que me quieren agarrar de conejillo de Indias que se vayan al cuerno, bola de capos corruptos, sin escrúpulos para dañar a alguien injustamente.

Cuando me sacan de la celda revisan mis escritos y toda la celda en general, cuando yo doy la espalda los custodios hablan de mí, y cuando el hermano mayor del ex presidente da la espalda hablan de él. La gran mayoría de los custodios son una bola de pobres desdichados que si no estuvieran trabajando aquí ya se hubieran muerto de hambre, y si los corren de aquí se dedicarían a robar y delinquir, es ese su triste destino de la gran mayoría de ex policías. La diferencia es que primero son delincuentes con permiso del gobierno, para después convertirse en delincuentes sin permiso. Créeme que la gente les tiene más miedo a los policías que a los ladrones; no es que yo defienda a los ladrones, porque yo no defiendo a ninguno de los dos tipos de delincuentes.

MARIO ABURTO,
carta a sus familiares, Almoloya de Juárez

¡PINCHE GOBIERNO, ESTÁ GRABANDO!

La llamada fue rápida y electrizante: sólo duró tres minutos con 39 segundos y la voz grave, pastosa, de Mario Aburto se fue con la velocidad del relámpago, pero antes del silencio definitivo don Rubén Aburto alcanzó a escuchar los lamentos de su hijo como balazos.

—¿Cómo estás, papá?

—Pues aquí estamos, descansando.

—Sí. ¿Qué pasó, ya tienen la grabadora puesta? ¿Ya está lista?

—Sí, ya está todo.

—Okey. Este, con fecha del presente 15 de agosto de 1998, y en pleno uso de mis facultades mentales y el derecho que me concede la Constitución Política de los Estados Unidos Mexicanos, conforme —Mario respira despacio, como si estuviera aprendiendo a hacerlo por primera vez— a lo dispuesto en el artículo 6 de dicha Constitución mexicana, que a la letra dice: "La manifestación de ideas no será objeto de ninguna inquisición, siempre y cuando no ataque la moral, los derechos de terceros o provoque algún delito o perturbe el orden público" —la respiración se le tensa—, hago saber por este medio que en este penal de Almoloya de Juárez, México...

—¿Bueno, bueno, bueno, bueno, bueno? —repite insistente don Rubén, como si pudiera traer de vuelta la voz del hijo.

—¿Terminaron? —se escucha la voz de una señorita de la compañía telefónica, que hizo el enlace en Estados Unidos.

—No, ya le cortaron la llamada allá en Almoloya —grita incontrolable don Rubén.

—La cortaron en México —confirma la señorita.

—¿Por qué se la cortaron los del gobierno de México? —pregunta Rubén, colérico.

—No sé, señor; déjeme ver, permítame —responde la mujer con voz dulce.

—¿Bueno? ¿Sí, bueno? Le cortaron la llamada allá —secunda don Rubén.

El timbre largo, agudo, intermitente, suena tres veces: don Rubén vuelve a gritar al aire más "buenos" con la esperanza de que su hijo estuviera al otro lado del teléfono, pero simplemente no lo escuchara.

—¡Bueno! —la voz hosca de Rubén cambia cuando escucha la respiración rápida al otro lado del teléfono.

—Cortaron la llamada allá —vuelve a hablar Mario.

—No, es que están grabando, bueno, continúo... es evidente que los funcionarios del penal no se preocupan por ninguna denuncia en su contra, ya que cuentan con el apoyo gubernamental que tapa todo, inclusive, en muchos...

Otra vez cortan, y esta vez es definitivo.

—¿Bueno...? Ya cortaron. ¿Bueno? Ya cortaron de vuelta. ¿Bueno, bueno, bueno, bueno, bueno? Ya cortaron de vuelta la llamada de Mario.

Entra la voz monótona de una mujer, una máquina automática que ingresa cuando una llamada se ha cortado definitivamente en Estados Unidos. Dice en inglés que se vuelva a marcar, pareciera una burla. Cómo habrían de hacerlo: su hijo está encarcelado en una prisión mexicana, y ahí no hay manera de volver a llamar a nadie.

—Ya la cortaron. ¿Bueno, bueno, bueno, bueno, bueno? Ya cortaron la llamada de mi hijo Mario desde Almoloya de Juárez, no lo dejó hablar el gobierno de México. ¿Bueno? Ya estaba hablando con mi hijo Mario desde la cárcel de Almoloya de Juárez, y dos veces la cortaron —dice don Rubén, sabiendo que ha documentado toda la llamada y tal vez lo difunda en algunos medios de comunicación para comprobar que el sistema carcelario mexicano mantiene incomunicado a su hijo.

Durante toda la conversación telefónica se escucha la voz ronca de una mujer rápidamente identificable: María Luisa Martínez, la madre de Mario.

—Estúpidos cabrones, no lo dejaron hablar nada. ¡Ya cuélgale, ya!

Dice el doctor Severino Tasco Camino, especialista en foniatría, que la voz de Mario Aburto es grave y acentuada, con un timbre con grano mordiente, opaco, de ritmo rápido y rinofonía aumentada; en términos mortales, su voz es sombría. Habla ni muy alto ni muy bajo, promedio. Desde hace 22 años es sólo una voz tras un aparato telefónico, un hombre que habla a los 110 MHz sin rostro.

Desde temprano, la familia Aburto Martínez presta atención especial al teléfono: con cada timbrar el cuerpo se les tensa y músculos incontrolables les palpitan en las mejillas. Podría ser Mario, que en los últimos años llama muy poco; según los Aburto, no lo dejan hablar, le prohíben realizar llamadas aunque han pasado dos décadas del asesinato de Luis Donaldo Colosio.

Pero cuando llama —por allá de cada medio año—, para su familia es como si conversaran juntos, uno al lado del otro: la excitación, el pulso acelerado, el llanto, la risa. ¿Cómo se renueva por 20 años la promesa de que nunca se van a olvidar? La realidad es que con cada hora que pasa es más difícil recordar con precisión al Mario de 23 años que vieron por última vez en 1994: el de pelo ondulado color castaño, cejas semipobladas arqueadas, ojos ligeramente alargados y levemente abatidas las comisuras de los labios.

Para Mario, cada día es más difícil enfrentarse a aquellos que continuaron con su vida. ¿Cómo conservar el aroma de la carne con chile rojo que preparaba su madre, cuando ha pasado más de 20 años comiendo embutidos insípidos? ¿Cómo son los hermanos que no abraza hace décadas?

• • •

Cuando Mario fue encarcelado en Almoloya de Juárez, incluso antes de ser sentenciado como el asesino solitario que mató a Luis Donaldo Colosio, acordó con su padre un plan: si el gobierno los grababa, ahora serían ellos quienes grabarían algunas conversaciones telefónicas que tuvieran. Platicaría a su familia cómo eran las condiciones en Almoloya y transmitiría algunas peticiones; así, lo que Rubén Aburto exigiera a las autoridades mexicanas estaría previamente documentado de viva voz por el preso. Al principio hablaba sobre su inocencia, sobre política, sobre las condiciones insalubres en que se encontraba recluido en el penal de máxima seguridad; con los años las conversaciones, aunque breves —no duraban más de 10 minutos—, fueron cambiando: a Mario ya no le importaba seguir defendiendo su inocencia, ahora quería saber qué cocinaba su madre, cuántos nuevos Aburto habían nacido. Trataba de arrastrar al presente el mundo que dejara atrás.

En 2013, tras múltiples intentos de entrevistar a Aburto y otras tantas negativas por parte del gobierno de México tan sólo para hacerle llegar mi petición, llamé al área de trabajo social de Huimanguillo, Tabasco, un penal de mediana seguridad donde Mario fue trasladado. Una mujer con voz joven y acento sureño contestó a pesar de que tienen prohibido hacerlo; le expliqué que buscaba a un pariente del que hacía años no sabía nada, que yo radicaba en

Estados Unidos y quería saber al menos que vivía; era un acto de humanidad, le supliqué.

Temerosa, me contestó que no lo tenía permitido, pero que haría una excepción y buscaría en su computadora; agradeciéndole, le dije que el nombre de mi interno era Mario Aburto Martínez, sentenciado por homicidio. Repitió el nombre en voz alta, dividiéndolo en sílabas, y me pidió que esperara en la línea. Sabía que cuando buscara en su computadora o consultara con algún superior sabría rápidamente de quién se trataba y me negaría cualquier información; pero la joven —debió ser muy joven, y desconocer de quién estaba hablando— regresó al teléfono, me dijo que había revisado las listas de asistencia y efectivamente, mi pariente se encontraba recluido en el penal, pero era él quien no quería ponerse al habla. La dinámica era la misma: bajaba de su celda hasta el área de teléfonos comunitarios y firmaba una hoja donde declinaba hacer la llamada semanal a sus familiares. "Lo siento mucho", me dijo ella en aquel entonces y se despidió confirmándome que no podía revelarme más información.

Después de esa llamada llegué con los Aburto a Long Beach, en el condado de Los Ángeles, donde siempre han vivido, y le platiqué a Rubén que ni siquiera había podido escuchar la voz de Mario, mucho menos entrevistarlo, porque el gobierno priista que encabeza Enrique Peña Nieto me había negado durante años incluso la posibilidad de hacer una petición, y lo extraño de que ahora fuera él mismo quien se rehusara; yo sabía que no lo haría, porque en alguna llamada su padre ya le había platicado que de entrevistarlo no lo cuestionaría o juzgaría, y sólo quería documentar cómo era su vida tras dos décadas en reclusión.

Fue ese día cuando Rubén Aburto, un hombre envejecido, enfermo pero sobre todo desconfiado, me mostró su mayor posesión: una cajita con una veintena de audiocasetes. Revelaba a un periodista el pacto de complicidad que había fraguado con su hijo encarcelado, su pequeña venganza contra el sistema que los había espiado durante años: esos pequeños rectángulos de plástico, dos carretes diminutos por donde pasaba una cinta magnética, eran su hijo. Sí, eran la representación del hombre ausente, transformado en partículas de metal adheridas a una fina tira de poliéster.

Mario no era ese obrero ignorante que no sabía articular bien una oración, como durante años lo exhibió la Procuraduría General de la República a través de dictámenes e informes: era un hombre que conocía de leyes, de artículos de la Constitución; hablaba de Dios, mandaba consejos a sus hermanos más pequeños y recomendaba a su padre que perdonara y jamás perdiera la fe. Mario Aburto Martínez era un hombre complejo.

Los casetes están apilados en una cajita, grabados encima de música u otras conversaciones y es imposible precisar la fecha de cada audio, pero a partir de los temas que trata fue posible establecer un orden.

Hubo otro Mario

—Feliz Navidad y próspero Año Nuevo, que yo creo ya no voy alcanzar a llamarlos, ¿cómo la pasaron? Yo sé que están tristes porque no estoy pero échenle ganas, esperemos en Dios que pronto esté con ustedes pero no quieren dejarme salir... Pero bueno, salúdame a todos.

"Mira, ya se supo que yo no maté al licenciado, que me utilizaron como chivo expiatorio, reconozco eso que dice la gente, de que me utilizaron como chivo expiatorio para sustituir a quien mató al presidente, a mí me intimidaron con que iban a matar a mi mamá y a mi hermanita de nueve años y a mí, que éramos los únicos que vivíamos en la casa, si yo no me hacía pasar por el responsable; ya se supo que lo mataron ese mismo día 23 de marzo, aproximadamente cuatro horas después de que mató al licenciado Colosio, y a mí me agarraron de chivo expiatorio porque sabían que como era inocente jamás me iban a probar nada mientras ellos borraban todas las huellas. Acuérdense que yo desde un principio les dije que me habían intimidado, que ellos me hicieron responsable de un crimen que yo no cometí y que habían utilizado a otra persona parecida a mí; inclusive, cuando lo tenían a él en la PGR de Tijuana se hizo pasar por Mario Aburto y cuando le hicieron la prueba de pólvora en las manos le salió con un bajo porcentaje de pólvora, y le hicieron un dictamen médico, y ése está en el expediente, que presentaba un golpe en el lado derecho de su cabeza, todo golpeado, y a mí me dieron un golpe pero en el lado izquierdo, ¿me entiende? Y todas esas pruebas están en el expediente; claro que las tergiversaron, el Ministerio Público. Yo pedí que me carearan con esa persona pero no quisieron, por eso les dije que trajeran a mi mamá para que me reconociera, incluso yo traía unas identificaciones y una libreta de direcciones. Les dije: 'Aquí vive mi mamá, tráiganla para que vean que es cierto'. Y en el expediente está que trajeron a una persona que se parecía a mí, traía pantalón café, chamarra con hombreras, pelo chino y de estatura diferente; era moreno claro y estaba todo golpeado. Primero, mi mamá dijo que ése no era su hijo; segundo, mi chamarra no tenía hombreras; tercero, yo no tengo el pelo chino; cuarto, como todos saben, mi estatura es de 1.70 y no tengo treinta o veintiocho años porque cuando llegué aquí era casi un niño, tenía veintidós años, apenas iba a cumplir los veintitrés, y los primeros informes reconocieron que la otra persona tenía de 28 a 32 años. Y otra, yo soy un poco güerito. Seis, yo nunca he fumado o he tomado; séptimo, los rasgos de esa persona, era un poco diferente a mí; ocho, en la PGR de Tijuana me dieron una ropa que no era la mía, tal vez por equivocación. Y cuando pasaron a mi mamá a la otra oficina donde estaba yo, a mí ya me habían puesto una inyección, me dijeron todo lo que tenía que declarar antes de ponerme la inyección pero no me dejaron ver los rostros de las personas, me agacharon e inclusive me pusieron algo en la cara, por eso dice mi mamá que cuando ella me hablaba yo no le respondía, tal vez algo tenía la inyección pero lo que sí recuerdo bastante bien es que siempre le dije al Estado Mayor Presidencial que yo era inocente, inclusive al general Domiro, incluso a una agente judicial que se llamaba doña Enriqueta Cruz Martínez y ella también lo declaró ante un juez, que le había dicho que yo no había sido, y ella lo grabó en un videocasete. El general Domiro reconoció ante el juez que yo no fui el que disparó, y yo les dije que me hicieran exámenes para probar que era inocente. Ahora los analistas políticos dicen que quieren hacerme responsable de un crimen que no cometí. ¿Cómo se dice? Que porque dicen, ¿cómo lo explicaría?, dicen que quieren seguir haciéndome responsable de algo que no cometí porque si se descubre toda la verdad muchas cabezas del gobierno van a caer, y que como yo soy inocente pues jamás me van a encontrar nada, porque soy inocente. Ahora, el día 23 de este mes vino el subprocurador especial Chapa Bezanilla, y algo verdaderamente infantil lo que me pidió, que le firmara un papel donde me hacía responsable de la muerte del licenciado, y los custodios de este penal se dieron cuenta también; yo eso se los comenté a las autoridades del penal. También traía otros papeles, ¿me entiende?, que yo me enojé y no quise leer lo que me pedían, pero anteriormente Chapa y su ayudante ya me habían pedido que les firmara un papel donde me hiciera yo responsable de la muerte del licenciado, y pues es ilógico, yo cómo les iba a firmar algo así, con esto le digo todo. ¿Usted por qué cree que no quieren hacer una cacería de brujas? Porque van a caer cabezas, es increíble el nivel de corrupción que impera en el país y con mayor razón va a haber más desconfianza [en] los inversionistas, que ya en muchas ocasiones se han visto defraudados. Ya anteriormente Chapa y su ayudante me habían dicho que les firmara un papel para hacerme responsable, y como le digo, yo por qué tengo que hacerme responsable de un crimen que no cometí, y que jamás en mi vida cometería. También dicen que mataron a un director de Seguridad Pública de Tijuana porque él había reunido las pruebas para comprobar el caso y por haber detenido a un agente de seguridad, Sánchez Ortega, que presentaba huellas de pólvora en su mano, droga, e iba manchado de la sangre del licenciado y lo detuvieron.

"Lo único que le puedo decir es que yo no fui el que asesinó al licenciado Colosio por razones obvias, porque si doy pruebas ahorita me va a pasar como al principio y las van a desaparecer para seguir haciendo creer que yo soy el asesino. Ahorita yo tengo miedo porque aunque ya mi familia está a salvo, ahora yo estoy en peligro. Ya se me terminó el tiempo, el próximo miércoles llamo a la misma hora."

MARIO ABURTO,
conversación con Rubén Aburto

ME DIJERON QUE IBAN A MATARME

—¿Bueno? ¿Papá, me escucha? Mire, a mí me dijeron por medio de intimidaciones que yo tenía que decir todo eso, ¿me entiende? Y ahí fue cuando me dijeron que tenía que decir eso, porque si no, me iban a matar a mí y a toda mi familia, y yo les dije que por qué, si era inocente, y me dijeron que no, a toda costa iban a utilizar cualquier tipo de pruebas que ellos iban a inventar en contra mía, que yo estaba solo contra el gobierno, que nunca iba a poder contra él, que el gobierno a como diera lugar se iba a mantener en el poder, que si era cuestión de matarme a mí, iban a preferir matarme, que el gobierno del PRI tenía que seguir, eso fue lo que me dijeron en la Suburban. Me estuvieron torturando por medio de asfixia, o sea, me echaban agua en la cara y me dijeron que estaban torturando a mi mamá también, pero eso no sé si haya sido cierto, mi mamá nunca me dijo nada.

—¿Pero por qué fuiste al mitin?

—Pero yo cuando fui al mitin fue por pura curiosidad, porque usted bien sabe que yo nunca he estado en ningún mitin, nada más fui por pura curiosidad, para saber qué era un mitin, pero en sí no sabía qué era eso ni nada por el estilo, sólo fue por pura curiosidad, es lo que yo le puedo decir. Pero lo importante de esto es que yo soy inocente y para mí es importante que aceptaran al FBI y a la CIA, para que se dieran cuenta de la verdad, pero al gobierno no le conviene, antes de eso prefieren matarme, y como pueden ver, Zedillo Ponce de León, ¿para qué adquirió ocho tanques antimotines, para qué, a ver? Algo tiene que ver, o sea, es algo demasiado grande esto; a mí, si represento un peligro para ellos, me van a matar, es lo más lógico, pero ustedes manténganse en alto y con la frente muy arriba.

—Mijo, pero cuando te agarraron, que tú decías: "Fue el loco, fue el loco", ¿quién es ese loco?

—O sea, yo creí que había sido uno de los que están encerrados aquí, ¿no?, porque oí un disparo cerca de mí, pero no vi quién disparó ni nada, o sea, yo no vi nada, nada más me agarró el señor Mayoral y me la aventó a mí encima en lugar de habérsela aventado a la otra persona que había hecho el disparo.

—Sí, pero tú ibas bastante retirado del licenciado Colosio, ¿como cuatro metros, o tres metros?

—Sí, yo iba del lado de un señor que llevaba un niño en los hombros, inclusive yo le decía que se bajara el niño de los hombros.

—¿Tú ibas adelante o atrás?

—Adelante, y atrás iba otra persona, incluso en los videos se ve, pero es más chaparro y tiene el pelo chino, chino, y su chamarra tenía hombreras, y la mía no tenía hombreras, usted la conoce bien, esa chamarra, y su pelo es chino, chino, y me quieren hacer pasar por él.

—Sí, tú no eres chino y eres lampiño, tú no tienes bigote ni barba.

—Ya se me acabó el tiempo, el jueves llamo a las siete de la mañana. Los quiero mucho.

MARIO ABURTO,
conversación con Rubén Aburto

ME ESTUVIERON TORTURANDO

—¿Cuántos minutos te dieron hoy?

—Diez minutos, igual que siempre.

—Oye, hijo, se ha dicho que después de que te detuvieron allá en Tijuana te llevaron allá envuelto en un colchón, te tuvieron allá, ¿qué me puedes decir de eso? También se dice que Beltrones te interrogó, estuvo allá contigo, ¿de eso qué me puedes decir? Beltrones, el gobernador.

—Sí, me estuvieron torturando hasta que se cansaron, yo les decía que era inocente, y me acuerdo perfectamente de los oficiales que estuvieron allí, los reconozco, viéndolos los reconozco; inclusive uno que me llevaba agarrado de un brazo, es de los que me torturaron, llevaba camisa rayada, y otra persona me llevaba con una pistola en la cara, creo que esa foto ya la vio usted. Pero es cierto que me estuvieron torturando, yo les decía que no era cierto de lo que me estaban acusando, y decían que a mi mamá la estaban torturando en la playa; o sea, todo eso está en el expediente, pero es cierto.

—Y eso que dicen que el gobernador de Sonora, Manlio Fabio Beltrones, estuvo ahí, tú no sabes nada de eso, ¿o sabes algo?

—No, no sé nada.

—Queremos dar con motivos políticos, queremos distinguir un poco, o remover todo lo que es nada más camuflaje.

—Okey, ya se me acabó el tiempo, hablo el jueves allá con usted.

—No se te pase lo de pedir por escrito la escena dos al abogado, al juez, y este, que nos envíe una copia a nosotros. Ya con Rafa no hables. Sale.

MARIO ABURTO,
conversación con Jorge Mancillas,
representante de la familia

LE MATARON UN HIJO, NO UN PERRO

—¿Bueno, hijo?

—Hola, papá, ¿cómo están?

—Pues aquí andamos, descansando.

—¿Cómo se la pasaron?

—Pues aquí reunidos en la casa todos tus hermanos y este, pues aquí tu mamá hizo unos tamales de dulce, de fresa y de piña.

—¿Se la pasaron bien?

—Sí, pues aquí.

—¿Mi tío Bigotes no estuvo ahí con ustedes?

—Sí, estamos aquí cerquitas de él.

—¿No se puso sentimental? Siempre se pone sentimental.

—Sí, pues, sí se puso él, y Rafa.

—¿Y eso?

—Pues ya ves, que estamos todos juntos, y tú…

—Ah, ¿a poco Rafa se puso triste por mí?

—Sí, pues nos hace falta mucho, hijo.

—Ya sabe bien que yo le echo ganas aquí.

—Pues sí, hijo, pero nos hace mucha falta aquí, y ahí estamos luchando.

—Pues sí, pero estas fechas no son para que se pongan tristes, al contrario, que se pongan contentos de que está toda la familia ahí reunida y que tengan fe en que yo algún día tengo que estar con ustedes, no pierdan esa fe.

—Sí, nosotros tenemos mucha fe porque no todo el gobierno es malo, la mayoría son los que, pero hay gente buena y todavía tenemos fe en esos funcionarios buenos que quedan, tenemos fe en que vas a salir y vas a estar con nosotros.

—Sí, por eso ustedes no se preocupen, porque yo tengo la seguridad de que voy a salir, nada más que salgan todo este grupo de autoridades corruptas que hay y esperar que venga alguien que tenga voluntad. ¿Y qué hay de nuevo allá?

—Pues nada, está todo calmado, nomás lo que pasa por medio de la televisión, en las noticias.

—¿Y quién está ahí?

—Aquí pues nomás están Karina y Liz, porque tu mamá anda lavando.

—Mire, le iba a comentar que salieron las noticias, hace como un mes más o menos, de don Luis Colosio.

—Sí, ¿qué dijo don Luis?

—¿No se dio cuenta?

—No, acá no llega.

—Fíjese nada más lo que dijo, que él sabía perfectamente bien quiénes fueron los que asesinaron a su hijo, pero que nunca lo iba a decir por lealtad y después dijo que por miedo, ¿pero lealtad a quién? ¿Cómo va a ser leal a la gente que le mató a su hijo? Todos los comentarios que se hicieron por acá, ¡híjole! La verdad, imagínate, ponte a pensar eso, cómo un padre puede ponerse a decir algo así cuando le han matado a un hijo. No le han matado a un perro, no le han matado a una mascota, le han matado a un hijo; entonces lo que me decían a mí, ¿sabes qué era? "Mire, Mario, si don Luis Colosio está diciendo eso y él sabe cuáles son los asesinos verdaderos de su hijo, ¿cree que le va a importar que usted esté pagando un crimen que no cometió? Si no le está doliendo su hijo..." Con este tipo de declaraciones lo que hace creer es que no le dolió su hijo entonces, ¿cómo ve?

—Pues don Luis, no sé por qué estará obrando de esa forma, si es un padre.

—A todo mundo sorprendió, a los que escucharon esa noticia.

—Pero a lo mejor el hombre tiene miedo, y también...

—Sí, sí, claro, pero por un hijo... Yo no soy padre, pero si lo tuviera daría hasta la vida por mi hijo, si lo están amenazando pues yo diría: "Okey, me voy a asilo político a Estados Unidos o a otro país, pero yo quiero justicia", exigir justicia, y el señor ya no exige justicia, no sé qué esté pasando con el señor. Entonces le digo, pues la verdad no, no comprendo, mi mentalidad no me da para poder comprender una cosa de ese tipo: que un hombre, padre de familia, diga eso después de que gente mala le mató a su hijo, y si no le dolió que le hayan matado a su hijo, tampoco le va a doler que yo esté aquí pagando un crimen que no cometí, que él inclusive pueda prestarse para intereses políticos antes que la verdad; eso a mí me preocupa porque yo estoy en la cárcel pagando algo que no debo. Sí, pues el gobierno no quiere esclarecer nada, no quiere investigar nada. Vamos a olvidar eso, y vamos a tener fe en Dios que esas cosas van a cambiar.

—Sí, tenemos que tener fe y seguir luchando hacia delante.

—Mire, por otra parte, pues aquí yo le estoy echando ganas, pero aquí me cargan la mano; yo te lo digo y te soy franco, me han estado cargando mucho la mano y yo les digo con sustento jurídico y legal que están violando la Constitución, inclusive les digo los artículos que están violando. He aprendido más sobre derechos, sobre cómo defenderme, pero aun así esta gente no entiende. Les digo: "Están violando la Constitución", y me dicen: "Es que usted está en una cárcel". Les digo: "Sí, señor, pero aunque esté en la cárcel, también la Constitución se hace valer, aquí y en China y donde sea". Todos estamos obligados a respetar la Constitución, esta gente de aquí no la está respetando, pero a pesar de eso yo les sigo diciendo y echando ganas. Sí, hay que seguir. Sí, si la vida me ha enseñado algo es a no dejarme vencer tan fácilmente, ahora ya no me van a poder vencer, por eso, ¿cuánto tiempo duré sin hablar con ustedes?

—Pues al principio como nueve meses.

—No, ahorita; ah, ahorita iba como un mes. Por eso les estoy hablando ahorita, porque no me dejaban; está prohibido por la Constitución que me tengan incomunicado, y me tenían incomunicado.

—El otro sábado yo hablé para allá, para Almoloya, y les dije que si no te dejaban hablar, que tú tenías derecho a comunicarte con tus padres, que si no, me iba a ir a hablar con las Naciones Unidas.

—Allá no, a esa gente corrupta eso no le preocupa, papá, es corrupta, le vale, ahorita lo que quieren es gozar de sus puestos porque el siguiente es el "año de Hidalgo" y todos quieren robar, porque saben que en cualquier rato los van a correr; ya no les preocupa, la corrupción está bárbara, desatada. Bueno, papá, me dio gusto hablar con usted, ¿cuándo podría hablar con mis hermanos? Si quieres, cambio las llamadas para otros días.

—No, pues el domingo están desocupados todos ellos, nomás yo les digo, también el sábado.

—Sí, pues voy a ver si me cambian las llamadas para los domingos para poder hablar con ellos, mientras pásame a Karina y a Liz y me saludas a todos por allá, te quiero mucho.

—Sí, mijo.

MARIO ABURTO,
conversación con Rubén Aburto

ME PREOCUPO MUCHO POR TI

—¿Bueno, bueno, cómo estás, mija?

—Bien, ¿y tú?

—Pues echándole ganas. ¿Cómo la pasaste?

—Bien.

—¿Cómo vas en la escuela?

—Bien.

—Correcto. Te escuchas medio mormada.

—Ah, es que tengo gripa.

—Cuídate mucho. ¿No has tenido problemas en la escuela?

—No, yo no.

—¿Y las calificaciones, van bien?

—Pues más o menos.

—Ah, está bien. ¿Cuándo cumples años?

—En mayo 15.

—Órale, hasta la voz te está cambiando, mija.

—Sí, es que ando ronca.

—Ah, por eso échale muchas ganas, mija, yo me acuerdo mucho de ti.

—Yo también.

—Y hazle mucho caso a mi mamá y a mi papá, como siempre te digo; los mismos consejos, porque me preocupo mucho por ti. Salúdame a todos por allá, ya se me terminó el tiempo; tenle confianza a mis hermanos, te quiero mucho.

—Okey. Yo también.

—*Bye*, te quiero mucho. Ya colgó. ¿Aló? ¡Ay, ya colgó!

MARIO ABURTO,
conversación con su hermana Karina, de diez años

SOLAMENTE ELLOS SABEN LO QUE ESTÁN HACIENDO

—Esta llamada es de Mario Aburto.

—Okey, adelante.

—¿Alma?

—¡Mario!

—Sí, ¿cómo estás?

—Bien, ¿y tú?

—Aquí, echándole ganas.

—¿No te han hecho nada?

—No, pues ahorita ya no, quién sabe al rato.

—No, ni que lo mande Dios, pero te iba a decir del muchacho muerto, del que se murió...

—¿El que mataron en Tijuana?

—Sí. Se llamaba Ernesto Rubio.

—Ah, sí.

—Y el dueño del taller, un viejito, se llama Ramón.

—Ah, sí, ¿y eso qué?

—Oh, pues porque te estaba diciendo que cuando fui no me acordaba de los nombres.

—Sí, yo vi las fotografías y es impresionante el parecido.

—¿Verdad? El Rafa se rasuró el bigote y es igualito también. Y luego te iba a decir también, tú sabes de lo que te estoy hablando, ¿quieres que lo saque al público?

—Sí.

—¿Sí?

—Este, pero primero mira a Mancillas, lo que te ha dicho, ¿no lo has visto ya?

—Sí, ahorita le vamos a hablar, pero él dice que no.

—¿Por qué?

—Que porque no nos van a creer.

—Ah, ustedes sáquenlo; noté algo raro en Mancillas, ¿me entiendes?

—Ajá.

—Y la verdad, no sé qué haya con Mancillas.

—Sí, yo también.

—Porque he notado algo raro, la verdad; ustedes sáquenlo, sea como sea.

—Sí, como le dije a tu papá: "Yo lo voy a hacer porque él me dijo", pero Mancillas dijo: "No, es que no nos van a creer". Yo le dije: "Pero es que ni modo que sea una cosa que inventé yo, o su familia".

—Sí, mira, él no sé por qué está tratando de que se oculte eso, pero si ustedes lograron recabar pruebas, sáquenlo a la luz pública, ¿me entiendes?

—Sí.

—Que cómo las consiguieron: ustedes sabrán si dicen quién fue la persona que se los entregó, pero lo más recomendable es que no, por seguridad de él.

—Sí, yo sé, yo sé.

—Pero llueva o truene, ustedes presenten las pruebas.

—No, sí, nosotros las vamos a presentar.

—Y sigan sosteniendo: "Mario no fue".

—Sí, si eso siempre lo decimos.

—Aunque no sé cuándo se le va a caer el teatrito a esta gente, la verdad.

—No te preocupes.

—Pero tarde que temprano se les va a caer, por más que se empeñen por hacerme pasar a mí, se les tiene que venir para abajo, las mentiras no duran. Este, ¿está mi papá por ahí? O, ¿sabes qué?, antes, ¿está Luis?

—No, está trabajando.

—¿Y Adela?

—Tampoco, está en la casa con los niños.

—O sea, no vive ahí con ustedes.

—Sí, vive aquí cerquita, a unas cuadras, pero ya ves que como está embarazada pues se cansa, y luego con los dos niños... Para el mes que entra ya se alivia.

—Ah, dile que se cuide mucho, que le mando muchos saludos y a mi hermano Luis también. Pásame a papá para hablar con él, cuídate mucho y cuida mucho a Mario.

—Sale, también tú.

—Hola, hijo.

—¿Sí, cómo estás?

—Bien, descansando.

—Sí, ¿cómo va esto de Mancillas?

—Pues, ¿tú quieres que saquen esto que te dijo Alma?

—Sí, sáquenlo, es como le digo, no sé qué se traiga Mancillas, yo lo he notado muy raro, no sé qué haya; si él les dice que no lo presenten, ustedes preséntenlo.

—De acuerdo.

—Es su decisión de ustedes.

—Sí, no le tengas demasiada confianza.

—Sí, yo no puedo confiar absolutamente en nadie.

—Sí, en nadie, igualmente estamos nosotros.

—Y yo lo he notado raro. Ahora que venga Antoni di Palma, del *New York Times*, qué quiere que le diga, yo no sé absolutamente nada, yo nada más le voy a sostener que yo no fui; entonces a qué quiere venir, pero si él quiere venir, adelante. Sabe qué, salúdeme a Rubén y a Rafa también, y a Luis, mi hermano, dígale que cuide su trabajo.

—Sí. La decisión que tomaste tú, te apoyamos todos nosotros, hijo.

—Usted sabe que yo no fui, y aunque un juez me haya querido hacer pasar como que yo fui, no sé por qué, algo ha de haber con ellos o seguro él recibió orden o se dejó engañar por el Ministerio Público. Pero pues, ¿sabe?, solamente ellos saben lo que están haciendo, a lo mejor es una treta para agarrar a los verdaderos, o la verdad ya no sé ni qué rollo pensar, ¿me entiende? Si a lo mejor ellos están haciéndome pasar a mí para que los que de verdad fueron se confíen y los agarren, tanto al que hizo el disparo como al que lo mandó, o a lo mejor eso es lo que están haciendo, yo estoy pensando eso. Nada más, eso sí, ustedes no confíen en nadie, porque últimamente, cuando hablé con Mancillas, la verdad dejó mucho que desear, ¿me entiende? Hay que seguir luchando y con más fuerzas; ustedes sigan adelante, no se dejen intimidar por nadie, sigan adelante. Ustedes tengan por seguro que yo también aquí le voy a seguir echando ganas y no me voy a dejar morir, yo le voy a seguir echando ganas hasta donde sea posible.

—No estamos solos, hijo, y yo sólo quiero que sepas que el pueblo mexicano está contigo.

MARIO ABURTO,
conversación con Rubén Aburto

¿QUÉ, SOY ALADINO?

—¿Mario, qué pasó, cómo estás? Oye, pues más que nada, pues que dieras en tus palabras una explicación sobre el 28 de marzo, qué mermó tu criterio y qué te llevó a decidir lo que le dijiste a los diputados...

—No, no, no, mire, lo que pasa es que ellos, cada quien tergiversó las cosas como quiso, por conveniencia o no sé por qué. Yo, como siempre les he estado reiterando, yo no sé absolutamente nada y no es cierto que haya pedido que los representantes del Congreso vinieran a hablar conmigo; yo no lo pedí, acuérdese bien, ellos fueron los primeros que le dijeron que querían hablar conmigo pero en ningún momento yo había pedido eso, ellos fueron los que querían hablar conmigo y ahora ellos tergiversaron las cosas como quisieron. Entonces, como yo siempre les he dicho a ellos y a quien sea: yo no fui el que disparó, y yo no sé absolutamente nada. Que ellos vengan y me digan: "No, pues tú tienes que saber algo"; ¿por qué yo tengo que saber algo? ¿Qué, soy Aladino o soy adivino, para saber lo que pasa?

—Mario, ¿entonces cómo te planteas tú y con ayuda de quién aclarar tu papel?

—Pues cómo quieren que aclare, estoy preso y aparte las pruebas que empecé a dar en un principio las borraron, no permitieron ni siquiera que las presentara a los abogados, que en ese caso era Peter Schey, me tuvieron totalmente incomunicado. Entonces, desde ahí cometieron un error al no esclarecer una verdad, siempre voy a parecer culpable, y todavía con otra, de que a Othón van a hacerlo culpable también.

—Mario, ¿tú nos puedes decir qué es lo que te pedían que declararas durante febrero?

—Ah, que me prestara para cuestiones políticas.

—Mario, lo que estamos nosotros haciendo es luchar para un juicio justo y público, no se te olvide.

—Sale pues, se me acaba el tiempo, el próximo viernes.

—Don Rubén, algo nuevo, aparte de lo que habló conmigo.

MARIO ABURTO,
conversación con Jorge Mancillas, representante de la familia

YA ESTÁN PREPARANDO MI MUERTE

—Usted es Rubén Aburto Cortés.

—Sí, ése es mi hijo.

—Permítame, por favor.

—¿Bueno? Hola, papá, ¿cómo estás?

—Pues un poco malito.

—¿Sí? Pues yo también, ahorita te voy a explicar por qué, ¿estás grabando?

—Sí.

—Mira, te voy a pedir de favor que esta grabación se la muestres al director de aquí del penal y a ver qué puede hacer él al respecto, y la grabación que le vas a dar es la siguiente: Con fecha 20 de agosto de 1999, solicito a usted, Ciudadano Director de este penal de Almoloya de Juárez, México, me pudiera autorizar que pueda seguir viendo por mi ventana, que pueda abrir mi ventana, es que como estoy un poco ronco, ya que nada más son tres pulgadas lo que se abre, ya que me la soldaron sin motivo aparente, pues toda vez que ésa es una medida muy drástica y se me ha prohibido ver el amanecer, el atardecer, el anochecer, que entre aire, ventilación. Esa ventana, por esas tres pulgadas que se abren de la ventana, es decir, que se me permita que por cuestiones de salud física y mental la ventana de mi celda no siga soldada, para que de esa manera siga ventilándose adecuadamente mi celda, que está húmeda y fría, por eso es que me encuentro enfermo y la misma humedad me afecta, y como le solicito, es por cuestiones de salud física y mental, o que se me conceda un cambio a otro pasillo con ventilación o al módulo 8, de acuerdo a lo dispuesto en el artículo 19 constitucional fracción segunda, y el artículo 113; además, que deberían de respetar el Estado de derecho que debe regir a las instituciones, respetando la estricta observancia que otorgan los derechos y garantías de la Constitución y leyes que de ella emanan, ya que desde antes ni los acuerdos se han estado respetando cabalmente de nuestra Constitución y leyes que de ella emanan ni los acuerdos internacionales, ya que toda persona, al margen de las causas que le hayan conducido a estar sometido a la situación de detención o prisión, justa o injustamente basada su detención en cualquier alegato o pretexto, dicha persona detenida o presa tiene derechos fundamentales e inviolables contenidos en el Pacto Internacional de Derechos Civiles y Políticos adoptados por la Asamblea General de las Naciones Unidas en su resolución 2200, de fecha 16 de diciembre de 1966 y en vigor desde el 23 de marzo de 1976, y Convención contra la tortura y otros tratos inhumanos o degradantes en su resolución 39/46 del 1 de diciembre de 1984 y en vigor desde el 26 de junio de 1987, y otros instrumentos adoptados en el marco de la Organización de las Naciones Unidas en su resolución de la Asamblea General 43/173 del 9 de diciembre de 1988. Siendo todo por el momento, agradezco de antemano las atenciones que sirva prestar para la presente. Muy respetuosamente, Mario Aburto Martínez. Ésa es la grabación que me gustaría que le enseñaras al director, antes de que lo vayas a presentar a Derechos Humanos; primero habla con el director, y en caso de que no nos haga caso, presentarlo a Derechos Humanos para ver qué se hace al respecto, pero primero hay que esperar que el señor director haga algo al respecto, que no me tengan soldada la ventana, le digo, son tres pulgadas, además no estoy pidiendo ningún privilegio, lo que antes yo mencioné.

—Y el director, ¿cómo le hago para comunicarme con él?

—Otras veces ha llamado para acá, ¿no? Pues como le ha hecho anteriormente, solicite hablar con él y dígale que tiene una grabación, que quiere usted enseñársela para no pasar inmediatamente a Derechos Humanos, que quiere usted primero hablar con él y mostrarle la grabación para determinar si usted lo presenta o no a Derechos Humanos, pero primero hablar con él.

—¿Quieres que te vayan a ver? Para hablar con Alma, y mandarla a los Derechos Humanos.

—No, no, no tiene caso, mejor vamos a hacerlo así. En cuanto a las llamadas semanales, pues yo quisiera reiterarle la importancia de hacerlas, hay que aprovecharlas ahora que se nos ha dado la oportunidad de poder hacer esas llamadas, porque no sabemos después qué vaya a pasar, pero hay que estar optimistas de que todo va a salir bien, y que después estas grabaciones les puedan retribuir en algo lo que ustedes han gastado, para que mis hermanos después, no sé ellos qué hayan determinado que cada semana...

—Sí, hijo, cada semana; necesitamos estas grabaciones para tener material y así poder defender todo.

—Okey, mire, las intimidaciones han continuado, la otra vez vino un doctor acompañado de una doctora del Servicio Médico Forense; yo les dije que por qué me mandaban uno del Servicio Médico Forense si todavía no me había muerto, y el doctor me contestó muy sarcástico que no estaba muerto pero que ya estaba preparando todo. Entonces yo le pregunté al oficial que si a poco era cierto que el gobierno ya había mandado la orden de que me mataran, o que si me iban a dar a beber la cicuta para después poner mi cabeza en la picota. Los sarcasmos de ellos... Es una barbaridad que esta gente se siga comportando así, pero en otro orden de ideas, lo mismo, aquí la ignorancia de la gente, aquí siguen culpando de la crisis a Estados Unidos, pero como les dije la otra vez, nuestros enemigos no son los americanos sino aquellos que quieren seguir manteniendo el sistema político de corrupción, impunidad y narcotráfico en el país en que nos tocó vivir, una nación convulsionada por el gobierno y los secuaces que le sirven. Pero bueno, lo que te quiero decir es que hace aproximadamente dieciocho o diecinueve días, un día martes más o menos, don Luis Colosio Fernández dijo a TV Azteca o Televisa que los que asesinaron a su hijo hicieron un crimen perfecto, dando a entender que no han agarrado a ningún asesino material y por ende ningún intelectual, pero hace mucho tiempo también había dicho a los medios televisivos, durante una campaña de Miguel Alemán, que él sabía quiénes eran los verdaderos asesinos de su hijo, pero que nunca lo diría por miedo y por lealtad, y bueno, él tiene miedo, no sé qué esté pasando, a la mejor él también conoce la corrupción de aquí de México, y bueno, para reabundar más en el asunto, inclusive vi en una revista semanal llamada *Quehacer Político*, en el número 920, de fecha 24 de abril de 1999, de la página 71 a la 77, donde habla de la corrupción de la Suprema Corte de Justicia: José Vicente Aguinaco estuvo desde el 95 hasta la fecha y pues n'ombre, un montón de tropelías que se cometieron, de ahí que esté perdiendo credibilidad el Poder Judicial. También, el 7 de febrero del 97 TV Azteca presentó un videocasete de Pablo Chapa Bezanilla donde salía Juan Velázquez, alias *El Abogado del Diablo,* comentando que se habían reunido el presidente Carlos Salinas de Gortari, el ministerio público y Juan Velázquez, y el juez, y creo que algunos magistrados, el juez de la causa para hacer un complot en mi contra, para que me sentenciaran y hacerme pasar como el verdadero asesino del licenciado Luis Donaldo Colosio y eso es ilegal, porque no dan a respetar la separación de poderes, hay tráfico de influencias, cohecho, peculado y un sinfín de violaciones más. Me faltan dos minutos, oficial, yo estoy viendo. Bueno, dice el oficial que ya se me acabó el tiempo, entonces sigo haciendo las llamadas cada sábado, al siguiente sábado seguimos con las grabaciones.

—¿Entonces cómo llamo al director?

—Como lo ha hecho otras veces, para presentarle una grabación.

—Pero, ¿y si me lo niegan?

—Pero si se lo da el director estoy seguro, hable estos días con él. Ya se me terminó el tiempo, para el próximo sábado hablo yo, papá.

—Lo quiero mucho, mijo.

MARIO ABURTO,
conversación con Rubén Aburto

UNA EMOCIÓN MUY GRANDE

—Hola, papá, estoy enfermo de la garganta y apenas puedo hablar fuerte.

—Sí, hijo; te tengo una sorpresa, te la voy a pasar un momentito.

—Bueno, hijo, ¿cómo estás?

—Pues bien, aquí, echándole ganas; luego luego le reconocí la voz, ¿quién más fue con usted?

—Tu tía Otilia.

—Ah, también, qué bueno, ¿cómo han estado ustedes allá?

—Bien.

—¿Y mi abuelita, cómo está?

—Bien.

—Ah, qué bueno, por ahí le encargo mucho a la familia Ortiz, ¿sabe a qué me refiero?, échele la mano en todo lo que pueda y no nomás con ellos, con todos, hay que estar más unidos, ahora más que nunca.

—Sí, seguro, ahorita te la paso. Cuídate mucho, ¿vale?

—¿Bueno, bueno, tía, cómo está?

—Bien, ¿y tú?

—Pues acá un poco enfermo de la garganta, ¿quién más vino con usted de visita?

—Tenía seis años que no los miraba y vine por un mes.

—¿Cómo están todos mis primos?

—Están bien, ahorita acabo de hablar con María en Atlanta, te mandan saludos, que no pierdas la fe, la esperanza nunca muere, ¿eh?

—Yo aquí adelante, echándole ganas.

—Te mandaron a saludar todos los Patos; "no, que vamos a hablar con Mario", y te mandaron saludar todos.

—Niños chiquitos, ¿cuántos tiene ahora?

—Ya todos están grandes, el más chiquito tiene diez. Ya me dijeron que soy abuela de nuevo, Mayra tuvo un hijo, ya tengo cuatro nietos, tres hombres y una mujer.

—Órale, se fueron rápido (*ríe*).

—Sí, no se esperaron, te mandan saludar todos tus primos y sobrinitos.

—Gracias.

—Ojalá un día salgas, todos sabemos que eres inocente y le estamos pidiendo mucho a Dios.

—Órale, me dio mucho gusto saludarles.

—Te dieron poco tiempo para hablar, ¿verdad?

—Tengo diez minutos.

—Sí, ahorita te paso a tu papá.

—Gracias, tía, los quiero mucho.

—También nosotros, adiós.

—Sí, ¿hijo? Pues qué sorpresa, pues aquí está tu tía, ¿no?

—¿Quién más está ahí?

—Tus tíos y tu abuela, pero ella está un poco enferma.

—¿Enferma de qué?

—No, pues como que se enfermó de la vesícula.

—Ay, ni modo, pues ahí cuídenla mucho y anímenla, en todo lo que puedan apoyarla échenle la mano también.

—Sí, aquí estamos todos, tu tía Chela, tu tía Martha, Imelda, todos aquí estamos ayudándola.

—Dígale a mi tía que me salude a mi tía Martha y a mi tío, a sus hijos. La verdad me da gusto que estén todos juntos, la verdad me da mucho gusto, qué bueno, y me quedo con una emoción muy grande de saber que están todos ahí, échenle ganas; por lo pronto yo le echo ganas. Oiga, ¿no se ha sabido nada más del caso?

—No, todo está calmado, ya se empiezan a ver tantas cosas en México, de tanta corrupción en todos los niveles y todo eso, y ya al rato se vienen las elecciones, entonces se están olvidando de todo el caso.

—Pues por lo pronto, ¿verdad?, nosotros hay que seguir y no permitir que el caso se cierre.

—No, si nosotros no vamos a permitir que se cierre el caso, tenemos que estarlo reviviendo a cada momento mientras no se nos haga justicia.

—Ahora me acuerdo que decía que hay que juntar a toda la familia, y ahora me da gusto escucharlos que están todos juntos.

MARIO ABURTO,
conversación con su padre y tías Aburto

KARINA

—Hola, Alma.

—Hola, ¿cómo estás?

—Yo aquí, medio enfermito.

—¿Otra vez con la gripa, hace mucho frío?

—De la garganta, y mi pie que se me lesionó, me lo dejaron mal en la última rejega que me dieron.

—¿Sí? ¿Lo traes zafado?

—Sí, ya me dieron una venda ahí.

—Cuídate, no se te vaya a quedar así malo el pie, ya ves que cuando se te zafa un pie, si no te lo sobas bien, queda mal.

—Sí, sí, pero todo bien.

—La sorpresa que te llevaste, ¿verdad?

—Sí, me da mucho gusto verlos juntos, y que me apoyan. Cuida mucho a los niños, salúdame a todos por allá, a Karina dale buenos consejos, ya que yo no puedo estar allá; tú eres la hermana mayor de Karina al no estar yo, porque ella me tiene mucha confianza, pero ahora que no estoy, entonces necesita a alguien con quién hablar y que le dé consejos, te la encargo mucho.

—Sí, no te preocupes.

—Me preocupo mucho por ella porque aparte ya está creciendo la niña, y la verdad, que no la vayan a querer tener encerrada como monja, traten de que se divierta y todo, denle buenos consejos, que ella misma vaya viendo lo que es bueno y lo que es malo para que ella decida. Me preocupa que esté creciendo y que no esté yo ahí al lado, y mucho ojo con las amistades que tenga.

—No, de eso no te preocupes, ella dice: "Amigos no hay; amigas, solamente acá entre uno".

—¿Cómo va en la escuela la niña?

—Ya va bien, ya empezó a ir a la *high school*.

—Qué bueno, que le eche ganas.

—Le digo que se meta de porrista.

—Donde ella se sienta a gusto.

—No, pues desde *junior* quería, pero Rafa le decía: "No, estás muy chiquita", y ya le decía ella "Okey", porque Rafa la cuida mucho.

—Sí, yo también por la que más me preocupo es por la niña; salúdemela, dile que les mando muchos saludos.

—Adiós, Mario.

MARIO ABURTO,
conversación con su cuñada Alma Aburto

—Mario Aburto, ¿acepta?

—Sí.

—¿Bueno? ¿Qué tal, Alma, cómo estás?

—Pues aquí nomás, me da gusto oír tu voz otra vez.

—Sí. ¿Ya no la esperaban, o qué?

—No, es que ya ves, por lo que se ha oído...

—Pues yo también. ¿Hay algo por ahí que tengan pendiente?

—Sí, ¿quieres que le hable a Mancillas ahorita, rápido?

—Sí, pero mientras pásame a mi familia en lo que tú le hablas a Mancillas; sí se puede, ¿veá?

—Sí, espérame. ¡Cuelguen! ¿Jorge? *Mario is there.*

—¿Cómo está, Jorge?

—Bien, antes que nada, me llegaron reportes de que te interrogaron este domingo, ¿qué hay de cierto en eso?

—¿Que me interrogaron? ¿Y qué decían de eso?

—¿Mario?

—Sí, mamá, feliz cumpleaños,

—Uy, gracias, hijo, ¿cómo estás?

—Mamá, espérame; Mancillas, adelante.

—¿Te han vuelto a interrogar?

—Sí, siguen todavía; la verdad está canijo y es, como yo les digo, es contra derecho, desgraciadamente, como yo les digo, es en contra de derecho; está canijo, ha habido intimidaciones, ha habido de todo, pero la verdad yo no los entiendo, yo estoy tratando de cooperar con ellos, pero no logro entenderlos.

—¿Cuál fue la última ocasión que te interrogaron?

—Mario, Mario, ¿por qué me estás felicitando?

—Porque es tu cumpleaños hoy, mamá, ya se te había olvidado, desgraciadamente no tengo nada para darte.

—Oye, Mario, no, es el 24 de diciembre cuando cumplo años.

—Ah, sí, híjole (*risas*).

—Bueno, ya no me acuerdo de la fecha, con eso que ni sé leer.

—Okey, mamá, déjame platicar con Mancillas.

—Mario, ¿cuándo fue la última ocasión cuando te han interrogado?

—Antier, no, fue ayer martes.

—¿Qué métodos han utilizado para interrogarte?

—Este, pues presiones de que están fregando a mi familia, que si no, van a fregar a mi familia y todo eso, de intimidación.

—¿Te han vuelto a golpear?

—Este, no.

—¿Tienes presente a un defensor de tu confianza?

—No.

—¿Está presente alguien que se identifique como agente del Ministerio Público o juez?

—No.

—¿Se han identificado de alguna agencia en particular?

—Sí, son tres grupos, uno proveniente de la Secretaría de Gobernación, otro proveniente de legisladores priistas y otro de la PGR.

—¿Qué, específicamente, qué te piden, hay algo en particular que te pidan que hagas o digas, o qué preguntas te hacen?

—Pues las mismas que me hicieron cuando llevaba el proceso.

—¿Te han insinuado o dicho directamente, pedido que digas el nombre de alguien en particular, o algo específico?

—Pues aún no logro entender cuál sea el motivo, no ha habido un entendimiento ni nada.

—¿Pero te han explicado cómo piensan utilizar la información, por parte de qué investigación? Esto tiene que ver con el marco legal, ¿me entiendes?

—Mire, o sea, creo que lo que usted no ha entendido es esto, lo que se está haciendo no está apegado a derecho y usted bien lo sabe, aunque otras personas quieren decir que sí, ¿por qué? Porque se me está obligando, se me está intimidando, y no hay un abogado de confianza que esté presente, y no hay un agente del MP, no hay nada, todo está siendo oculto o trataban de que fuera oculto, por qué motivos o por qué razones, yo no sé, pero no sé cómo ustedes se dieron cuenta, ¿ha salido en la prensa, o qué?

—Salió después. Mira, Mario, te quiero decir algo sobre esto, general, pero también te quiero plantear algo, nosotros lo que hemos hecho es ir formalmente con las instancias pertinentes, primero con el director del Cefereso, le hemos escrito cartas y no las ha contestado.

—Ni va a contestar.

—Chapa Bezanilla envió la respuesta de que ellos son ajenos a todo esto, hemos girado una denuncia ante la Comisión Nacional de los Derechos Humanos, y Legislativa del Caso Colosio, esto tiene que ver con que es el procedimiento adecuado, nosotros vamos a agotar todos los mecanismos nacionales, y la respuesta que ellos den nos va a dar la pauta para que vayamos a mecanismos internacionales. Nosotros te queremos pedir, es importante que recibas a la única instancia que sí ha aceptado investigar el caso, que es la comisión legislativa: ellos irían exclusivamente a verificar el trato que has recibido. Si es cierto que miembros de la comisión legislativa han estado presentes durante ese interrogatorio, que es ilegal, tendrían que responder; si estamos presentes, Alma y yo tendríamos que identificar que efectivamente sean diputados, los de la comisión legislativa; independientemente de esa visita, nosotros haríamos esa visita.

—Adelante, háganla, ¿cuándo sería eso más o menos?

—Trataríamos de avisarte.

—Pronto, ¿verdad?

—Okey, déjame explicarte una cosa, y después piénsalo: tú imagínate que hay un pescado, un estanque, y que ve un gusanito y dice: "Con este gusanito voy a jugar un rato, no es más que un gusanito", se entretiene un rato y después dice "Ya me cansé", se lo echa a la boca y no se da cuenta que lo que tragó fue un gancho; mientras... Efectivamente, a mí me han amenazado de varias cuestiones.

—Sí, está amenazado de muerte, yo leí una carta.

—Entonces, lo único que te puedo decir es esto: si se tratan de comer al gusanito, vamos a meter el gancho más fuerte, más adentro; ellos no saben lo que están haciendo, como Carlos Salinas de Gortari y tu vecino, no sabían lo que se les venía. No saben, porque están tan metidos en su estanque lleno de lodo que no ven que el hilo viene de fuera, donde todo está limpio. Lo único que te digo es que nosotros tenemos que hacer las cosas siguiendo todos los procedimientos legales; tú desde el principio me habías pedido que se haga la investigación de cierta manera y con ciertas instancias, para lograrlo hay que seguir ciertos procedimientos y agotar todos los recursos, y nosotros hemos cooperado con todos, con la procuraduría, con la función legislativa, con los directores del penal, y si ellos responden bien, pues van a salir bien librados, y los que no, pues lo único que les va a pasar es que van a ser los nuevos vecinos que vas a tener ahora; ellos no lo veían venir y la gente que está escuchando esto tampoco lo ve.

—Sé perfectamente bien que se está grabando por parte de ellos, inclusive ya estaban esperando que yo hiciera esta llamada, ¿me entiende? Lo único que le digo es que yo estoy presionando, ellos lo que me dijeron fue esto: "Si hay necesidad de matar a uno, dos, tres, cuatro, o fregar a cien o doscientos o trescientos, lo vamos a hacer". Eso es lo que me están diciendo a mí.

—Mario, es que sí es cierto, realmente lo piensan, tienen la intención de hacerlo.

—Yo no tengo ni mi vida segura.

—Eso es un hecho, y probablemente van a hacer lo que crean más conveniente; eso fue lo que hizo Salinas de Gortari y Raúl Salinas, que fue el que empeoró más las cosas

—Y no se dieron cuenta de lo que estaba pasando.

—Bueno, sí sabían lo que estaba pasando pero no sabían lo que les esperaba, veían nada más hasta cierto punto, veían nada más desde su estanquito lleno de lodo, y ahora de repente ya ven dónde están y dicen: "¿Qué pasó?"

—O a lo mejor, ¿no cree que sea una táctica que estén siguiendo?

—Mira, Mario, es que yo sé muy poco, pero al menos estoy claro de qué es lo que no sé, y esa gente, que se le volteó todo, no estaban claros de lo que no sabían.

—Pues hay que esperar, el tiempo lo va a decir todo.

—Entonces yo lo que te digo, pues quién sabe cómo nos vaya a ir a nosotros en lo individual, pero lo que te puedo decir es esto: sabiendo que te están grabando es porque ya es demasiado tarde para esa gente, lo único que pueden hacer es, haciéndonos daño, hacerse más daño. Ni modo, nosotros no nos vamos a detener de unas cosas, de otras sí, nosotros estamos cumpliendo con nuestro deber, haciendo las cosas limpias; vamos a seguir los procedimientos apegados a la ley, y los que acepten, adelante, y los que no, pues allá que se las arreglen con quienes les toca.

—¿Ustedes sí están grabando todo esto?

—Sí, claro que sí.

—Usted sabe que no está bien apegado a derecho lo que están haciendo, pero como le digo, ellos así lo están haciendo, ¿y qué es lo que vamos a hacer? Yo no puedo hacer nada, porque en un momento que digan "compruébenlo", ¿cómo vamos a comprobarlo? Yo estoy aquí.

—Sí, Mario, lo que yo te voy a pedir que hagas es que cada que veas que algo no está apegado a la ley, por escrito, o verbalmente, da la queja al director.

—¡No, pero da lo mismo!

—No, Mario, es que no da lo mismo desde un punto de vista.

—Sí, da lo mismo, yo sé lo que le digo.

—Cuando se haga la denuncia correspondiente, la pregunta va a ser: "¿Se quejó usted con la autoridad correspondiente?" "Sí, y ésta es la respuesta", según la respuesta que te den.

—Pues nada más rompen los papeles, yo ya lo he visto.

—Pues sí, Mario, pero romper esos papeles es aumentar el crimen, cometer un delito y después encubrirlo, entonces, nosotros debemos de cumplir.

—Okey, mire, ya se me terminó el tiempo, aquí está el director conmigo y el oficial.

—Muy bien, ahí te pedimos que le digas al director que contamos con que él te dé la protección adecuada, de que todo sea apegado a la ley, esperamos que cumpla con su labor.

—Sí, nada más dígale a toda mi familia Ortiz Martínez que no regresen a México, nadie, dondequiera que estén, porque también los quieren fregar, no sé por qué; ni Luis, mi hermano, que al primero que pise tierras mexicanas lo quieren fregar.

—Mario.

—¿Sí, papá?

—Aquí estoy, te estoy oyendo.

—Okey, papá, te quiero mucho, salúdamelos a todos, tú sabes que la cosa está difícil, *bye*.

—Sí, Mario, tranquilo.

—Cuídense mucho, *bye*.

Mario Aburto,
conversación con Jorge Mancillas y Rubén Aburto

—Me han estado llamando, hijo, las autoridades, y yo les dije: "No, nosotros no sabemos absolutamente nada, ni mis hijos ni José Luis. Los que pueden saber, vayan allá con el coordinador de la campaña, allá vayan con el de Colosio, y vayan con el de seguridad, posiblemente ellos podrán saber, nosotros no sabemos absolutamente nada, yo nomás lo que tengo es el video". "No, que démelo." No, qué se los voy a dar.

—¡No, mándalos a la roña! Esa gente no quiere ayudar, no quiere solucionar el problema, nada más se están haciendo patos y de plano ya no hay que cooperar para nada con ellos, para nada, aunque los vayan a intimidar a ustedes de que "vamos a torturar a Mario"; vengan, vamos a ver de qué cuero salen más correas, nosotros vamos a defender una verdad a como dé lugar.

—Sí, también quieren saber... que el del *San Diego Union*, el fotógrafo que andaba ahí en lo de Colosio, tiene fotografías y ésas las tengo yo, y él vino y me dijo qué era lo que había visto.

—Mire, por este medio yo quiero aprovechar para hacer responsable a la PGR y al gobierno mexicano por cualquier cosa que le llegara a suceder a ese periodista, ¿me entiende?, por la información que ha dado, es de vital importancia y de gran relevancia para esclarecer el caso, nada más que el gobierno mexicano no quiere esclarecerlo. Por eso yo hago responsable al gobierno mexicano de lo que le pase al periodista del *Union Tribune* de San Diego que sacó esas fotos, yo no conozco al señor pero le estoy muy agradecido porque ha apoyado mucho a la investigación.

—Sí, luego él vino y me dijo que vio a la persona de la cabeza para arriba y que vio un arma nuevecita, nuevecita, de cañón largo.

—Sale, papá, el siguiente sábado yo te sigo llamando como siempre, ya se me terminó el tiempo. Échele ganas, saludos a todos como siempre. Los quiero.

MARIO ABURTO,
conversación con Rubén Aburto

—¿Bueno, hijo?

—Sí, ¿cómo está?

—Bien, aquí estamos, descansando del trabajo.

—Sí, ¿sí dijo a los medios de comunicación lo que le dije?

—Sí, y a todos los países del mundo.

—Mire, lo que pasa es que ahora el director vino y me sacó fotografías, pero ya que se me quitaron los moretones, o sea, vea nada más qué colmilludo, vea. Yo le dije que por qué no me había sacado las fotografías cuando recién estaba todo golpeado y moreteado, y me dijo: "No, eso no es cierto, a usted no se le golpeó", o sea, está solapando la tortura y no se dieron cuenta de esto Raúl Salinas ni Othón. A Othón lo sacaron para el patio pero sí alcanzó a oír los gritos cuando me estaban fregando aquí, pero la bronca fue cuando me tenían en la subdirección técnica: me tuvieron dos semanas ahí en una oficina y Othón pues estaba en el patio y a Raúl Salinas lo sacaron a no sé dónde, y no, olvídese, se puso feo, pero aquí lo importante fue que no hubo huesos rotos ni nada.

—¿Quiénes te torturaron?

—Eso fue aquí en el centro, mire, también vinieron de fuera, vino un grupo de Gobernación, de la Secretaría de Gobernación, otro grupo de la PGR y otro grupo del Congreso, por eso necesitaba hablar con Mancillas, para reconocerlos.

—Sí, ¿cuántos días te torturaron?

—Dos semanas, dos semanas.

—¿Te sabes los nombres de los que te torturaron?

—No, pero tengo pistas de unos, por eso necesitaba hablar con Mancillas, para localizarlos. Pero el director dice que va a negar todo, vino y me sacó las fotografías pero después que se me quitaron los moretones, para presentarlas a los medios de comunicación y decir que no era cierto, o sea, él está solapando eso. Como le digo, a Raúl y a Othón no se les ha hecho nada, a ellos los están tratando bien.

—¿Pero qué querían que dijeras?

—Que me prestara para sus cochinadas y yo les dije que no, que primero me mataran pero que no me iba a prestar para sus cosas; les seguí el juego y me dijeron que si decía todo esto me iban a matar, que me iban a dar chicharrón, pero le digo, si es así pues ni modo, nada más hay que armarnos de valor y no prestarnos para cosas sucias, es lo que dice Mancillas.

—Sí, mira, si la comisión de los diputados que está investigando el caso, tú diles que sí, pero que esté presente Mancillas, y Alma.

—Pero hay dos personas que yo las miré en el Congreso, en la Cámara de Diputados, y son priistas los dos y los reconozco ampliamente, por eso sé que ellos venían del Congreso y los otros venían de otros grupos, y ésos, ¡n'ombre!, vinieron en un plan de la fregada: no se prestaron al diálogo, me intimidaron, me dijeron que a la primera persona que pusiera un pie en territorio mexicano la iban a fregar y le traen muchas ganas a mi hermano Luis.

—Es que mira, la comisión ésta está integrada por el PRI, por el PAN, por el PRD, por el PT...

—Déjese de cosas, ya vinieron y no es lo que dicen en los medios de comunicación.

—Permíteme, es una comisión nueva, no es de las primeras.

—Por eso, los que vinieron fueron de la nueva, porque hasta se enojaron de que me mandaron un escrito, que querían entrevistarse conmigo, y yo les dije que no tenía nada de qué hablar con ellos, me dijeron cosas feas.

—Mira, deja decirte, es que Mancillas va a ir, y va a ir Alma...

—Pero Mancillas no puede venir, está amenazado de muerte y los mismos del Congreso me lo dijeron, y los de la PGR.

—Mira, es la única forma de que dejen entrar a Mancillas y a Alma, que vayan los diputados, para que ellos vean lo que te han hecho y lo saquen a la luz pública.

—Mire, para mí resulta una payasada eso; no lo van a hacer, yo sé lo que le digo, no se dejen engañar por ellos. No es lo que están haciendo creer ante la luz pública, es todo lo contrario. Si viera todo lo que pasó aquí, y fue en la oficina de la subdirección técnica y el actual director ya lo sabía; y el director, ese hombre, hasta el televisor me quitó. Está de la fregada, no se dejen engañar, yo nada tengo que decir porque no sé nada y nada tengo que hablar con la comisión de diputados y senadores, no sé nada.

—Nomás que no pudimos localizar a Mancillas.

—Pero díganle a Mancillas lo que el director de aquí, del centro... muy hábilmente, dejó que se me quitaran los moretones y después me sacó fotografías que yo le reclamé.

—Permíteme, deja que insista de nuevo, está Alma.

—Pero es que nada más tengo diez minutos, ya no vamos a alcanzar, me quedan dos minutos.

—¿Bueno?

—Quedan dos minutos.

—Ah, bueno, entonces hasta la otra.

—A ver, el próximo miércoles les hablo; a ver si me dejan llamar, porque así como está esto no sé.

—Sí, tú pídela de todos modos.

—Sí, sí, pásame a mi papá.

—¿Sí, hijo?

—Pues ahorita estoy enfermo, no me quieren decir los doctores qué tengo; están muy misteriosos, no me quieren decir nada y me están inyectando, la verdad no sé qué sea y me siento muy mareado, con ganas de devolver, con náuseas, me duelen todos los huesos y me siento bien fregado. Un pie se me desbalanceó a consecuencia de ese día que me llevaron a la subdirección técnica, me estuvieron fregando allá. Mire, ya se me acabó el tiempo, yo le estoy echando ganas, les hablo luego a la misma hora,

—Okey, adiós.

—Sale, *bye*.

MARIO ABURTO,
conversación con Rubén Aburto

ME VOY A IR CON NACIONES UNIDAS

—Mario Aburto.

—Para servirle. Sí, ¿quién lo busca? ¿Cuál es su nombre?

—Rubén Aburto. Ya tiene veintidós días que no habla.

—Aburto... Sí, ya está anotado en la lista, yo creo no tarda en llamarle.

—Está bien, espero.

(*Horas más tarde.*)

—Buenas noches.

—Buenas noches. Oiga, sigo esperando la llamada de mi hijo, Mario Aburto.

—¿De quién?

—De Mario Aburto, yo soy el papá de Mario Aburto, ya tiene veintidós días que no habla y no tenemos noticias de él.

—Sí, señor; mire, él está en la lista, pero si no solicita la llamada pues no podemos hacer nada.

—Pues es que una cosa es que no la solicite, y otra cosa es que la directora no lo deje hablar, o Gobernación.

—Pues sí, pero si él no la solicita no se puede hacer nada.

—Y yo cómo voy a saber si sí la solicitó o no.

—Él está en la lista, si él no lo solicita pues no.

—A lo mejor no lo dejan hablar ellos. ¿Cómo se llama la directora del penal?

—No le podemos dar esa información.

—Entonces me voy a pasar a las Naciones Unidas, porque esto que están haciendo no está bien, pues ya está bueno de esperar tanta cosa.

—Pues solamente cuando venga a ver a esta persona, que usted le diga, que usted se comunique con él.

—Sí, sí, pero cómo voy a ir para allá, yo no puedo ir hasta allá, señorita, bien lo sabe usted, ojalá pudiéramos ir pero no podemos.

—Pues como le digo, él está en la lista y él solo tiene derecho a solicitarla.

—Sí, pues, pero yo no puedo saber si la está solicitando o no, si no lo deja hablar la directora o Gobernación. ¿Entonces cómo le hacemos? Lo que voy a tratar es irme a las Naciones Unidas para decirle al secretario de las Naciones Unidas lo que está haciendo el gobierno mexicano conmigo, porque no está bien, dentro de la Constitución Política mexicana mi hijo tiene derecho a comunicarse conmigo y no lo dejan.

—Pues sí tiene derecho, pero si no la solicita no se puede hacer nada.

—Pues sí, eso es lo que usted dice, pero si la solicita él y no lo dejan, pues qué va a hacer, cuándo va a hablar; a nosotros nos deja con pendiente porque tiene más de veintidós días que no lo dejan. A ver si habla con la directora y le dice que deje a mi hijo que hable, lo espero pues para el otro sábado.

—Ándele.

—Y si no, pues iré a las Naciones Unidas para que tome medidas con el gobierno mexicano, porque tanta cosa que hace pues no está bien.

—Ahora sí, pues haga lo que más le convenga a usted.

—Sí, pues lo que más me convenga, a ver qué podemos hacer en contra del gobierno de México porque lo están haciendo pues mal. Comuníqueme usted con la directora. Voy a investigar con los periodistas internacionales para ver qué es lo que vamos a hacer, y voy a investigar el nombre de la directora para sacarla en el periodismo y también a Gobernación para ver qué es lo que está pasando. Ándele pues, hasta luego, espero la llamada.

RUBÉN ABURTO,
conversación con personal penitenciario

LAS MENTIRAS

—¿Y si hago las llamadas ahí?

—Sí, ahí las haces para la otra.

—Les iba a decir que hablaba hasta febrero.

—Ah, ya para el otro domingo le dices a Alma, o a Rafa.

—Ajá. ¿Qué hay de nuevo por allá?

—No, pues nomás el atentado del señor ese, periodista, este, de "Bronconelas", que dice el gobierno que el cártel de Guadalajara…

—Por narcotraficantes no, pues ¿sabe cómo está eso? Ya ve que se metía en problemas ese Blancornelas, en ocasiones sacaba noticias medio especiales que no tenían fundamentos; quién sabe cómo haya estado la cosa pero nosotros ni meternos en eso, nomás desearle suerte al señor. A pesar de todo yo no le guardo rencor por la declaración que hice en su periódico, él vino y me entrevistó y fueron puras mentiras, por eso dije lo que dije en su periódico, porque yo sabía que él venía de la PGR; qué más podía decirle, puras mentiras, por eso dije lo que dije en su periódico pero pues yo ya sabía que venía por parte de la PGR y luego a mí se me obligó a hacerle esa declaración. Pero pues bueno, ojalá salga bien el señor.

—Pues sí, ojalá salga bien el señor; nosotros no tenemos rencor, ¿verdad?

—No, solamente todo el que deba algo en esta vida, Dios, se lo va a pagar al Señor; yo siempre he dicho que yo no soy ni juez ni abogado de nadie para juzgar a los demás ni para defenderlos.

—Sí, así también nosotros pensamos, que no somos ni juez ni agente del Ministerio Público ni debemos opinar, porque nosotros no sabemos absolutamente nada.

—¿Quién más está por ahí?

—Nomás Rubén y tu mamá.

—Ah, ¿me quería decir otra cosa? Si no, pues páseme a Rubén o a mi mamá.

—No, pues sólo eso, del atentado de Blancornelas, de tantas cosas que sacó, que dibujos, ¿verdad?

—Como le digo, usted no sea rencoroso con nadie, así como yo no soy rencoroso con nadie, yo creo que el tiempo dirá todo. El señor mintió, como le digo, él era un periodista, no un investigador, y pudo haber cometido errores por lo mismo de que era periodista, pero pues allá él y sus problemas y ojalá salga bien el señor, yo no le guardo rencor.

MARIO ABURTO,
conversación con Rubén Aburto

192 000 horas

Aún no pierdo la razón

Un nuevo día empieza, e inmediatamente me pongo a escribirles con la pluma que me prestaron; lo siento por el que la prestó, porque la voy a entregar sin tinta.

Hoy no sé qué mosca les picó que dieron de comer bien, y como estaba bien la comida, pues comí como huerfanito o como pelón de hospicio, y como dice el dicho: *panza llena, corazón contento*. Recibí con gozo la noticia de que la Madre Teresa de Calcuta ya está mejor de salud; es una santa, no cabe duda.

En cuanto a Nelson Mandela, me he dado cuenta que sigue tan fuerte como un roble. Quien dude de que en el cielo también hay santos de color, es que está equivocado. Lo que tuvo mucha audiencia también es el problema que surgió entre Su Majestad la reina y la princesa Diana de Gales, pero qué bien que pudieron resolverlo de una forma muy diplomática. ¡Ay, este mundo! Como pueden darse cuenta, yo también me llego a enterar de alguna manera y otra de lo que pasa fuera de esta infeliz celda; hay que estar al tanto de lo que ocurre con nuestros semejantes, aunque estén del otro lado del continente o en otro país, y esto lo digo por ustedes, que no pueden venir a verme porque tienen asilo político. Aprovecho también para decirles que me encuentro bien de salud, y que aún no he perdido mis facultades por más tiempo... Tal vez después empiece a desvariar, ojalá y no. Como pueden ver, hoy no sabía qué escribirles, porque como pueden darse cuenta, aquí donde estoy todo es monotonía, aburrimiento y demás.

Por eso me pongo a husmear lo que pasa allá afuera, por ejemplo, que Camilo José Cela sigue despertando, que se extraña una buena obra de Mario Vargas Llosa, que se le extraña a Julio Cortázar, que se espera ansioso otro trabajo de Carlos Fuentes, que la insigne poetisa Pita Amor últimamente ha estado muy irritable (tal vez es por ver tantas gentes pobres en el país), que Juan José Arreola sigue empapándose de conocimientos incansablemente, etc., etc., etc.

Que Bill Clinton puede perder las elecciones con Bob Dole, del Partido Republicano de USA, y que parece que el demócrata de Clinton dejará la Casa Blanca, etc., etc., etc. Que se encontró vida celular en Marte, etc., etc., etc. Me gustaría poder leer periódicos, pero pues creo que eso es mucho pedir; tú sabes, para estar más enterado de lo que pasa. Aunque les diré que hay buenos y malos, que hay algunos que hablan con la verdad y otros que sólo se dejan llevar por intereses muy particulares.

Pero en fin, en el mundo hay buenos y malos. Cambiando de tema, les diré que sigo siendo buen dibujante (según comentarios), y que la pintura me sigue robando la atención como desde cuando era un crío, que he mejorado mis poemas, según dicen, y que ya me duele el dedo de tanto estar escribiendo, y que espero que mi forma sencilla de dirigirme a ustedes no les vaya a aburrir, porque entonces ya no les estaría escribiendo a ustedes sino al éter; y como dijo el buen Platón: "Muchachos, hay que entrar en razón", y como dijo Tales de Mileto: "Hay que seguir con todo esto". O como dijo Séneca: "El conocimiento está a la vuelta". Por eso es que soy un ávido lector, me gusta leer todo, tú sabes, hay que adquirir conocimientos generales para formarnos conceptos de las gentes, de la vida y de las cosas, siempre apegados a una realidad. Además, ya saben que siempre he sido un autodidacta en la medida de mis humildes posibilidades, y por el hecho de ser uno más entre los millones de pobres, no tengo para comprar un elefante blanco para regalárselo a ese grupo de gentes corruptas que andan por ahí nada más chupando sangre como los vampiros.

Déjenme decirles que si en momentos les sueno muy reiterativo, no hagan caso, es que muchas de las veces cuenta mucho el estado de ánimo en el que me encuentre; pero no se preocupen, que siempre seguiré tratando de mantenerme estable emocionalmente, evitando que las rejas me vayan a causar algún daño psicológico, ¡eso juré! Bueno, nos vemos para la próxima, y como dijo Nicodemus: "Ahí nos vemus".

MARIO ABURTO,
Almoloya de Juárez

Mario Aburto Martínez ha pasado 192 mil 720 horas en prisión: una existencia. Selena vivió menos que eso. Entre marzo de 1994 y marzo de 2016, México tuvo cuatro presidentes distintos, y la selección de futbol perdió seis mundiales; pero nada de eso importa cuando se está adentro.

"Porque como pueden darse cuenta, aquí donde estoy todo es monotonía, aburrimiento y demás. Aquí todos somos propiedad del penal, y el penal puede hacer con los internos lo que quieran, porque hasta el excremento que defecan los presos le pertenece a la prisión, porque la prisión es quien nos da de comer", dice Mario desde prisión.

Cuando el universo de Mario se redujo al tamaño de una celda apenas cumplía veintitrés años, precisamente los mismos que ha pasado en prisión. Durante todo este tiempo jamás ha dejado de sostener su inocencia: dice que es un chivo expiatorio, un preso político del sistema político mexicano.

"Saben, el frío que está haciendo en esta infeliz celda de castigo es horrendo, me siento como pingüino en un congelador, y si estoy en esta celda de castigo no es porque me haya portado mal, sino porque el gobierno así lo quiere."

De noche le cuesta dormir, piensa en lo que dejó afuera. Sueña que algún día saldrá, pero las horas pasan y no puede acercarse a la puerta de salida. Se ha resignado a cerrar los ojos y acurrucarse sobre la plancha de cemento donde duerme y sueña.

"Soñé que estaba con ustedes en la casa, y que mi mamá me estaba regañando por haberme comido toda la fruta junto con Karina, y estaba llorando la muy chillona y yo me fui con Lucy a tocar guitarra. Imagínense, doña Lucy cantando y yo tocando la guitarra. Lucy canta muy mal y yo no sabía tocar bien la guitarra; ni el perrillo nos aguantó. Yo cargué en mi espalda a un viejito cuando estaba lloviendo, y me decía Lucy que qué triste era llegar a ser un anciano."

En 1994 Mario era un joven reservado, hablaba poco y leía mucho. Veinte años después, las horas en reclusión han cambiado las letras de su nombre por números: interno 502; interno 718. Pactó consigo mismo no hablar de su familia o del asesinato del candidato presidencial los siguientes 42 años.

El silencio sigue igual, pero Mario va cambiando. El encierro ha endurecido cada uno de sus rasgos: la frente bien tensa, el entrecejo contraído, los párpados cayeron sobre sus ojos duros y las ojeras se volvieron surcos.

El joven llegó al penal de máxima seguridad a las 0:35 de la madrugada del 25 de marzo; lo recibió el director, Juan Pablo de Tavira. Lo llevó a la estancia número 10, el área de máxima seguridad, donde lo mantuvieron aislado durante dos años.

"La mayoría de ellos son narcotraficantes y tal vez por el simple hecho de hablarles me puedan involucrar en algo que no he hecho, en el narcotráfico, como dicen los noticieros de televisión." Durante estos años, Mario fue cambiado 12 veces de celda por problemas de interacción con sus compañeros.

Pero la condena inevitable, esos 20 años de vivir bajo vigilancia, del pase de lista todos los días a las seis de la mañana, de mirar a los mismos celadores, las mismas rejas, respirar el mismo aire viciado, lo han enfermado.

Veinte años encorvado, cruzado de piernas sobre la misma cama de metal, lo han atrofiado: dorsalgia postural, esguince de primer grado de tobillo derecho, dolor en el dorso del pie derecho, artritis. Veinte redondos años ingiriendo la misma comida vomitiva: caries, colitis, colitis parasitaria, dispepsia, náuseas, ardor, enterocolitis, estreñimiento, gastritis exógena, gastroenteritis parasitaria, síndrome diarreico.

Mario ha vivido en un cuarto de dos metros cuadrados construido de cemento impenetrable, tras las paredes de un metro de espesor, donde el frío se concentra tanto que ni el mismísimo sol puede entrar.

El penal de Almoloya, hoy llamado El Altiplano, es un pantano húmedo pintado de blanco y manchado de mugre eterna; más de mil reos viven en hacinamiento y comparten todas las enfermedades del mundo. El asesino confeso de Luis Donaldo Colosio acudió ahí más de dos mil veces a consultas y se enfermó medio centenar de ocasiones: balanitis, infección en el pene por falta de higiene, dermatitis de contacto, dermatitis en el pene, dermatitis micótica, herpes genital, micosis genital y pie de atleta.

• • •

Durante años Mario Aburto no distinguía cuándo era de día o de noche: siempre encendida, esa bombilla que arrojaba una luz fosforescente le provocaba dolores de cabeza intolerables.

Las autoridades determinaron que el asesinato del candidato presidencial a manos de Aburto fue el acto de un "asesino solitario"; dejaron entrever que estaba loco. Mario lo negó cientos de veces.

"Pero déjenme decirles que aún no pierdo la razón. Déjenme decirles que si en momentos les sueno muy reiterativo, no hagan caso, es que muchas de las veces cuenta mucho el estado de ánimo en el que me encuentre; pero no se preocupen, que siempre seguiré tratando de mantenerme estable emocionalmente, evitando que las rejas me vayan a causar algún daño psicológico", escribiría a su familia en el primer año en reclusión.

Las horas de oscuridad, la falta de sueño, la prohibición de recibir y hacer llamadas, las supuestas torturas, desencadenarían una explosión interna.

"Vinieron y me soldaron las ventanas de mi celda, no puedo distinguir si es día o noche; de verdad eso va en contra de mis condiciones físicas, higiénicas y mentales..."

Desde que ha estado encarcelado, psicólogos y psiquiatras han encontrado que Mario ha desarrollado neurastenia, una enfermedad mental donde la depresión y la tristeza son latentes todos los días. Se ha vuelto paranoico.

Uno de los reportes elaborados por personal de la penitenciaría da cuenta de que, cuatro años después de su detención, Mario perdió el control cuando quisieron trasladarlo a un "área especial": agredió a un custodio, le soltó una patada y mordió con tanta fuerza al jefe de sección que, histérico, se hizo el desmayado.

En esas 192 720 horas viendo los mismos barrotes, a Mario sólo lo ha visitado su madre en una ocasión, durante 47 minutos. Por eso se ha refugiado en los más de 500 libros que ha leído en 22 años: novelas, según el sistema penitenciario, que constantemente le recuerdan a la última mujer de la que estuvo enamorado.

"Estuve recordando la primera vez que vi a Cristina, sentí muchas mariposas en el estómago y me pareció que ya la conocía desde hace muchos años atrás, pero no me atreví a pedirle que fuera mi novia en ese momento por estar esperando que ella se me declarara, así que llegó Mauricio y se apuntó en la lista de espera, y yo me quedé como el chinito, nomás mirando. Pero ya no quise decir nada para no lastimar emocionalmente al buen Mauricio, que quiero como a un hermano. ¡Ay, Cristina! Si supieras que el único que me regañaba era mi hermano Rafa, porque me decía que me esperara y que no te fuera a decir nada todavía. Lo importante es que a mí también me gustaría casarme contigo, pero tenemos que esperarnos un poco más mientras se esclarece el caso Colosio y poder yo volver con mi familia, y estar más cerca de ti."

El encuentro con su madre fue muy breve, intercambiaron muy pocas palabras. Cuando María Luisa Martínez, una mujer chaparrita de cabello teñido de rojo, vio cómo los custodios acercaban a su hijo, los ojos se le pusieron húmedos, pero no lloró.

Mario soltó un "¡Madre!" En 1994 aún se veía regordete y con las mejillas rosadas, que contrastaban con la monotonía del uniforme color caqui; lo vio bien, saludable. Los dos extendieron los brazos y se estrecharon tan fuerte que parecía que querían fundirse en una sola pieza. Su madre iba acompañada por una religiosa que cubrió los gastos y organizó la visita en Almoloya. María Luisa volteó a ver a la monja y le presentó a su hijo Mario.

—Mario, hijo, ¿y la cruz, todavía llevas la cruz? —él se puso de espaldas y se levantó la camisa para enseñarle una cicatriz en forma de cruz que tiene en la espalda, la marca que se hizo cuando era pequeño brincando una rama de huizache. Una sonrisa panorámica se dibujó en el rostro de la mujer: si bien el que Mario estuviera encarcelado era terrible, al menos no estaba muerto y había sido suplantado por otro hombre. La visita terminó fugazmente. Fueron pocos minutos, pero después de tantos años María Luisa recuerda cada detalle de su pequeño hijo de 23 años.

En la memoria materna, Mario aún tiene la piel estirada, el cutis terso, el bigote incipiente y la figura flacucha. En el caso de Aburto, su madre aún lleva el cabello teñido de rojo y el rostro aún no tiene patitas de gallo.

• • •

Para mantener los recuerdos a raya, Mario terminó en 1997 la primaria, la secundaria y la preparatoria; ha perfeccionado su nivel de inglés. Cuando se siente deprimido, le gusta leer la revista *Selecciones*. Pero hasta los libros le recuerdan lo que pasó hace 20 años: un profesor en El Altiplano recuerda que un día Mario hojeaba un libro de historia en el que se hablaba de la muerte de Luis Donaldo Colosio, y la reacción del asesino confeso fue que peló los ojos y volteó a verlo soltando un "Ya ve, no se ha comprobado y aquí me tienen".

Dice que Mario acostumbra escribir sobre todo lo que lee dentro del penal y conserva sus apuntes, pero cuando los asimila los destruye porque cree que es observado. En la reclusión, y durante sus años en Almoloya el tiempo dejó de ser tiempo: pasaba sus días aprendiendo a tocar la guitarra, jugando ajedrez, escribiendo poesía, y le agarró amor al futbol.

Sin embargo, desde 1996 la única actividad en que es constante es en sus clases de pintura: incluso ha vendido algunas obras, y tal vez alguno de los compradores tenga un cuadro del asesino confeso del candidato presidencial y aún no se ha dado cuenta, ya que éste ha decidido firmar sus trabajos con una escuálida *M*. El último que vendió tuvo un precio de 600 pesos, de los cuales gastó 254 en más pinceles y pinturas.

A Mario le gustaba ver películas en Almoloya; asistía a una actividad llamada "Cine debate", donde los internos veían alguna cinta y al finalizar comentaban sus impresiones. Mario nunca ha querido debatir: ha dicho que le encanta el cine, pero de ninguna manera externará sus comentarios porque está seguro de que lo van a psicoanalizar y en estos años ha aprendido que cualquier cosa que diga será usada en su contra.

En estos 22 años Mario ha llorado por las noches, de hecho ha llorado tanto que muchísimas veces se ha quedado dormido así, fatigado de tanto sollozar. Pero en la soledad, algunos de los psicólogos que trabajaron con él en el penal recuerdan que siempre se mostraba altivo, invulnerable, hasta el 1 de octubre de 1998.

Mario salió de su celda para internarse en un pequeño cuarto donde una vez a la semana proyectaban películas a fin de que los internos las analizaran; ese día la exhibición elegida fue *En el nombre del padre*, un filme biográfico protagonizado por el actor Daniel Day Lewis que narra la historia de un joven acusado de perpetrar un ataque terrorista. Durante el interrogatorio es terriblemente torturado y amenazado con asesinar a su madre; finalmente Gerry Conlon, el protagonista, firma una confesión de culpabilidad.

La película termina con la liberación de Conlon por falta de pruebas tras 15 años encarcelado: cuentan que Mario lloró, lloró como nunca.

Esa tarde le dijo a la psicóloga que se sentía como Gerry Conlon, un preso político, víctima del sistema que lo aprisionó injustamente; reavivó los recuerdos reprimidos desde su detención. Además recordó a su padre, con el que cada día hablaba menos, y quien hacía muchos años se la había recomendado.

Un mes después de la proyección, Mario le explicó a la psicóloga que ya no se sentía cómodo asistiendo a las sesiones de "Cine debate". Esa semana salió a correr al patio del penal, miró directamente al sol, y segundos después todo se le hizo negro: se desvaneció ante la mirada atónita de sus compañeros. Durante un minuto perdió la vista. Según el reporte médico de un oftalmólogo, su organismo reaccionó violentamente por una situación estresante. *En el nombre del padre* colapsó a Mario.

• • •

A Mario Aburto Martínez se le ha mantenido aislado. En la bitácora de visitas sólo aparecen siete personas que lo visitaron de 1994 a 1998: Héctor Sergio Pérez Vargas, su abogado defensor; José Clemente Navarro, un abogado defensor provisional; Jorge Mancillas Treviño, activista radicado en Los Ángeles; María Luisa Martínez, su madre; Mary Antonia Brenner, la religiosa que acompañó a su madre; Alma Elizabeth Aburto, su cuñada, e Irma Guerrero, una amiga. Aunque no aparece en la lista, el periodista mexicano Jesús Blancornelas le hizo una entrevista arreglada por el gobierno federal, con la que validó la versión oficial del asesino solitario.

Es larguísima la lista de funcionarios a los que solicité que al menos hicieran llegar mi petición al interno; empezó en la Secretaría de Gobernación y continuó hasta la Comisión Nacional de Seguridad. Ante las negativas, a través de los medios oficiales solicité el apoyo de varios colegas que tenían alguna clase de amistad con funcionarios del gobierno de Peña Nieto: fue por mediación de uno de ellos que el comisionado nacional de Seguridad, Renato Sales, aseguró que podía hacerle llegar una carta a Mario Aburto de mi parte. La escribí contándole las novedades en su familia, le hablé de sus sobrinos, sus hermanos, sus padres, pero nunca recibí respuesta, y ante mi insistencia al respecto por medio de mi contacto, el comisionado informó que no sabía nada de la carta. ¿Cómo había pasado, si él mismo lo planteó como un medio de comunicación con el asesino confeso? Además, le fue entregada puntualmente a su jefe de prensa en su oficina. Ahora nadie sabía nada de la carta ni de la petición: parecía que nunca existió, que jamás el funcionario la recibió sonriente y con un "gracias".

Después de aquello, aunque siempre se rehusaron a hacerlo por escrito, el rechazo fue tajante: este tema me rebasaba y yo, una simple periodista sin amistades en las grandes esferas del poder, jamás podría ver a Mario Aburto. Nunca podría entrevistarlo.

En 2014 se conmemoró el vigésimo aniversario luctuoso de Luis Donaldo Colosio, y en el periódico donde desde hace media década laboro publicamos una serie de reportajes que incluyeron el testimonio de la olvidada familia Aburto: los visitamos en Los Ángeles, California, y externaron la preocupación de que su hijo hubiera sido asesinado en el penal; estaban intranquilos porque no llamaba, y les resultaba imposible viajar a México porque se habían apegado al beneficio del asilo político. A pesar de reiteradas peticiones, otra vez la negativa fue contundente.

En cambio otro periodista, Carlos Marín, sí transmitió el mensaje del gobierno: no entrevistó a Mario Aburto, pero acalló los rumores de su muerte dentro del penal.

Le filtraron un video, de apenas unos segundos, donde Mario Aburto se presenta al pase de lista diario: se le veía robusto, el rostro maltratado, los ojos más pequeños porque la piel de los párpados se le comenzó a caer. Llevaba el uniforme color caqui y estampado sobre la camiseta el número 718, su número de reo.

Según la información filtrada a *Milenio*, Aburto fue trasladado primero al penal de Puente Grande, en Jalisco, y después al de mediana seguridad en Huimanguillo, Tabasco; en dos años sólo había hablado 10 veces con sus padres. Y con el gobierno del presidente Andrés Manuel López Obrador ha sido igual: negativas y más negativas a la petición de entrevista con Mario Aburto. Al parecer los colores cambian, pero las ideologías no.

¡HASTA LA MIERDA ES DEL PENAL!

Empiezo a redactar esta con la alegría de saber que ustedes se reconfortarán al leerla.

Saben, el frío que está haciendo en esta infeliz celda de castigo es horrendo, me siento como pingüino en un congelador, y si estoy en esta celda de castigo no es porque me haya portado mal sino porque el gobierno así lo quiere.

La celda la pintaron de color verde pastel con techo blanco; sí, la cama es de concreto, como dice la canción: "De piedra ha de ser la cama, de piedra la cabecera...". Lo bueno es que me prestan cobijas, ropa, dos colchonetas, calcetines y un par de trusas o calzoncillos para que no ande con la colita al aire, porque ¡ah, qué feo frío! Cuando me baño quedan charquitos de agua, porque déjenme decirles que me tengo que bañar, porque el olor a chivo expiatorio es muy fuerte. En ocasiones se me congelan las manos y tengo que ingeniármelas para sacarlas por una rendija de la celda que mide cuatro pulgadas de ancho, por eso tengo las manos bronceadas. En ocasiones que me sacan al patio no aguanto estar en el sol porque me mareo y el sol me lastima los ojos, porque los lentes de fondo de botella que uso, en esos casos no me sirven de nada.

Para hacer mis necesidades fisiológicas utilizo un hoyo que está en el piso de la celda que cuenta con agua, en ocasiones sale color blanco o café y los celadores o custodios se ríen y dicen que es de horchata o de tamarindo, nada más que sin azúcar. A los custodios les gusta inventar historias, y yo creo que miran muchas películas y les ha de estar haciendo daño eso. El comandante que me golpeó junto con unos custodios se llama Vilchis: es un hombrecillo corto de estatura que se cree impune. Otros comandantes dicen que aquí todos son propiedad del penal y que el penal puede hacer con los internos lo que quieran, porque hasta el excremento que defecan los presos le pertenece a la prisión, porque la prisión es quien les da de comer. Hay doctores, como la doctora Diana, que dicen que es una cárcel, no un hospital; así que imagínense cómo están las cosas.

Una vez que me dolió una muela, una doctora me la quería sacar; qué bueno que no me dolía la cabeza, si no, es capaz la muy ladina de querérmela sacar para que no me vuelva a doler. Pero no todo es llanto, porque algunas veces me prestan una guitarra y libros. Les diré que no canto mal las rancheras o las románticas.

Cuando estoy lanzando mis berridos y empiezo a balar (o sea a cantar), me gusta cantar canciones como: "Jesús es verbo, no sustantivo", de Ricardo Arjona; "Dime", de no sé qué autor; de Camilo Sesto, y muchas más que no las menciono aquí para no gastar tinta y papel. Los zapatos que me prestan siempre se rompen de la suela porque es muy corriente. Cuando me dieron trabajo, ganaba en ocasiones siete pesos quincenales, o sea, menos de un dólar a la quincena; después me quitaron el trabajo alegando una sarta de pavadas. A los internos les prohibieron que me den cosas, y como estoy totalmente aislado de todos, pues les es más difícil darme aunque sea una golosina.

Hay algunos, como el hermano mayor del ex presidente, que siempre les sobra en la comida alguna frutilla, que cuando yo la veo por donde paso se me antoja, pero me aguanto y me quedo como el chinito, nada más mirando. A final de cuentas esa fruta los custodios me la regalan porque la tiran toda; nada más de acordarme me gruñen las tripas, no sé si de coraje o de hambre. Al hermano mayor del ex presidente ya no le hablo porque lo sorprendí hablando chismes de mí, y cuando doy la espalda empieza a contarles historias a los custodios, que, la verdad, yo no sé de dónde saca tantas mentiras, será que como no tiene nada más que hacer, pues se pone a practicar ese viejo deporte del chisme. Cuando él se pone a cantar no hay nada igual en el mundo en que vivimos, canta tan mal que el pajarito almizclero que venía a visitarme ya no viene, yo creo que lo asustó el hermano mayor del ex presidente con su terrible y mal proporcionada voz. Hace unos cuantos días el ex presidente y Premio Nobel de la Paz Lech Walesa dijo que perdonaran al ex presidente Salinas. Lo que yo me pregunto es: ¿de cuántas, o de qué?

Octavio Paz, Premio Nobel de Literatura, ha dicho también algunas verdades.

Creo que mejor cambio de tema porque no quiero seguir mencionando a más personas, para que esto no se vaya a prestar a malas interpretaciones. Lo que quisiera saber es: ¿qué pensará Su Santidad Juan Pablo II de todas las barbaridades que han pasado y siguen pasando, no nada más en el país sino en todo el mundo? Me despido de ustedes por el momento, porque es hora de planchar mis bien proporcionadas orejas, de babear la almohada, de pegar pestañas, de contar borregos y chivos, sin incluirme yo, de ir a los brazos de Morfeo y de taparme los oídos para no escuchar los ronquidos del hermano mayor del ex presidente.

MARIO ABURTO,
Almoloya de Juárez

MARIO Y YO EN ALMOLOYA

Cuando Jorge Mancillas descendió del avión, proveniente de Los Ángeles, la respiración se le entrecortó y sentía palpitar su corazón al galope; un fuerte dolor de estómago lo atacó como si hubiera tragado una mina a punto de explotar. Era un hombre de dos metros, de espalda ancha y pecho erguido, pero sintió que desfallecía. El ataque de pánico se intensificó cuando tomó de la banda de equipajes la pequeña maleta que traía consigo: ahí el ritmo acelerado se convirtió en taquicardia.

Era investigador en neurociencias en la Universidad de California en Los Ángeles. Nacido en México —pero radicado en Estados Unidos desde hacía más de dos décadas—, se había involucrado en el activismo pro derechos humanos desde sus años universitarios; sin embargo, fue a mediados de 1990 cuando se convirtió en uno de sus defensores más activos entre la comunidad mexicana que había emigrado a aquel país. Jorge Mancillas nunca le temió a nada hasta aquel 20 de febrero de 1995.

Caminó a la puerta de llegadas del aeropuerto de la Ciudad de México. Con cada paso recordaba algún deber inconcluso: lavar la ropa, llamar a su madre, cerrar la puerta trasera. Sudaba tanto que imaginó que cada gota de agua que escurría por su frente brillaba como una perla, y eso delataría que estaba aterrado.

Una camioneta negra blindada con tres personas a bordo lo recogió: su complexión fornida era inconfundible, rápidamente lo reconocieron y le pidieron amablemente que subiera. Un segundo ataque de pánico se apoderó de él cuando observó que el vehículo no tenía manija para abrir la puerta por dentro.

En el trayecto de la Ciudad de México a Toluca empezó a preguntarse en qué momento se había involucrado en un caso que implicaba tanto riesgo; si tan sólo se hubiera negado a apoyar aquellos señores que llegaron a su oficina en Los Ángeles, ni siquiera estuviera en México. En aquel entonces atravesaron su puerta María Luisa, una mujer que siempre tenía los ojos húmedos, y el señor Rubén, que gritaba cuando hablaba: eran los Aburto Martínez, un matrimonio originario de Michoacán que estaba rogando asilo político al gobierno de Estados Unidos, los padres del presunto asesino de Luis Donaldo Colosio, aspirante priista a la presidencia de México.

—Un par de reporteros les contaron que yo me había involucrado en muchísimos casos de abusos; me contactaron porque estaban asustados, los señores no tenían nada que ver, independientemente de si su hijo había participado o no en el asesinato del candidato presidencial, así que colaboré en el proceso para que el gobierno de Estados Unidos los aceptara en el programa de asilados políticos, porque su vida corría peligro en México. Primero empecé representándolos a ellos, después me tuvieron tanta confianza que me pidieron que ayudara a Mario: yo no era abogado, obviamente no podía hacerlo, pero sí podía interceder ante el gobierno de México para preservar sus derechos humanos y exigir que se llevara a cabo el debido proceso.

Por eso estaba ahí el 20 de febrero, exactamente diez meses después del homicidio del político sonorense, en una camioneta de la que no podría salir ni siguiendo el plan alterno que había fraguado durante las cuatro horas de vuelo: abrir la puerta y arrojarse fuera del carro en movimiento.

Jorge Mancillas se convertiría en una de las escasísimas personas con las que más contacto ha tenido Mario Aburto en sus años en reclusión: se vieron en cinco ocasiones, con una llamada semanal por un año y medio.

—La verdad estaba preocupado, no sabía si realmente me iban a llevar a Almoloya; intenté hacer conversación con los hombres que iban en la camioneta, de humanizar un poco el contacto y fuimos a la prisión, pero pensé que no iba a llegar, si te soy sincero.

A pesar de que estaba acostumbrado a los edificios grises, rectos, que se erigen en Estados Unidos, se impresionó muchísimo: le pareció una tumba impenetrable. Pasó junto a las torres de concreto que se elevan a lo alto, se registró en la caseta de entrada y caminó por un pasillo amurallado dentro del penal. "¿Por qué hay tantos muros dentro de una fortaleza?", se preguntó durante todo el trayecto.

Imaginó nuevamente que la cárcel de Almoloya era el lugar perfecto para asesinarlo. Jorge trató de ubicarse; pensó que si memorizaba cada curva, cada pasillo, cada muro, podría escapar corriendo. Pero era un laberinto de rejas de metal, vigilado por cámaras de video incrustadas en paredes y techos como garrapatas.

—Fue un trayecto largo al interior, y me empecé a preguntar si iba a volver a salir de ahí, francamente. Aparte de que te digo, había rejas de metal cada cierta distancia; yo, por más que trataba de ubicarme, no creo que hubiera podido encontrar la salida.

"Cuando llegamos al final, había un área abierta con pasillos y de repente entras a un cuarto oscuro, húmedo, putrefacto. Ahí hay un vidrio; ahí serían mis encuentros con Mario.

Jorge Mancillas viajó a la Ciudad de México por invitación del tercer fiscal, Mario Chapa Bezanilla, para que atestiguara que Mario Aburto no había sido asesinado o suplantado; por eso él solicitó a la familia Aburto Martínez le indicaran cómo saber que el joven no había sido suplantado.

—Yo no conocía a Mario, así que les pedí algunos datos sobre él que sólo ellos supieran: una anécdota de su pueblo y algún dato físico. Me dijeron que en la parte inferior de la espalda tenía una cicatriz que se hizo brincando una rama un huizache allá en su pueblo.

Jorge Mancillas se colocó frente al vidrio blindado, y desde lejos alcanzó a ver a un joven flaquito, pálido y de ojos tristes; dudó por unos instantes que fuera Mario Aburto, porque lucía muy diferente a aquellas fotografías que había visto del día del asesinato.

—Llegó, se sentó e inmediatamente me preguntó si yo era Jorge Mancillas; su padre le había hablado de mí, sabía de mi existencia.

El activista habló rápidamente, estaba muy ansioso. Le mencionó la cicatriz, y sin dejarlo terminar Mario se dio la vuelta y se levantó la camiseta color caqui: "Mire, doctor Mancillas, esta es la cicatriz que me hice de niño". Jorge hizo también un ejercicio donde decía una oración y el joven la completaba, como el apodo de la hermana pequeña, la dirección de sus padres; Mario, de veinticuatro años, rio eufóricamente, como un niño. Poco le importó la solemnidad y rompió el silencio sepulcral que imperaba en Almoloya, lo que disgustó a los custodios y miraron con desagrado a Mancillas, pero no se atrevieron a callarlo.

Mario no pudo contener la risa: tras casi un año en aislamiento, estaba feliz de recordar anécdotas de su niñez. Vio en Jorge Mancillas la figura de un médium, como si sus padres y hermanos le hablaran a través de él.

—Durante las visitas siempre adelantaba un poco la cabeza, como muy alerta, como queriendo captar todo, ¿no? En general le explicaba que el objetivo que tenía era, primero, defender a su familia; después, aunque yo no soy abogado y éramos ciudadanos americanos, queríamos que su caso sirviera para empujar a que en México se respetaran los derechos humanos de todas las personas.

"Le dejé claro que nosotros no asumíamos ninguna postura, pero que debía ventilarse su caso en un juicio. Le dije: "Mira, Mario, yo no sé cuál fue tu papel en todo esto, pero lo que sí te puedo decir es que las circunstancias en que estás son muy difíciles, así que tu mejor apuesta es aliarte con el pueblo mexicano, que quiere saber lo que realmente pasó. Cualquiera que haya sido tu participación o falta de ella en los hechos, tus expectativas no pueden ser peores de lo que ya son. Si tú le das a la gente lo que quiere saber, la verdad, tu situación no puede más que mejorar". Fue algo que repetí por dos años: alíate con el pueblo mexicano para conocer la verdad. Lo que nosotros le ofrecimos fue defender sus derechos humanos: si lo maltrataban, nosotros íbamos a abogar por él. Y él dijo que sí, estaba de acuerdo y agradecido de que estuviéramos ayudando a su familia.

"Mario era un muchacho que no tenía una inteligencia excepcional, pero él creía que sí; además, dentro de su medio rural de Michoacán, donde nació, y después en los barrios de inmigrantes en Tijuana, destacaba porque tenía esa percepción de sí mismo como una persona distinta, como alguien distinto a la gente de su alrededor.

"Tenemos que reconocer que hacía el esfuerzo de salir de su entorno, de saber un poco más. Pero en realidad siempre buscaba una manera fácil: no leía mucho, pero si leía una cosita lo platicaba a todos en el barrio, yo creo que eso lo hizo una persona fácilmente manipulable. No quiero que suene de alguna manera denigrante, pero Mario es una persona que se cree muy inteligente aunque no lo es tanto; en su entorno familiar lo consideraban muy inteligente, y sí destacaba en comparación a sus hermanos. Era algo así como un "vivillo de pueblo".

Jorge Mancillas recuerda que durante casi dos años habló una vez a la semana con Mario, además de las cinco visitas que le permitió Chapa Bezanilla, siempre bajo la misma dinámica: un vehículo blindado lo llevaba hasta el penal, y Jorge cada vez sentía un bajón de presión que lo hacía sudar a chorros.

Mario preguntaba por su familia, Mancillas recuerda que al joven no le importaba hablar de sí mismo o de las condiciones en que se encontraba dentro del penal. Quería saber de sus hermanas pequeñas, si sus padres tenían trabajo o si su madre lloraba mucho; el activista trataba de tranquilizarlo y en cada ocasión le aseguró que todos se encontraban bien y seguros en Estados Unidos.

—Yo no quería que sintiera como una fuente de presión la situación de su familia, sino que supiera que todos iban a estar bien si él decidía decir la verdad. Pero las preguntas siempre eran las mismas, hasta un día en que yo estaba en Los Ángeles: llamó por teléfono muy alterado, pasarían unos dos minutos y comenzó a gritar que lo estaban torturando.

Han pasado 22 años y Jorge Mancillas aún cuida sus palabras: se acostumbró a no fijar ninguna postura. Enterró la historia de Mario Aburto en cajas de cartón que apiló en su ático. El activista sería alertado en 1996 sobre un presunto atentado que se fraguaba en su contra; desde entonces vive en Suiza, autoexiliado.

—La historia de Mario Aburto y Luis Donaldo Colosio empieza así, con una supuesta confesión arrancada con una tortura la noche del 23 de marzo. Él siempre manejó la versión de que había sido suplantado, ni él mismo sabe por quién; decía que la persona que le había disparado a Luis Donaldo Colosio no era él. Que sí había ido al mitin, porque había escuchado que iba a ir alguien muy importante; en otras palabras, una casualidad. Que él no fue quien disparó sino que ahí se le echaron encima y le quisieron echar la culpa. Mario siempre sostuvo que él no había participado, que había sido sustituido por un tipo que apareció asesinado en un taller mecánico, un hombre llamado Ernesto Rubio Mendoza.

"Hasta el año 1996, por más que me preguntaban si pensaba que Mario había participado o no, siempre sostuve que no podía jugar mi papel de abogado de derechos humanos, que tenía que aclararse en un juicio. Que si no se aclaraba, continuarían cometiéndose asesinatos como el de Luis Donaldo Colosio.

• • •

El 28 de marzo de 1996 fue la última vez que Jorge Mancillas habló con Mario Aburto. Ese día la comisión legislativa que daba seguimiento al caso Colosio ingresó al penal de Almoloya para entrevistarse con el presunto asesino; al activista se le permitió el paso, sin embargo, por órdenes de la fiscalía especial no podría intercambiar palabras durante el procedimiento. Desde la tercera fila Mancillas quería gritarle a Mario que esa sería su última oportunidad para decir la verdad, y evidenciar a aquellos que participaron en el asesinato del candidato presidencial.

La comisión le ofreció gestionar una reducción de su condena si accedía a proporcionar más detalles de aquel 23 de marzo de 1994. Mancillas recuerda que en ese entonces fue el político perredista Jesús Zambrano quien manifestó públicamente que Mario podría ser un chivo expiatorio; sin embargo, lejos de aclarar dudas, el propio Aburto causó más confusión. Durante la entrevista en el teatro del penal se dijo inocente, pero no aportó ningún otro dato que demostrara su dicho.

—Fue muy desesperante, quise decirle que era su única oportunidad. Cuando le pregunté por qué no se soltó, por qué no dijo la verdad, me contestó que quería tantearlos y ver si podía hablar con ellos. Recuerdo que le contesté, muy decepcionado: "Mario, tú no podías darte ese lujo; no habrá una segunda vez, ellos no van a volver a confiar en ti, ya la comisión me dijo que no se la van a volver a jugar".

Mario no reveló la verdad: dijo que tenía pruebas, y al ser cuestionado contestó no ser adivino. Sentenciado a 42 años en prisión, él mismo diría algunos meses después a sus padres que tenía miedo a ser torturado nuevamente si hablaba con la verdad.

—¿Que yo qué creo? Te voy a decir una cosa, mucha gente murió, así que lo que yo creo que es que sigo vivo porque siempre callé, nunca dije mi opinión. Aun así, las cosas se salieron de control y pasaron dos cosas que fueron contundentes: en Los Ángeles, me mandaron una amenaza con un alumno de la universidad, su padre era un funcionario del gobierno mexicano. Me iban a matar en Estados Unidos.

"Ese día de la comisión hablé con Mario, nunca había dicho lo que yo pensaba: "Mario, era tu única oportunidad". Recuerdo mucho sus ojos, su cara de odio. Tomé un vuelo a Los Ángeles, cuando llegué fui a la casa de los Aburto y Mario llamó: le dijo a su familia que no confiaran en mí. Me di cuenta que ese día terminó mi participación en el caso.

Infierno de hielo

Trataremos de imaginarnos que la comunicación es "normal", esperando me disculpen las faltas de ortografía, ¡que son muchas! Pero bueno, es algo que todavía no he podido superar por yo no quererlo. Imagínense, si mejorara mi ortografía no conocerían mis escritos, que siempre se caracterizan por la ausencia de reglas. Pero dejemos de divagar y vayamos al grano. Se preguntarán, o te estás preguntando, ¿por qué me dirijo a ti y a ustedes por este medio o forma? Pues es muy sencillo, porque aquí donde me encuentro no se me facilita el papel para cartas y sobres, porque todos tienen que comprar lo que necesiten, y como yo no tengo ni un doblón, quinto, marco, dólar, peso partido por la mitad, no puedo adquirir las cosas que necesito por ser más pobre que una hormiga; porque las hormigas tienen oportunidad de recolectar pero yo no tengo nada que recolectar a no ser mosquitos, que en la noche me vienen a cenar, y la verdad no se si soy su cena o su postre, porque parece que mi sangre les gusta más, porque es buena; en cambio la del hermano del ex presidente no les gusta, tal vez porque tiene la sangre muy pesada o definitivamente su sangre es mala y les hace daño a los ladinos moscos, o será que el hermano mayor del ex presidente tiene el sueño muy pesado o definitivamente no duerme porque su conciencia no lo deja en paz. Pues quién sabe, y mejor para no entrar en polémicas, no hay que ser ni abogados ni jueces de los demás. Déjenme decirles que el lugar donde estoy le dicen "el infierno de hielo", ya se imaginarán por qué. La "comida" es tan mala que ni el orejas de Lilian se la comería. Ah, condenado perro, come mejor que yo o le dan de comer mejor que a mí; pero los que sí comen bien son las gentes que tienen dinero, como el hermano mayor del ex presidente, los narcotraficantes, etc. A algunos les dan o nos dan tan mala la comida que la semana pasada dos internos colgaron los tenis, o sea que pasaron a mejor vida. En esta prisión no quieren que les diga las cosas por su nombre, por ejemplo, de enero del 96 a febrero del 96 me estuvieron torturando, pero me dijeron que no se dice tortura, se dice "caricias"; a los custodios o vigilantes se les tiene que decir oficiales, a las celdas de prisión quieren que se les diga estancias (por poco recámaras). Los custodios en su mayoría son gentes sin escrúpulos al igual que los que dicen haber estudiado psicología, muchos les dicen *psicolocos* porque dicen que están más locos que una cabra (los psicólogos y psicólogas).

Los "psicólogos y psicólogas" dicen: "Señor, le venimos a ayudar con sus problemas". Imagínense, si ellos no pueden resolver sus problemas, menos van a poder resolver los problemas de los demás; es verdaderamente absurdo. Pero también hay muchísimas cosas más que son tan absurdas que algunas causan risa, otras miedo, otras tristeza, otras indignación (y en eso me refiero a toda la prisión). Por la forma en que les estoy transmitiendo todo lo antes referido creerán que aún me queda algo del Mario que siempre han conocido, y en eso tienen toda la razón. Siempre me ha caracterizado mi optimismo, a pesar que ahora sufro mucho, lloro y algunas veces trato de reír; de todas formas el sufrimiento algunas veces llega a superar mi optimismo. Les soy sincero, esta prisión es verdaderamente el infierno de hielo, donde trabajan gentes en su mayoría malas y sin escrúpulos; y de los internos, hay algunos que están aquí sólo por ser pobres y no tener dinero para pagar un buen abogado, hay otros que están presos injustamente, pero también hay algunos malos que son de lo peor. Aunque nadie de ellos me molesta ni me dicen cosas feas, al que sí molestan mucho es al hermano mayor del ex presidente, que le gritan de cosas que inclusive no me atrevería a reproducirlas o transcribirlas. Los internos del penal creen en mi inocencia, y la gente afuera también cree en mí, porque saben perfectamente bien que soy inocente: sólo hay unas cuantas gentes a las que le conviene seguir viéndome como culpable y seguir haciéndome culpable de un delito que no cometí.

Pero lo importante es que todos ustedes, como mi familia, familiares, amigos, compañeros de trabajo, conocidos y gentes de Estados Unidos y México, saben perfectamente bien que soy inocente y que me están agarrando de chivo expiatorio algunos corruptos del gobierno. Espero que un día agarren a los verdaderos culpables y les hagan pagar todas las que deben.

Me di cuenta, al que mató al Lic. Colosio lo mataron en un taller mecánico. Pero me imagino que él solo no lo hizo, tuvo que haber sido ayudado por otros malvados delincuentes de su calaña. Mientras, yo estoy pagando un crimen que no cometí.

Recemos a Dios para que pronto pueda estar de nuevo junto con ustedes y ya no separarnos jamás.

MARIO ABURTO,
Almoloya de Juárez

MUCHACHO INCULPADO

En abril de 1994, el entonces procurador de los Derechos Humanos de Baja California, José Luis Pérez Canchola, recibió una llamada telefónica que le dejaría temblores por todo el cuerpo: la Procuraduría General de la República lo invitaba a presentarse en el penal de Almoloya de Juárez.

Desde la primera vez que vio a Mario Aburto, cuestionó la manera en que el joven magnicida había sido interrogado. Fue el único que externó públicamente su preocupación por que el interrogatorio hubiese durado sólo una hora; además, le fue obvio que se encontraba bajo el influjo de algún sedante, la mirada perdida y el habla trabada lo delataron.

Ahora, de pronto era el propio Jorge Carpizo, secretario de Gobernación, quien le pedía un favor: quería que fuese él —de todos los que estuvieron presentes la noche en que Aburto fue interrogado— el que lo identificara.

—La verdad es que por un segundo decidí no aceptar pero al final, dada la trascendencia, accedí.

Pérez Canchola no se arrepiente: fue la primera persona en ver a Mario Aburto en un penal, y es una de las cinco a las que el gobierno les ha permitido hacerle una visita en los últimos veinte años.

El entonces procurador de los Derechos Humanos fue el primer político en acercarse a la familia de Mario para que le confiaran alguna característica física que le permitiera corroborar a su madre que el joven encarcelado era el mismo que había parido veintitrés años atrás.

—Había un escándalo, el país estaba convulsionado, era todo un rumor en términos de que no era la misma persona; creo que la única razón por la que estuve con Mario es que hacen memoria y recuerdan que yo era el único que no era parte de la estructura gubernamental en el interrogatorio.

La única condición que impuso fue que María Luisa Martínez, madre del joven, también pudiera ingresar al penal y corroborara que su hijo no había sido suplantado. De Tijuana, el 14 de abril arribó a la Ciudad de México en un avión comercial y fue trasladado a Toluca. Al llegar al penal, recuerda que personal administrativo se le pegó como garrapatas: el procurador amenazó con retirarse si no se le permitía entrevistarse a solas con el detenido.

Lo condujeron por pasillos jaspeados de mugre y volvió a sentir temblores; el frío de la madrugada aún estaba concentrado en las paredes de concreto. Llegó a un cuarto donde lo esperaba el acusado con el ceño fruncido y los ojos al piso.

José Luis Pérez Canchola se presentó, le recordó que había estado en el interrogatorio que le hicieron aquel 23 de marzo en la PGR de Tijuana; Mario levantó la cabeza y apenas lo miró.

Antes de iniciar la conversación, revisó la espalda del joven: en efecto, buscaba la cicatriz en forma de cruz que se había hecho con un huizache. Sin ninguna expresión y con la mirada a la nada, Mario se levantó la camiseta color caqui que vestía desde que fue recluido en el penal de máxima seguridad; ahí estaba la marca que comprobaba que al menos era él, Mario Aburto Martínez, hijo de Rubén Aburto y María Luisa Martínez, nacido en Michoacán.

—Me dijo que yo era un espía; nunca entendí por qué me dijo esas cosas, creo que fue una idea que su abogado le metió. Yo no tenía cuidado en que pensara eso, lo único que quería era corroborar su identidad.

Pérez Canchola dice que trató de hacer que Mario hablara, le preguntó si tenía algo que decirle que fuera útil para su defensa. El joven se negó y el procurador salió de Almoloya de Juárez con un vacío en el estómago: ¿ese jovencito sería un chivo expiatorio?

El ex procurador de Derechos Humanos es ahora un hombre que camina a paso lento. Las arrugas le cayeron sobre la cara: la marca imborrable de los años que han pasado, los mismos que le recuerdan aquel día en Almoloya.

—Ni siquiera se estableció en el expediente un móvil creíble del atentado; si no hay móvil, ¿cómo se puede culpar a alguien? Hubo muchos testimonios de gente que no vio a Mario Aburto, pero todo eso sí lo archivaron.

La visita en Almoloya fue una de las pruebas que la fiscalía especial para el caso Colosio presentó en la investigación para confirmar que el joven aprehendido en Lomas Taurinas era el mismo que se encontraba recluido por el asesinato de Luis Donaldo Colosio.

—Pero yo nunca dije eso, dije que fue el mismo que yo vi en el primer interrogatorio, lo que es muy diferente. Yo jamás lo ligo con el homicidio, nunca digo que él fue el que disparó.

Han pasado dos décadas. José Luis Pérez Canchola habla sin filtro: ya no tiene miedo, en ese entonces calló porque murieron demasiadas personas que podían aportar datos sobre el asesinato de Colosio. Trae consigo un fólder negro con muchas hojas en su interior, entre ellas el reporte que elaboró cuando salió de Almoloya de Juárez, estableciendo que jamás aseguró que el detenido fue el mismo que disparó al candidato presidencial; la tinta ha comenzado a borrarse, está escrito con máquina de escribir y va dirigido a la Secretaría de Gobernación:

> En el Centro Federal de Readaptación Social No. 1 del Estado de México, siendo las 11:40 horas del 15 de abril de 1994 se procedió a entrevistar a Mario Aburto a fin de determinar con la mayor objetividad posible la identidad de este último en relación con la persona que es señalada como la que realizó el disparo que privó de la vida al licenciado Luis Donaldo Colosio.
>
> Siendo las 12:30 horas se procedió a realizar la entrevista a Mario Aburto. Esta entrevista se realizó en un área aledaña al sitio donde se encuentra recluido, a fin de evitar su traslado en un área y otra del Cereso. En esta entrevista Mario Aburto manifestó haber adquirido

el arma tres o cuatro días antes de los hechos con la intención de tenerla en su casa por los asaltos que había en su colonia. Que un día después tomó la decisión de venderla ya que tiene hermanos pequeños, que el día 23 de marzo se la llevó al trabajo para ofrecerla a un trabajador de la misma fábrica, del cual se negó a dar su nombre pero que este no se interesó en un arma. Que por la tarde salió de su trabajo, vio a un vigilante de la fábrica con un periódico en la mano, mismo que estaba comentando que ese día había un mitin de Colosio. Que acto seguido se fue al centro de la ciudad a donde llegó aproximadamente a las 2:40, en el centro de la ciudad tomó algunos alimentos y no teniendo nada más que hacer, decidió ir al mitin del Lic. Colosio, como no sabía cómo llegar, tuvo que tomar dos camiones, el último de ellos azul y blanco, que finalmente llegó ya cuando estaba terminando el mitin.

A pregunta expresa manifestó que no acostumbra ir a mítines. Que si fue, fue porque no tenía nada que hacer. A otra pregunta que se le hizo contestó que durante todo el día había traído consigo el arma antes mencionada. Se le preguntó que al comprar el arma aquella cuántos tiros le habían entregado, manifestando que originalmente la persona que le vendió el arma le había entregado cinco tiros pero él había disparado uno en un lote baldío enfrente de su casa, que esto lo hizo para probar el arma, que con el arma en su poder y con cuatro tiros útiles es como llegó al mitin del Lic. Colosio. Que al llegar se acomodó entre la multitud que había y que enseguida terminó el mitin y vio cómo el Lic. Colosio empezó a salir del lugar. Que en determinado momento al verlo cerca se dio cuenta cómo una señora le quiso entregar unas hojas de papel a manera de rollo, y que el Lic. Colosio le empujó la mano con los papeles haciéndola a un lado, y que este hecho le hizo sentir mucho coraje, pensando "que si ahora hace esto, qué no hará cuando sea presidente". Manifestó Mario Aburto que acto seguido pensó darle un susto al Lic. Colosio y ya estando cerca sacó la pistola con la intención de dispararle a los pies o dispararle a un brazo o el hombro. Que decidió hacer esto último y al levantar el arma sintió de pronto un fuerte golpe en la pantorrilla derecha, considerando que alguien le dio un puntapié con todas sus fuerzas, quizá porque vio cuando hizo su movimiento con el arma. Que esto hizo que se desviara de su objetivo y que accionara el arma sin darse cuenta dónde pegó el tiro.

Que acepta ser por lo tanto el que disparó y también el que fue presentado ante la PGR de Tijuana. Declaró que esto que hizo fue una tontería de su parte pero que así sucedieron las cosas. Que está inconforme de tantas mentiras que han dicho de él, y demanda que se le juzgue conforme a derecho ya que rechaza ser parte de grupo alguno. Que no conoce ni ha tratado nunca a Vicente Mayoral ni a Tranquilino Sánchez, de quienes tuvo conocimiento hasta después de su detención. La entrevista a M. Aburto se dio por concluida a las 2 p. m.

Conclusiones:

Único; independientemente de la confusión que se generó en el momento, mismo en que se hicieron los disparos que privaron de la vida al Lic. Colosio, lo cierto es que Mario Aburto es el que fue detenido en el lugar de los hechos, es el que fue presentado en la PGR de Tijuana y es el mismo que se encuentra actualmente en el Cefereso de Almoloya de Juárez, Estado de México.

Atentamente
C. José Luis Pérez Canchola

José Luis Pérez Canchola termina de leer. Dice que sí, evidentemente él aseguró que era el mismo, pero jamás aseguró que fue el que asesinó a Luis Donaldo Colosio. Fue el mismo que fotografiaron ensangrentado, fue el mismo que vio desvanecido en una silla en la PGR, y ahora era el mismo que lo miró, que lo acusó de ser espía del gobierno.

El día de la entrevista, Mario verdaderamente creía que estaba con un agente infiltrado: nervioso, callado, respondiendo estrictamente las preguntas, nunca amplió ninguna idea ni argumento. Reconoce el ex procurador que era evidente que tenía la línea de no hablar.

—Me voy con que fue un muchacho inculpado; aun cuando hubiera tenido responsabilidad, no es el único que debiera pagar las consecuencias. Es un hecho que quedará sin esclarecimiento pleno, como había muchas complicidades, lo declaré, ahí están, ahí siguen y son también los responsables de desviar y ocultar la información.

¡Voy a comer tortillas todo el día!

Pasó así: cuando falta menos de una hora para el término de la visita, un custodio suelta un grito ronco y autoritario: "¡Aburto, la cena!" Mario gira la espalda despavorido, pela los ojos y pregunta tímidamente:

—Si me voy, ¿puedo regresar?

—Por supuesto que no, Aburto —contesta el otro, adusto.

En dos años, Mario Aburto no ha recibido una visita; hoy está sentado en un taburete de metal y frente a él está la mujer que más adora en la vida, después de su madre: Alma Aburto, su cuñada. Es jueves, 28 de marzo de 1996.

Al encontrarse con ella, su primer impulso es llevarse la mano al cabello; agacha un poco la cabeza pero luego muestra una sonrisa impecable.

—Me veo muy feo, ¿verdad? Me imagino que me ves feo porque tú no estás impuesta a verme así, con este pinche corte feo. Pelón, como cholo.

Mario no se equivocaba, a pesar de que Alma trató de mantener la boca estirada y simular una sonrisa para no mortificar a su cuñado, se preguntaba cómo era la vida en Almoloya de Juárez. La piel del joven había adquirido un color verdoso, los huesos de sus clavículas saltaban como queriendo desprenderse de su cuerpo. Con la nostalgia en el pecho y el corazón roto, se serenó y contestó:

—Ay, Mario, qué cosas dices; por el contrario, así peloncito te ves muy bien. Se acabaron las quejas, ya no tienes que preocuparte por cómo te vas a peinar. ¡Cómo te quejabas allá en Los Ángeles!

Su cuñado soltó una risa larga para disimular la congoja que traía atorada en la garganta.

—Qué bonito es recordar todo eso, Alma. Yo sé, algún día voy a salir, voy a comer pozole, vamos a hacer tamales en Navidad. Cuando salga, voy a hacer que mi mamá me haga pozole, me haga menudo, me haga birria, mole; tengo muchas ganas de tortillas, ¡voy a comer tortillas todo el día!

—¡Mario, te vas a poner todo gordo! —contestó Alma, amenazando a sus ojos con sacarlos si soltaban una lágrima.

De la familia Aburto, la única que lo ha visitado en dos décadas es Alma. De metro y medio de estatura, es una mujer de espalda ancha aunque de voz ligera pero contundente. Fue la única que se atrevió a pisar suelo mexicano: según la lógica de Mario, a ella el gobierno mexicano no trataría de matarla porque era ciudadana americana.

La visita se pactó para marzo de 1996. A través de una llamada telefónica, unos días antes Mario le advirtió que viajara extremando precauciones: del aeropuerto al hotel, de ahí a Almoloya y del penal a Los Ángeles.

—No podíamos visitarlo, porque fue amenazado con que si íbamos nos secuestrarían.

Alma llegó a Almoloya de Juárez al mediodía. Pocas veces había estado en México: a pesar de ser hija de padres mexicanos, había pasado toda su vida en Los Ángeles y poco entendía del funcionamiento de la burocracia del país.

El apellido Aburto casi impidió a Alma encontrarse con Mario: recuerda que al llegar al penal un custodio le preguntó que si era su cuñada, cómo es que su nombre era Alma Elizabeth Aburto.

—No, señor, mi nombre es Alma Elizabeth Muñoz, pero me casé con el hermano de Mario, y en Estados Unidos adquirimos el apellido —contestó la joven, hastiada del cúmulo de revisiones que había pasado.

—Uy, señorita, entonces fíjese que no la voy a dejar pasar si no tiene una credencial con su nombre original —dijo el custodio.

—Te estoy diciendo que ese es mi nombre; ¡no mames, cómo te voy a dar algo que no existe! —gritó desesperada, y le entregó una copia de su acta de matrimonio. El custodio hizo un par de llamadas y le dijo que como un favor del penal haría una excepción que no se repetiría.

—Esa fue la última vez que lo vi. Estaba feliz de verme, muy cariñoso; me pellizcó y me dijo: "No creo que estés aquí". Preguntaba si su mamá todavía hacía la carne en chile que le gustaba, y cuántos sobrinos tiene porque no conoce a ninguno. Quería saber todo de su adorada Karina, su hermana pequeña, que dejó cuando tenía diez años y ahora está por cumplir treinta —recuerda Alma llena de nostalgia en su casa en Los Ángeles.

Han pasado muchos años desde su encuentro en Almoloya. Alma trata de no recordar tanto a Mario. No es que no lo extrañe: evita que los recuerdos la tomen por el brazo y la sacudan violentamente; mantiene el pasado a prudente distancia.

—Cada que veo un jugo me llegan los recuerdos. Aquel día en la cárcel nos sirvieron un juguito, mi cuñado lo vio ansioso y me preguntó tímidamente si no lo tomaría; no lo hice y él se lo tomó de un trago. Me dijo que tenía años que no tomaba un jugo, y que no volvería a tomarlo.

Me quisieron matar

A mi querido hermano Rubén: Déjame decirte que simultáneamente estoy escribiendo otras cartas, notas, etc., para toda la familia. Espero que les sirva de algo, digo, si es que antes no me los boicotean y plagian algunas ratas de dos patas que nada más andan a la expectativa de chupar sangre como los vampiros. Si te escribo aquí, es porque no tengo más papel donde escribir, pero viéndolo de forma filosófica, creo que está mejor por la imagen que aparece al principio del escrito; sé que te va a gustar por eso, pero de una vez te aviso que posteriormente en el transcurso de este escrito encontrarás algunas notas que hacía en tinta negra que son fortuitas y esporádicas.

También te pido me disculpes las faltas de ortografía en las que incurro, por estar con cierto tipo de presión y represión física, moral, emocional y psicológica. Es muy conocido, todos los sufrimientos que les infligen a las personas que están presas.

En esta prisión, a la que se le conoce también como "el infierno de hielo", su solo nombre te dice todo lo que es y lo que encierra entre sus paredes a porfía.

Si viviera todavía Dante, se inspiraría en esta prisión para escribir tal vez otra Divina Comedia, con todas las imágenes dantescas y relatos, vivencias y experiencias vividas dentro de este infierno de hielo. Es obvio que a mi vecino, el hermano mayor del ex presidente, le dan un mejor trato en toda la extensión de la palabra, pero es porque él tiene dinero y yo no tengo ni un quinto partido por la mitad.

Las autoridades del penal y médicos, custodios y cocineras, alegan que a todos se les trata igual, pero eso es una gran mentira que ni ellos mismos se creen. Si les creciera como a Pinocho, ya hubieran sacado de su nariz bastante madera como para hacer varios muebles. La gran mayoría de las gentes aquí son personas de muy poco criterio, sin escrúpulos para dañar a alguien injustamente, como por ejemplo la vez que me golpearon unos oficiales y unos comandantes nada más porque me negué a ir a que me siguieran torturando en la oficina de la Subdirección Técnica los de la PGR, Interpol y funcionarios o ex legisladores priistas, según dijeron ellos. Para asesinar, ahora utilizan métodos muy sofisticados, como por ejemplo, les dan o nos dan de comer comidas altamente grasosas, ricas en contenido de un alto grado de colesterol para poder matarlos o matarnos de un ataque al corazón o al miocardio. Al huevo frito pueden exprimirlo para sacarle una gran cantidad de aceite al igual que a otras comidas, pero es muy raro que se me dé más o menos bien de comer.

Últimamente pesé 68 kilos. Mi talla de pantalón es 69, por eso la ropa casi me queda como *esliping bag*. Utilizo lentes de fondo de botella para poder ver bien, y dice Alma que estoy muy delgado. Pero no te preocupes, que sea como sea yo seguiré adelante tal y como se los he estado prometiendo. Además creo que todas las experiencias me servirán de algo algún día. Detrás de las calamidades veamos oportunidades de aprender algo, y no nos amarguemos la vida con rencores, puesto que aquellos que nos hicieron daño, algún día pagarán todas juntas sus maldades por la gracia de Dios.

Sus malas acciones los harán pagar sus propios errores. Nosotros, hay que intentar ser felices en la medida de nuestras posibilidades, y nunca perder la fe en Dios y en la gente buena.

En esta soledad el único amigo que tengo es Jesús Dios y la Virgen, que siempre me han ayudado. Por eso creo firmemente en ellos, pero sin llegar al fanatismo. Cuando toco la guitarra y me pongo a cantar, canto también para Jesús, la Virgen y Dios, que son los que siempre me acompañan en esta fría celda de dos metros por tres, aproximadamente. En la celda leo mucho sobre muchas cosas: conocimientos generales, se podría decir. Mi único vecino es el hermano mayor del ex presidente, al cual ya no le hablo por muchas y obvias razones. Cuando hablo por teléfono con ustedes me embargan la emoción y la alegría, pero también el sentimiento y la nostalgia; continúo con pluma nueva que pude conseguir.

Sabes, el día de ayer por la tarde pasó dizque a saludarme el general encargado de seguridad, pero yo lo miro como el concepto que me formé de él cuando dejó entrar al penal a las personas que supuestamente me venían a interrogar pero a final de cuentas terminaron torturándome. Estoy seguro que cuando me vinieron a torturar era para saber si yo sabía algo o había visto algo del caso Colosio, pero como vieron que no sabía absolutamente nada, me dejaron con vida y no me pusieron los tanques de gas en mis pulmones, dicen que el gas era oxígeno y nitrógeno, querían causarme tal vez un paro cardiaco o un derrame cerebral. Sólo por contar algunos.

MARIO ABURTO MARTÍNEZ,
Almoloya de Juárez

COMO GABRIEL GARCÍA MÁRQUEZ

Hoy me puse nostálgico y estuve llorando viendo caer la lluvia, estaba lloviendo a cántaros, hasta ranitas caían del cielo. Dije yo: "Por las mil ranas voladoras, ¿qué veo?", y ya no pude ver bien porque mis lentes se empañaron con las gotas de agua. Creí que me sentía mal o que estaba enfermo, porque veía todo borroso, pero en cuanto limpié mis lentes dejé de ver borroso y me sentí mejor.

Cuando me sacaron a caminar a un pequeño patio, dos pajaritos estaban peleándose delante del custodio, y dije yo: "Estos pájaros sinvergüenzas no respetan la autoridad y en sus propias narices se pelean".

Alguna vez me gustaría que me sacaran un ratito de mi celda para poder ver las estrellas, pero eso es mucho pedir. No puedo ver las estrellas dentro mi celda porque no se puede.

Si les escribo de esta forma no es que me ría de mis desgracias, sino simplemente lo hago así para no hacerlos llorar. En cuanto a las faltas de ortografía, no quisiera corregirlas por ahora; me imagino que Gabriel García Márquez se ha de sentir dichoso de tener una secretaria que le ayude a corregir sus faltillas de ortografía, pero yo ni siquiera tengo para pagar una secretaria, me conformaría con tener dinero para comprarme una golosina, además de que no puedo compararme con él.

Cambiando un poco de tema, les diré que el ex presidente de Polonia y Premio Nobel de la Paz Lech Walesa ya no ha hecho comentario alguno de los desmanes hechos por nuestros antiguos gobernantes y por nuestros funcionarios públicos. Sería como el que también viniera Mijaíl Gorbachov a criticar al país. Por fortuna las opiniones de Fidel Castro no sirven para nada, si no, a lo mejor ya andaría metiendo sus asquerosas narices donde no lo llaman.

Los únicos puntos de vista que hasta el momento han sido más acertados son los hechos por el *New York Times*, el *New York Post*, el otro periódico, no me acuerdo cuál es su nombre pero también cuenta con buen prestigio. Es bueno contar con periódicos y periodistas que informen de una manera objetiva, imparcial, verídica, y con un alto grado de ética profesional sin prestarse a intereses oscuros.

Quisiera poder expresarles mi sincero agradecimiento a todos esos medios de comunicación que me han ayudado, pero por lo pronto no me permiten tener comunicación con ellos. En fin, algún día tal vez pueda hacerlo personalmente, mientras, pido a Dios por ellos, por ustedes y por mí.

MARIO ABURTO MARTÍNEZ,
Almoloya de Juárez

Los malditos

Aburto

La mirada fija, sin miedo, de don Rubén, sugiere el parecido con "su Mario" en aquella fotografía que le tomaron durante su presentación ante los medios el 25 de marzo de 1994 en el Cefereso 1 de Almoloya de Juárez, en el Estado de México; la ceja rala, la nariz ancha y los ojos almendrados en caída triste dejan al descubierto el parentesco.

Muchos años después, don Rubén y su esposa María Luisa, refugiados en Estados Unidos, recuerdan aquella tarde remota en que su hijo fue acusado de matar a un candidato presidencial.

Don Rubén salía de la fábrica maderera donde trabajaba desde hacía más de una década en Los Ángeles, California. Hambriento, llegó a su pequeño departamento y mientras preparaba la comida prendió el televisor: pasaban en cámara lenta un balazo, una cabeza que estallaba, sangre; resonó un "Mario Aburto". Aburto. Su apellido.

Un zumbido agudo explotó en su cabeza y perdió el sentido por unos segundos: fue hasta que se recuperó cuando fijó de nuevo la vista en el televisor. La programación se había interrumpido en Univisión, el canal local: retransmitían una y otra vez los últimos momentos del mitin y la imagen acelerada de un joven que era arrastrado por una multitud.

Don Rubén pensó en voz alta: "No puede ser mi hijo, pero está saliendo en televisión; sí, es mi hijo". Corrió al teléfono y llamó a su hijo Rafael, el mayor de la familia, que también vivía en Los Ángeles.

—¡Mijo, mira, que asesinaron al licenciado Colosio y están acusando al Mario!

Rafael, al otro lado del teléfono, se limitó a contestar:

—No puede ser.

Había pasado poco tiempo desde que él mismo decidiera enviar a su hermano a vivir a Tijuana, para que se hiciera cargo de su madre.

En la colonia Buenos Aires Sur, un barrio pobre al este de Tijuana, la noticia le llegó a María Luisa cuando tenía las manos en el agua; tallaba ropa en un fregadero de metal. Eran las seis de la tarde.

—¡Prenda la tele, fíjese en la televisión, ahí está saliendo! ¡Es Mario, lo están acusando de que mató a Colosio! —gritó una vecina desde el otro lado de la acera.

—¡No, no, son mentiras, mi hijo está trabajando! —sacó las manos del agua jabonosa y corrió a prender el televisor; María Luisa vio a su hijo.

—¡Está sangrando, está herido!

Mario fue detenido apenas dos minutos después de que Luis Donaldo Colosio, abanderado priista en busca de la presidencia, recibiera un balazo en el cráneo a las 5:12 de la tarde del 23 de marzo de 1994. Desde ese día la familia Aburto Martínez viviría ligada al apellido Colosio, a la muerte, a los recuerdos de aquella tarde cualquiera en que a su apellido le cayó una maldición con aquel primer disparo. El año 1994 ha quedado como un recuerdo que se renueva todos los días.

María Luisa Martínez, madre de Mario Aburto, recién cumplió sesenta años, pero pareciera tener mil: le han caído todas las arrugas del mundo, mantiene la mirada siempre abajo. La voz pausada, los sollozos que ahoga cuando habla, delatan el dolor que ha dejado la ausencia del hijo que no ve desde hace veinte años. No le gusta hablar: dice que todo el mundo la ha malinterpretado cuando habla de Mario.

Sus familiares la describen como una mujer chapada a la antigua, que se encarga de las labores del hogar abnegadamente; cocina, plancha, cuida a los nietos, pero la realidad es que el automatismo del trabajo le ha funcionado para mantener el pasado a raya. No recuerda el día exacto, sólo algunos detalles que llegan de vez en vez, de aquella noche en que abandonó México.

El 24 de marzo de 1994 fue detenida y trasladada a la PGR, sospechosa de complicidad en el asesinato de Luis Donaldo Colosio. Nunca existieron pruebas contra alguno de los miembros de la familia.

Apenas habían pasado unas horas desde el asesinato del candidato; su hijo, el presunto responsable, aún no terminaba de ser interrogado, cuando policías irrumpieron en su pequeña casa en la colonia Buenos Aires Sur.

Los gritos despertaron a sus otros hijos: Karina, de diez años; Elizabeth, de diecisiete, y José Luis, de veinte. A media noche fueron sacados de su humilde vivienda y conducidos a las instalaciones de la PGR en Tijuana. Esa noche se llevaron un baúl con todas las pertenencias de Mario.

De aquel día en que fue detenida, las heridas no las sana el tiempo. La condujeron con sus hijas por pasillos pestilentes hasta un cuarto donde sólo había una mesa. Un grupo de policías ordenó a las jovencitas que se desvistieran: sus cuerpos de adolescentes quedaron al descubierto y trataron de abarcar cada parte de sí con sus pequeñas manos pero los agentes lo impidieron, gritaban eufóricos: "Modelen para nosotros".

Apretaron los ojos como queriendo transportarse a otro lugar fuera de esa oficina, donde los policías de panza grasienta y doble papada no las vieran lascivamente.

José Luis recién cumplía veinte años: era el menor de los hermanos varones, parecía que el mismísimo Mario Aburto estuviera frente a ellos. Los ojos chiquitos, el pelo rizado, la piel cobriza desataron la rabia de los policías, que lo encontraron idéntico al hermano. Durante su arresto le gritaban:

—¡Tú tienes que decir que fue tu hermano y que andabas con él! ¡Tú participaste en el asesinato, hijo de la chingada! —el joven fue golpeado brutalmente. Tendido en el piso tras las torturas, José Luis trató de flexionar las rodillas hasta el pecho para así cubrirse la cara.

—Te vas a ir a la chingada con tu hermano, hasta el mismísimo infierno.

En otro momento, el comandante de la Judicial Federal en Tijuana puso una pierna fornida sobre el pecho del joven y le introdujo su arma en la boca. La familia Aburto nunca confesó una posible participación en el crimen: ni José Luis, que soportó las torturas de la policía durante dos semanas.

• • •

Habían trascurrido quince días desde el asesinato de Luis Donaldo Colosio. La familia Aburto Martínez no se atrevió a regresar a su hogar de inmediato: cuando fueron liberados se refugiaron en un albergue llamado Casa del Campo, manejado por una monja estadounidense.

Ahí estuvieron hasta mediados de mayo: Mario ya estaba en el penal hoy llamado El Altiplano, acusado de ser el único responsable del homicidio, por eso pensaron que era momento de retomar su vida y regresar a casa. Apenas pisaron el lugar, la familia comenzó a ser aterrorizada durante varias noches.

Presenciaron las rondas de hombres que lanzaban tiros al aire; los sonidos estruendosos resonaron huecos en las paredes de madera. El crujido de las ventanas delató que alguien trataba de forzarlas: la familia pasó del miedo al terror.

Sin embargo, la noche en que María Luisa decidió dejar para siempre México fue cuando se percataron de que un auto sin placas los vigilaba todo el tiempo. La joven madre tomó a sus hijas y con la ropa que traían puesta llegaron hasta la puerta de metal que separa México de Estados Unidos; como otros migrantes, abandonaría su país para siempre. El cruce fue rápido, recuerda, se presentó en la garita de San Ysidro y con lágrimas en los ojos solicitó asilo político: eran la familia de Mario Aburto. Los agentes de Migración reconocieron rápidamente el nombre.

Desde ese día la familia se asentó en el área de Los Ángeles, no estaban dispuestos a regresar a ese país donde habían sido sentenciados sólo por llevar el apellido Aburto.

• • •

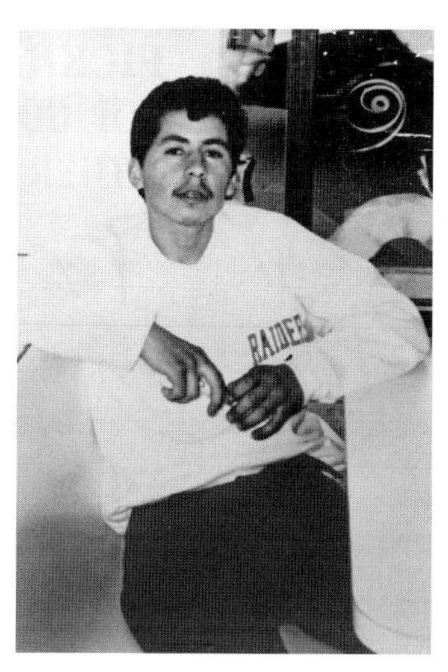

Foto proporcionada por los padres de Mario Aburto durante una de las reuniones que sostuve con ellos en 2014. Es la única imagen impresa que sus familiares conservan de Mario.

Alma y Mario. Esta foto forma parte de los documentos oficiales de la investigación del asesinato de Luis Donaldo Colosio. Fue tomada durante el concurso Señorita Industrial Maquiladora Tijuana. Es parte de las siete fotografías encontradas en el baúl que supuestamente pertenecía a Mario Aburto.

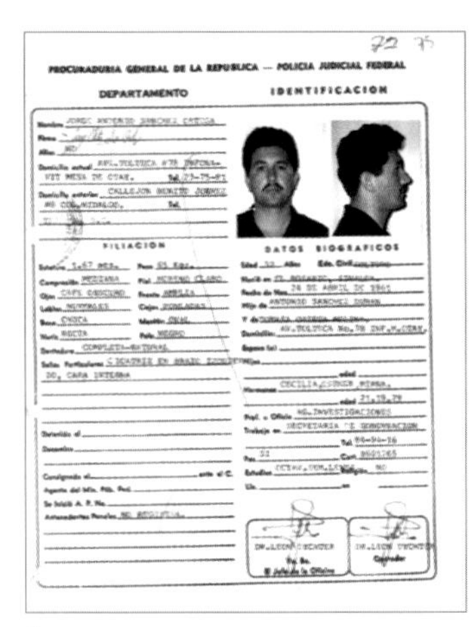

PROCURADURIA GENERAL DE LA REPUBLICA — POLICIA JUDICIAL FEDERAL

DEPARTAMENTO IDENTIFICACION

FILIACION

DATOS BIOGRAFICOS

Ésta fue una ficha que levantó la autoridad cuando fue detenido el agente del Cisen Jorge Antonio Sánchez Ortega, a quien Aburto responsabiliza del asesinato de Colosio.

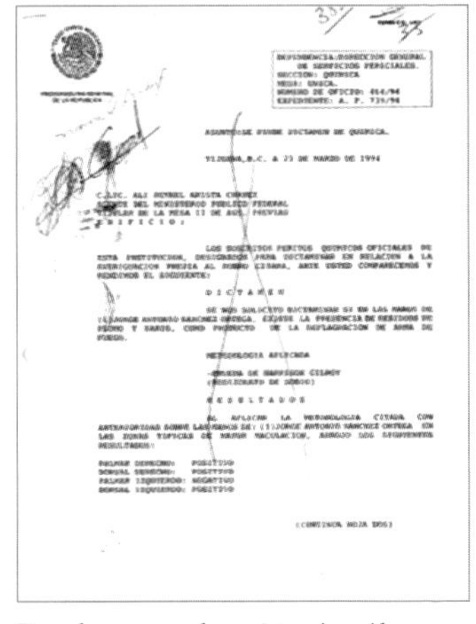

DICTAMEN

RESULTADOS

(CONTINUA HOJA DOS)

Prueba para saber si tenía pólvora en las manos Jorge Antonio Sánchez Ortega quien a pesar de haber dado positivo fue liberado.

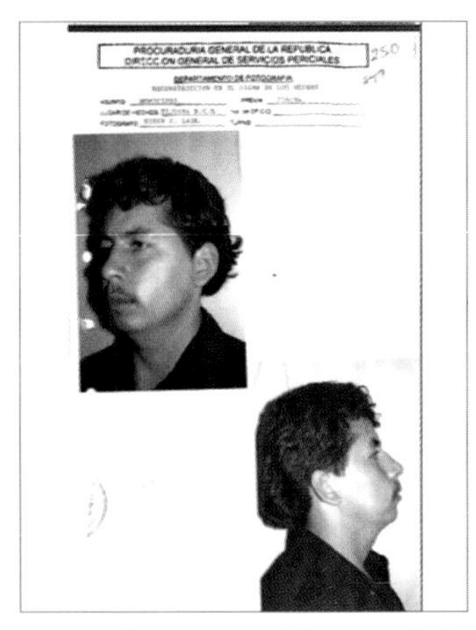

PROCURADURIA GENERAL DE LA REPUBLICA
DIRECCION GENERAL DE SERVICIOS PERICIALES

DEPARTAMENTO DE FOTOGRAFIA

Fotografías que tomó la autoridad cuando detuvo a Mario Aburto y que hoy forman parte del expediente judicial que se encuentra desclasificado.

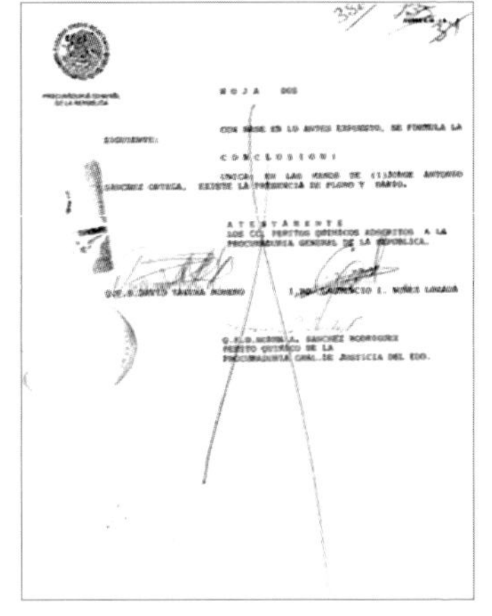

HOJA DOS

CONCLUSIONES

ATENTAMENTE

La famosa prueba para saber si tenía pólvora en las manos Mario Aburto Martínez el 23 de marzo de 1994 en las instalaciones de la PGR en Tijuana.

Las cajas de pruebas del Caso Colosio que se encuentran en un juzgado en el Estado de México. Su condición es de deterioro y falta de preservación: rollos de fotos vedados, papeles que pierden la tinta y hasta las balas se encuentran en mal estado.

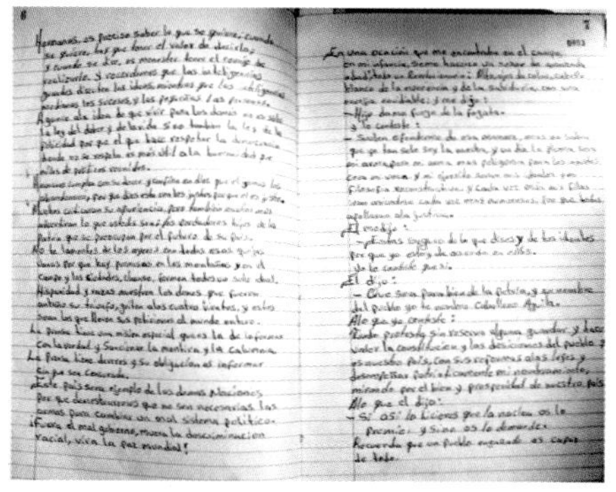

El libro de actas donde supuestamente Mario Aburto plasmara sus pensamientos antes de asesinar a Colosio. Gracias a éste se creó la versión del asesino solitario que se habría preparado para dispararle al candidato presidencial.

Unos de los dibujos que realizó Mario Aburto y que según la autoridad representa los aires de grandeza que tenía.

Comero Magnéticos, S. A. de C. V.

La presente acredita

A: MARIO ABURTO M.

Departamento

Tijuana, B. C., a 7 FEB. de 94

Firma del trabajador

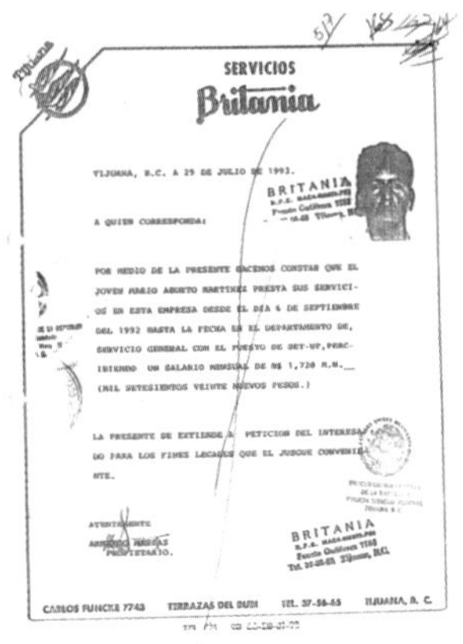

SERVICIOS

Britania

TIJUANA, B.C. A 29 DE JULIO DE 1993.

A QUIEN CORRESPONDA:

POR MEDIO DE LA PRESENTE HACEMOS CONSTAR QUE EL JOVEN MARIO ABURTO MARTINEZ PRESTA SUS SERVICIOS EN ESTA EMPRESA DESDE EL DIA 6 DE SEPTIEMBRE DEL 1992 HASTA LA FECHA EN EL DEPARTAMENTO DE, SERVICIO GENERAL CON EL PUESTO DE SET-UP, PERCIBIENDO UN SALARIO MENSUAL DE N$ 1,720 M.N.___ (MIL SETESIENTOS VEINTE NUEVOS PESOS.)

LA PRESENTE SE EXTIENDE A PETICION DEL INTERESADO PARA LOS FINES LEGALES QUE EL JUSGUE CONVENIENTE.

ATENTAMENTE

PROPIETARIO.

BRITANIA

CARLOS FUNCKE 7743 TERRAZAS DEL DUDI TEL. 37-56-65 TIJUANA, B. C.

En el expediente desclasificado es posible encontrar documentos como credenciales, diplomas escolares o de capacitaciones de Mario Aburto Martínez antes del asesinato.

Fotografía tomada por las autoridades durante la recreación de los hechos que hizo Mario Aburto Martínez unos meses después del crimen.

Cuando me sacaron a caminar a un pequeño patio, dos pajaritos estaban peleándose delante del custodio, y dije yo: "Estos pájaros sinvergüenzas no respetan la autoridad y en sus propias narices se pelean". Alguna vez me gustaría que me sacaran un ratito de mi celda para poder ver las estrellas, pero eso es mucho pedir. No puedo ver las estrellas dentro mi celda porque no se puede.

Si les escribo de esta forma no es que me ría de mis desgracias, sino simplemente lo hago así para no hacerlos llorar. En cuanto a las faltas de ortografía, no quisiera corregirlas por ahora; me imagino que Gabriel García Márquez se ha de sentir dichoso de tener una secretaria que le ayude a corregir sus faltillas de ortografía, pero yo ni siquiera tengo para pagar una secretaria, me conformaría con tener dinero para comprarme una golosina, además de que no puedo compararme con él.

Cambiando un poco de tema, les diré que el ex presidente de Polonia y Premio Nobel de la Paz Lech Walesa ya no ha hecho comentario alguno de los desmanes hechos por nuestros antiguos gobernantes y por nuestros funcionarios públicos. Sería como el que también viniera Mijaíl Gorbachov a criticar al país. Por fortuna las opiniones de Fidel Castro no sirven para nada, si no, a lo mejor ya andaría metiendo sus asquerosas narices donde no lo llaman.

Los únicos puntos de vista que hasta el momento han sido más acertados son los hechos por el *New York Times*, el *New York Post*, el otro periódico, no me acuerdo cuál es su nombre pero también cuenta con buen prestigio. Es bueno contar con periódicos y periodistas que informen de una manera objetiva, imparcial, verídica, y con un alto grado de ética profesional sin prestarse a intereses oscuros.

Quisiera poder expresarles mi sincero agradecimiento a todos esos medios de comunicación que me han ayudado, pero por lo pronto no me permiten tener comunicación con ellos. En fin, algún día tal vez pueda hacerlo personalmente, mientras, pido a Dios por ellos, por ustedes y por mí. *41

MARIO ABURTO MARTÍNEZ,
Almoloya de Juárez

*41
Los que siguen defendiendo las versiones de los expresidentes y los gobiernos de Carlos Salinas y Ernesto Zedillo Ponce de León es porque están a favor de la impunidad, la narco política y la corrupción.
(Mario Aburto Martínez.
21 de octubre de 2017).

147

Una de las páginas corregidas por Mario Aburto donde habla sobre las versiones que construyeron los expresidentes Carlos Salinas de Gortari y Ernesto Zedillo Ponce de León.

LA DETENCIÓN

tenido contacto con Mario Aburto Martínez, presunto asesino del candidato presidencial Luis Donaldo Colosio, durante las primeras horas de su detención.

> Dentro de las veinticuatro horas después del arresto del hombre de apellido Aburto, un alto funcionario de la Procuraduría General de la República con conexiones en el partido político PRI hizo arreglos para que Alcides Beltrones se reuniera a solas por aproximadamente treinta minutos; se desconoce de qué hablaron en esta reunión. Como el conocimiento de este encuentro se extendió en todo el PRI, Beltrones ha comenzado a recibir duras críticas por sus actos. Oficiales del partido se han estado reuniendo con Beltrones en un intento de tener conocimiento de la esencia de su entrevista con Aburto.

Alcides Beltrones era un hombre de espalda ancha y piel morena; se le identificaba fácilmente porque en su rostro quedaron cráteres dejados por la adolescencia. Originario de Sonora, un estado situado al norte de México, había llegado a Tijuana a principios de 1980. Tenía un hermano menor, Manlio, que desde chiquillo había demostrado ser más inteligente que él: se afilió al Revolucionario Institucional a los 16 años, y a los 30 ya se había convertido en diputado por su estado. Brilló desde muy joven; tres años después sería senador y en 2015 alcanzaría la presidencia del PRI, pero fue entrada la década de los noventa cuando llegó a las ligas mayores, designado por el entonces presidente de la República, Carlos Salinas de Gortari, como subsecretario de Gobierno de la Secretaría de Gobernación.

Para 1994, mientras su hermano ya se había convertido en gobernador de su natal Sonora, Alcides Beltrones *31 se desempeñaba como director del aeropuerto de Tijuana; estaba claro que sería Manlio el que dejaría grabado en piedra el apellido de su padre.

Fue Alcides quien recibió a Luis Donaldo Colosio el 23 de marzo de 1994 en el aeropuerto de Tijuana, a las tres de la tarde.

Sin embargo, la última fiscalía especializada para el caso Colosio determinó que Mario Aburto nunca fue sacado de la delegación de

*31.- Alcides Beltrones y su hermano Manlio Fabio se les quitaron las visas para visitar a U.S.A. por los reportes de la D.E.A., que descubrieron algunas de las conecciones que tenían los hermanos con el narcotráfico. pero muchos años después les volverían a dar la visa por intersección del gobierno del presidente Ernesto Zedillo. Los 2 hermanos también me dijeron que si no me hacía pasar como el verdadero asesino iban a matar a mi familia. Y que ese era el mismo trato con el presidente Carlos Salinas.

En esta página Mario Aburto asegura que estuvieron implicados en el caso los hermanos y políticos priistas, Manlio Fabio y Alcides Beltrones.

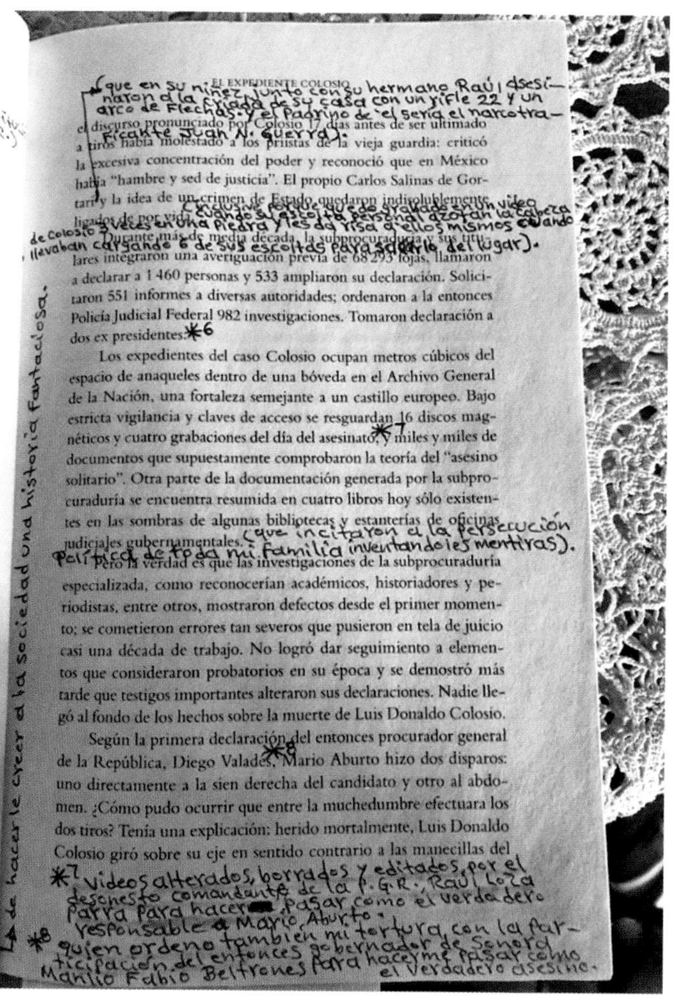
EL EXPEDIENTE COLOSIO

el discurso pronunciado por Colosio 17 días antes de ser ultimado a tiros había molestado a los priistas de la vieja guardia: criticó la excesiva concentración del poder y reconoció que en México había "hambre y sed de justicia". El propio Carlos Salinas de Gortari y la idea de un crimen de Estado quedaron indisolublemente ligados de por vida.

Durante más de media década, la subprocuraduría y sus titulares integraron una averiguación previa de 68 293 fojas, llamaron a declarar a 1 460 personas y 533 ampliaron su declaración. Solicitaron 551 informes a diversas autoridades; ordenaron a la entonces Policía Judicial Federal 982 investigaciones. Tomaron declaración a dos ex presidentes.

Los expedientes del caso Colosio ocupan metros cúbicos del espacio de anaqueles dentro de una bóveda en el Archivo General de la Nación, una fortaleza semejante a un castillo europeo. Bajo estricta vigilancia y claves de acceso se resguardan 16 discos magnéticos y cuatro grabaciones del día del asesinato, y miles y miles de documentos que supuestamente comprobaron la teoría del "asesino solitario". Otra parte de la documentación generada por la subprocuraduría se encuentra resumida en cuatro libros hoy sólo existentes en las sombras de algunas bibliotecas y estanterías de oficinas judiciales gubernamentales.

Pero la verdad es que las investigaciones de la subprocuraduría especializada, como reconocerían académicos, historiadores y periodistas, entre otros, mostraron defectos desde el primer momento; se cometieron errores tan severos que pusieron en tela de juicio casi una década de trabajo. No logró dar seguimiento a elementos que consideraron probatorios en su época y se demostró más tarde que testigos importantes alteraron sus declaraciones. Nadie llegó al fondo de los hechos sobre la muerte de Luis Donaldo Colosio.

Según la primera declaración del entonces procurador general de la República, Diego Valadés, Mario Aburto hizo dos disparos: uno directamente a la sien derecha del candidato y otro al abdomen. ¿Cómo pudo ocurrir que entre la muchedumbre efectuara los dos tiros? Tenía una explicación: herido mortalmente, Luis Donaldo Colosio giró sobre su eje en sentido contrario a las manecillas del

En esta corrección Aburto asegura que fue el propio gobierno quien alteró videos del día del asesinato.

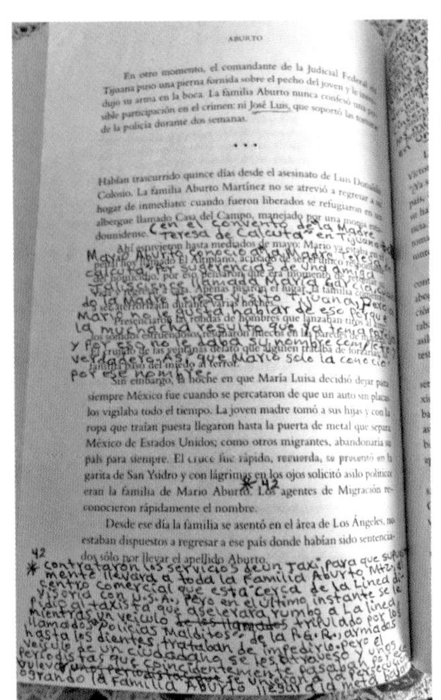

ABURTO

En otro momento, el comandante de la Judicial Federal ... Tijuana puso una pierna fornida sobre el pecho del joven y le ... dujo su arma en la boca. La familia Aburto nunca confesó una ... sible participación en el crimen: ni José Luis, que soportó las torturas de la policía durante dos semanas.

• • •

Habían trascurrido quince días desde el asesinato de Luis Donaldo Colosio. La familia Aburto Martínez no se atrevió a regresar a su hogar de inmediato: cuando fueron liberados se refugiaron en un albergue llamado Casa del Campo, manejado por una monja estadounidense. (en el convento de la Madre Teresa de Calcuta" en Tijuana)

Ahí estuvieron hasta mediados de mayo: Mario ya estaba en el penal hoy llamado El Altiplano, acusado de ser el único responsable del homicidio; por eso pensaron que era momento de ...

Mario Aburto conoció a la Madre Teresa de Calcuta por sugerencias de una amiga ... llamada María García ... de la Madre Teresa visitó Tijuana, pero Mario no le gusta hablar de eso porque la muchacha resulta que ya tenía ... y por eso no le daba su nombre completo verdadero. Así que Mario sólo la conoció por ese nombre.

Sin embargo, la noche en que María Luisa decidió dejar para siempre México fue cuando se percataron de que un auto sin placas los vigilaba todo el tiempo. La joven madre tomó a sus hijas y con la ropa que traían puesta llegaron hasta la puerta de metal que separa México de Estados Unidos; como otros migrantes, abandonaría su país para siempre. El cruce fue rápido, recuerda, se presentó en la garita de San Ysidro y con lágrimas en los ojos solicitó asilo político: eran la familia de Mario Aburto. *42 Los agentes de Migración reconocieron rápidamente el nombre.

Desde ese día la familia se asentó en el área de Los Ángeles, no estaban dispuestos a regresar a ese país donde habían sido sentenciados sólo por llevar el apellido Aburto.

42 * contrataron los servicios de un Taxi para que supuestamente llevara a toda la familia Aburto Mtz. a un centro comercial que está cerca de la línea divisoria con U.S.A., pero en el último instante se le pidió al taxista que acelerara rumbo a la línea mientras un vehículo tripulado por los llamados "policías malditos" de la P.G.R., armados hasta los dientes, trataban de impedirlo. Pero el vehículo de un ciudadano se les atravesó y unos periodistas que coincidentemente pasaban ... logrando la familia Aburto llegar a la meta ...

En esta anotación al pie de página de este libro, Aburto cuenta cómo tuvo que salir su familia de México. Perseguida y abusada por las autoridades mexicanas.

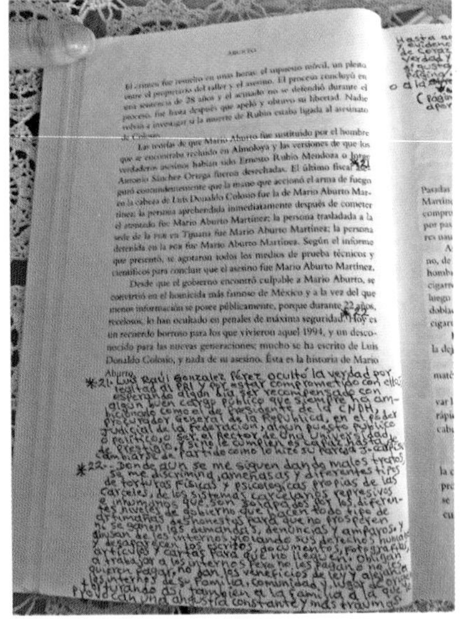

ABURTO

... se convirtió en el homicida más famoso de México y a la vez del que menos información se posee públicamente, porque durante 22 años, *22 recelosos, lo han ocultado en penales de máxima seguridad. Hoy es un recuerdo borroso para los que vivieron aquel 1994, y un desconocido para las nuevas generaciones; mucho se ha escrito de Luis Donaldo Colosio, y nada de su asesino. Ésta es la historia de Mario Aburto.

*21. Luis Raúl González Pérez ocultó la verdad por lealtad al PRI y por estar comprometido con ellos esperando algún día ser recompensado con algún buen cargo público que siempre ha ambicionado como el de presidente de la CNDH, procurador general de la República, en el poder judicial de la federación, algún puesto público o político, o ser el rector de una universidad de prestigio ...

*22. Donde aún se me siguen dando malos tratos, se me discrimina, amenazas y diferentes tipos de torturas físicas y psicológicas propias de las cárceles, de los sistemas carcelarios represivos e inhumanos que son solapados por los diferentes niveles de gobierno que hacen todo tipo de artimañas deshonestas para que no prosperen ... las demandas, denuncias y amparos. Y abusan de los internos violando sus derechos humanos ... escritos, documentos, fotografías, artículos y cartas para que no lleguen. Obligan a trabajar a los internos pero no les pagan ... no dan los beneficios de ley y alejan a los internos de su familia, comunidad y lugar de origen ... torturando así también a la familia ... provocan una angustia constante y más traumas.

En esta página corregida por Aburto asegura que hasta la fecha continúa recibiendo malos tratos por parte de las autoridades penitenciarias.

En marzo de 1994, el profesor universitario Víctor Clark Alfaro estaba a punto de registrarse en el mostrador de un hotel en Nueva York cuando una joven recepcionista le preguntó: "¿Usted es originario de México?". A Clark Alfaro la pregunta no le sorprendió, pensó que la empleada estaba siendo cortés o había notado su acento.

—Sí, señorita, yo vengo de Tijuana, México.

La mujer repitió con acento marcado la palabra "Tijuana"; a Víctor le sorprendió que pelara los ojos e inhalara aire con la boca. "¿Ya sabe que acaban de asesinar a un candidato presidencial en su país, en su ciudad, Tijuana?" El investigador subió apresurado a su habitación, prendió el televisor y no tardó en encontrar la noticia. En cinco minutos repitieron al menos veinte ocasiones una toma cerrada donde se apreciaba el rostro ensangrentado del presunto homicida del político: "Está muy jovencito", lamentó.

Dos meses después del asesinato, el profesor Clark Alfaro se encontraba en su oficina en Tijuana cuando recibió una llamada: un abogado de nombre Peter Schey, quien encabezaba una organización de derechos humanos, solicitaba su intervención. Representaba a una familia que solicitaría al gobierno de Estados Unidos asilo político; necesitaba que el profesor acudiera a una corte como testigo experto.

—Yo ya había servido como testigo experto, es decir, te presentas ante la corte y declaras si una familia está en peligro en México o no, te preguntan sobre el contexto político y social y en base a eso se toma una determinación; es un proceso para otorgar asilos. En este caso sería diferente, me dijo, tendría que hacerlo pro bono. Cuando vio que no tendría ningún problema, me soltó el apellido: Aburto.

El profesor volvió a tener esa sensación en el pecho que lo sacudió cuando lo vio en Nueva York: el asesino de Luis Donaldo Colosio era un jovencito. Recuperó la compostura y aceptó la invitación.

Esa semana, vestido de traje y con un libro en la mano, se presentó puntual ante una corte de inmigración en Los Ángeles para una audiencia donde un juez determinaría si los Aburto debían permanecer en Estados Unidos.

Hoy Víctor Clark me pide que espere. Revuelve un anaquel donde guarda revistas viejas y expedientes de casos que conoció hace más de 20 años; saca un paquete empolvado con hojas que algún día fueron blancas y se volvieron amarillas.

—El expediente de la familia Aburto, del día en que pidieron asilo político —lee el documento y después lanza—: Se me removió todo, nunca lo había mostrado —acepta tímidamente.

Los papeles que Víctor sostiene en las manos contienen los testimonios que la familia Aburto ofreció al gobierno de Estados Unidos para solicitar su permanencia legal en ese país; la petición de asilo que encabeza el fajo de hojas es la que lleva el nombre de María Luisa Martínez Piñones, nacida el 24 de diciembre de 1949, de religión católica, que vivía en Tijuana. Siguen la de su esposo, Rubén Aburto, y las de sus hijos, José Luis y las más pequeñas Karina y Elizabeth. En los documentos la familia explica que desde las 12 de la noche del 24 de marzo la persecución empezó.

—"En abril la aplicante, María Luisa Martínez, visitó a su hijo Mario en una prisión cerca de la Ciudad de México; fue acompañada por una religiosa que operaba un refugio en México. Ella creía que esa visita fue organizada por oficiales de la ley, para que pudiera confirmar la identidad de Mario. Durante la visita Mario le dijo a su madre que los miembros de la familia corrían peligro si se quedaban en México; le dijo también que los oficiales le ordenaron decir que había asesinado al candidato, y manifestar que no había otros involucrados en el caso" —lee el profesor en voz alta, haciendo pausas en lo que encuentra palabras precisas para traducir el documento escrito en inglés.

Continúa con los argumentos que presentaron ante el tribunal en 1994:

—"También hay suficiente evidencia de que las personas que están solicitando han sido blanco de persecuciones como resultado de las divisiones dentro del PRI. El 29 de abril de 1994 el director de la policía de Tijuana, Fernando Benítez, fue asesinado; ese asesinato dejó a la familia Aburto con poca confianza en la capacidad del gobierno mexicano para defenderlos. En la última semana que estuvo con vida, Benítez había hablado abiertamente sobre el asesinato de Colosio, y a diferencia de los investigadores federales, compartió con la prensa una considerable cantidad de información que sentaba dudas sobre la versión oficial del 'asesino solitario'. Benítez entregó reportes periódicos al gobernador y al fiscal especial, también externó suspicacias en el manejo del caso y expresó que pudieran estar encubriendo a alguien.

"Los aplicantes también creen que se convirtieron en los peones en una lucha de facciones dentro del PRI. El asesinato de Colosio estará arraigado en la historia de la política violenta que data desde la fundación de este partido; el asesinato ha sido históricamente el método de eliminación de personas que están fuera de sintonía con el partido."

El documento que lee el investigador explica que el asesinato del candidato del PRI fue orquestado por miembros del partido.

Ese mismo día el juez daría el fallo: los argumentos presentados por el abogado abundaron al testimonio que ofreció el profesor Víctor Clark, y convencieron al gobierno de Estados Unidos de otorgar asilo político a la familia Aburto Martínez, es decir, otorgarles un permiso para vivir legalmente en ese país.

El profesor recuerda que aquel día se acercó cautelosamente a María Luisa y en voz baja le preguntó lo que todo el pueblo mexicano se cuestionaba: ¿el que presentaron por televisión en el penal de Almoloya de Juárez era el mismo que detuvieron el 23 de marzo en Tijuana? "Sí", contestó la mujer, su voz era segura, "es el mismo".

• • •

Avelina Aburto Cortés habría de recordar aquellos días en que sus antepasados llegaron de Francia: eran 20 hermanos que bajaron en Veracruz, exhaustos de pasar tantos días en altamar.

Parmuceno Aburto, tatarabuelo de Mario, decidió establecerse en el estado mexicano de Michoacán. Llegó a Puruándiro, entonces un pueblito de calles pedregosas; sería el primer Aburto del que se tenga registro. Años después nacería su hijo José Refugio, bisabuelo de Mario, quien engendraría a don Bulfrano.

El abuelo de Mario siempre llevaba un abrigo amoldado al cuerpo, sombrero y rifle. Fue un hombre ejemplar en su comunidad: sirvió como jefe de armas en la época de los cristeros y andaría hombro con hombro con el mismísimo general Lázaro Cárdenas. Hay quienes cuentan que, en agradecimiento, el general lo dotó de 10 hectáreas de tierra y animales para el arado, incluso le ofreció becar a sus cinco hijos para que asistieran a un internado.

Don Bulfrano, un hombre de ojos tristes y ceja rala, era fiel seguidor de la doctrina de los Testigos de Jehová. Uno o dos días a la semana llevaba a sus hijos a predicar casa por casa; eran otros tiempos, por eso en su peregrinar tenían que correr para evitar que las piedras que los vecinos les lanzaban se estamparan en sus cuerpos. Pero no desistió de su intento de adoctrinar a todo el pueblo, y aguantó estoico las pedradas. Sus hijos eran Avelina —la que cuenta esta historia—, Enedina, Bulfrano, Ignacio, Arcelia, Raúl, Manuel, Víctor y Rubén, el padre de Mario, que nació el 5 de febrero de 1947.

De Rubén, los vecinos cuentan que heredó la afición por las armas de fuego que tenía su padre: Avelina recuerda que lanzaba su sombrero, sacaba la pistola y le tiraba dos balazos que se impactaban en el mismo lugar.

En su juventud, Rubén Aburto trabajó para la Secretaría de Agricultura y Recursos Hidráulicos en Zamora, Michoacán, contratado como estandalero. Al igual que don Bulfrano, conoció a políticos importantes: el ingeniero Cuauhtémoc Cárdenas, quien irónicamente fuera candidato presidencial junto a Luis Donaldo Colosio, solicitó mediante una carta que se considerase la posibilidad de otorgarle una plaza al padre de Mario en la secretaría. Pareciera que desde entonces los Aburto estaban destinados a encontrarse algún día con Colosio.

Rubén siempre fue un hombre explosivo: existen registros policiales que dan cuenta de que a los 19 años amenazó con una pistola a un vecino de la comunidad. El 10 de abril de 1966 se inició la averiguación previa por el delito de tentativa de homicidio: se le ordenó cumplir una pena de dos años en prisión y pagar una multa de 800 pesos. Como acreditó buena conducta y modo honesto de vivir, se le concedió el beneficio de la libertad condicional mediante fianza.

Sin embargo, para 1967 Rubén Aburto se vería involucrado en otro delito: su cuñado lo demandaría por amenazas, y otra vez recibió libertad condicional mediante el pago de una fianza de 1 000 pesos.

El día que mató a su hermano menor tenía 20 años, casi la misma edad de su hijo Mario aquella tarde en que asesinara al candidato presidencial Luis Donaldo Colosio. El 16 de septiembre de 1967 se convertiría en augurio de lo que años más tarde marcaría sus vidas para siempre: otro asesinato.

Al sonido de una rocola, al calor de los cuerpos que transpiraban alcohol, descargó los tiros de su pistola sobre su propio hermano. Se sabe que llegó a la zona centro de Zacapu, en Michoacán, y lanzó dos disparos: la primera bala cayó sobre su hermano Raúl y la segunda sobre un hombre llamado Cruz Ventura. Rubén se había hecho de palabras con Cruz, un amigo de la familia, y éste se escudó tras Raúl; el padre de Mario, que siempre había presumido su buena puntería, esta vez erró el tiro, hiriendo de muerte a su consanguíneo.

Tres años después, Mario Aburto nacería en La Rinconada, pueblito de Michoacán donde su padre se refugió luego de aquella primera tragedia; fue el segundo de seis hijos que María Luisa Martínez engendró. En La Rinconada no vivían más de 2 000 personas en 500 casas levantadas con maderas viejas, cercadas con barrotes y alambres oxidados.

Los niños Aburto, Rafael, Mario, Rubén, José Luis, Elizabeth y Karina pasarían sus días entre La Rinconada y la casa de su tío Manuel en Ciudad Lázaro Cárdenas; con los años se convertiría en el mejor amigo de sus sobrinos.

En 1988 Rubén Aburto decide finalmente emigrar a Estados Unidos: en Los Ángeles se emplearía como obrero en la empresa maderera Geron Furniture. Unos meses después su hijo mayor, Rafael, lo alcanzó y se incorporó a otra maderera, localizada en la ciudad fronteriza de Tijuana.

El mismo año, Mario seguiría los pasos de sus familiares. Después de viajar tres días y dos noches desde Michoacán, su hermano lo recogió en la central camionera de Tijuana. El joven flaquito había cambiado: le había crecido un incipiente bigote y cargaba una maletita vieja donde traía sus pocas pertenencias. Su hermano lo llevó directo a la maderería donde trabajaba, pero no lo contrataron; sin embargo, el dueño de la empresa le permitiría dormir en un pequeño cuartito en lo que encontraba un lugar para vivir.

En agosto de 1988 se reunificaría toda la familia Aburto Martínez en Tijuana: su madre y los hermanos mayores rentaron un pequeño cuarto, con un techo hechizo y piso de tierra. Se asentaron en la calle Santa Rosalía de la colonia Buenos Aires Sur, una zona apartada localizada al este de la ciudad.

Para marzo del siguiente año Mario se iría a vivir a Los Ángeles, a trabajar en la maderería con su padre y su hermano Rafael, para enviar dinero a su madre en Tijuana. Ahí Rafael conoció a Alma Muñoz, una joven de ascendencia mexicana que vivía en su cuadra.

• • •

Alma Muñoz adoptó el apellido de su esposo, el hermano mayor de Mario, cuando apenas había cumplido 16 años: en Estados Unidos, cuando una mujer se casa, tradicionalmente adquiere el apellido del marido. El trámite se hizo en automático, apenas fue necesario llenar un formulario, y de un día para otro la joven dejó de apellidarse Muñoz: el nombre que se leería para siempre en sus identificaciones sería Alma Aburto. No anticipó que un cambio tan sencillo condenaría a su estirpe a cargar una maldición.

—Yo los conocí aquí en Los Ángeles por amistades, vivía en un barrio llamado San Pedro, sobre la calle 23, y ellos en la 14. En esos tiempos uno se juntaba en su barrio: me acuerdo que mis amigas y yo nos íbamos caminando hasta su calle, luego me hice novia de Rafa y así conocí a Mario. Eran tiempos muy bonitos.

Alma se embarazó y dio a luz a su primera hija, Maisha. Rafael pasaba mucho tiempo trabajando, así que fue Mario, su cuñado, quien la cuidó durante el embarazo.

—Mario me decía que quería tener muchísimos hijos, mínimo cuatro. Yo me reía y le decía que estaba loco: "Eso dicen todos, pero luego con uno te vas a quedar". Hasta que Mario me dijo que se iba para Tijuana y pues ahí empezó la tragedia, todas las cosas malas que se nos iban a venir.

El 23 de marzo de 1994, Alma estaba con su mamá en el pequeño departamento que compartía con Rafael. La noticia le llegó cuando interrumpieron la programación para anunciar que un candidato presidencial había sido asesinado en México. Poco le importaba a Alma la política mexicana; no prestó demasiada atención hasta que escuchó a una presentadora acercar la boca al micrófono y decir: "Mario Aburto".

Al igual que su suegro, pensó que se trataba de un homónimo, un hombre bautizado con el mismo nombre que su cuñado.

—Obviamente no lo creí, Mario no mataba ni una mosca, es más, yo recuerdo que le decía: "Mario, en lugar de llamarte así debiste llamarte Mariana", era como una niña. ¿Sabes? Cuando nació mi primera hija, Mario me decía: "¿Cómo la cargo?" Yo le pedía que pegara sus manos y él preguntaba: "¿Y si se cae?" Era muy bueno y cuidadoso.

Alma comprendió desde aquel día lo que significaría ser una Aburto, sobre todo en Estados Unidos, donde pocas personas se apellidan así: sería asociada para siempre con un magnicidio, lo mismo sus hijos y sus nietos.

—A Rafa se lo quisieron llevar, vivíamos en San Pedro y llegaron al taller mecánico donde estaba con una hermana de don Rubén; eran de la PGR. Imagínate, dijeron que se lo iban a llevar porque tenían que interrogarlo en México. Fue horrible, sus tíos le hablaron a la policía y llegaron muchísimas patrullas: "Tú no te puedes llevar a nadie de este estado, tienes que pedir permiso"; así estuvieron un rato hasta que las autoridades mexicanas se fueron. Desde ese día, por algunos meses, el FBI nos cuidaba. Qué vergüenza.

Alma recuerda aquellos días cuando los integrantes de la familia Aburto, hermanos y hasta sobrinos de su esposo, tuvieron que vivir en una casita en la calle 23; la idea no le agradaba, los problemas eran muchos y se intensificaban con cada timbre del teléfono y el mensaje que advertía que estaban recibiendo la llamada de un penal en México.

—Estábamos sentados afuera, recuerdo muy bien ese día, y yo le decía a mi esposo: "¿Qué más vamos a pasar? Ya encerraron a Mario, ahora vienen acá hasta Estados Unidos a fregar". Habría pasado más de un año. Me acuerdo que estaban anunciando que acababan de matar a Selena, me enojé mucho y le grité que ahora hasta habían matado ¡a Selena!

Sin embargo, Alma se desvaneció una tarde en que su cuñado Mario le advirtió que incluso sus hijos corrían peligro.

—No hablaba mucho de lo que le hacían en la cárcel, siempre se mantenía fuerte, pero una vez me dijo muy desesperado que lo estuvieron torturando y lo amenazaron con que si seguía diciendo que era inocente, hasta a sus sobrinos se los iba a cargar la fregada.

De carácter afable, aunque su voz imponía, Alma había procreado tres hijos con Rafael Aburto: Maisha, Taisha y Mario, llamado así en memoria del tío encarcelado. Pero ni siquiera cuando tuvo que viajar a México y entrar a un penal a reconocer a su cuñado sintió tanto miedo como aquella tarde en que su madre llamó para avisarle que habían tratado de raptar a su pequeño: fue en Estados Unidos, donde siempre se sintió completamente segura, cuando dimensionó que ella y sus hijos estarían condenados a vivir con el estigma de apellidarse Aburto.

Los hechos ocurrieron unos cuatro años después de la captura de Mario; les avisó una profesora del distrito escolar:

—"Oye, aquí hay un señor con un pin del gobierno de México y está buscando a Mario, se quiere llevar al niño porque dice que es su pariente." Mi mamá le dijo que no. Inmediatamente llamaron a la policía, pero cuando escuchó el alboroto el hombre subió a una camioneta sin placas y se fue. Es el susto más horrible que he pasado en la vida.

Desde ese día el sistema de escuelas públicas de Los Ángeles borró del sistema de cómputo a los niños Aburto: nadie podrá encontrar a los parientes de Mario en Estados Unidos.

• • •

Han pasado dos décadas desde que la familia Aburto Martínez vio por última vez a Mario: de hecho sería él mismo quien prohibiría el acceso de sus parientes a las prisiones de máxima seguridad donde ha estado recluido.

Los Aburto Martínez se refugiaron en Estados Unidos, donde han vivido sin salir ni una sola vez del país desde mediados de 1994. La verdad es que no extrañan México, es más, nunca regresarían, dicen. El miedo a ser asesinados es tan intenso como aquellos primeros días después del magnicidio.

Atrás quedó su casa de madera con piso de tierra, o las tardes en que María Luisa lavaba en un fregadero de metal en Tijuana: la verdad es que, al menos superficialmente, viven infinitamente mejor allá. Con los años, los padres de Mario Aburto lograron obtener su residencia permanente y sus hermanos la ciudadanía estadounidense. La familia se estableció en un barrio de clase media del condado de Los Ángeles llamado Long Beach, una zona de contrastes donde artistas de la música regional mexicana como Jenny Rivera o Pepe Aguilar establecieron sus segundas residencias.

Los Aburto están a unos 15 minutos del Océano Pacífico. Sus casas son las típicas viviendas californianas: techo a dos aguas, un par de palmeras al frente y un televisor de plasma en la sala.

Apenas hace dos años, Rubén y María Luisa fueron beneficiados por un programa gubernamental que proporciona vivienda subsidiada a los adultos de la tercera edad. Sus hijos también rehicieron su vida: Rafael, el hermano mayor, tiene tres hijos; Rubén, cinco; José Luis y Elizabeth, cuatro y tres, respectivamente.

Con los años don Rubén se ha vuelto un hombre complicado: grita constantemente y siempre anda con el ceño arrugado. En cambio, María Luisa ha aprendido a dirigirse cautelosa para evitar los malos modos del marido. Rara vez levanta la voz; calla cuando habla, y si se atreve a hacerlo ve de reojo a su esposo y espera su aprobación para seguir platicando.

El padre de Mario se ha convertido en su vocero y ha denunciado en medios de comunicación de aquel país su decepción con el sistema mexicano. Se ha mantenido firme en la lucha por limpiar el nombre de su hijo, pero se ha vuelto un hombre obsesionado: su teoría es que Mario fue víctima de un complot.

—Si ya le quitaron injustamente 20 años a mi hijo, ya se taparon los que fueron, ya que tienen a mi hijo. Lo vuelvo a repetir: a los ex presidentes, a los procuradores de justicia, ya los perdonamos. Entonces, si ya le quitaron 20 años a mi hijo, para qué lo tienen ahí, ya lo queremos ver y tenemos muchísimo temor de que nos vayamos a morir sin verlo —me dijo don Rubén en 2013. Siempre padeció diabetes, pero con los años la enfermedad ha degenerado; anda en una silla de ruedas eléctrica, que acelera casi al ritmo vertiginoso con que habla. Las ojeras, el mentón, la papada y la comisura de los labios se le desarman en pliegues que parecen metáforas de algo todavía mayor. Hace meses tuvo complicaciones y desde entonces su estado de salud es complejo. No quiere hablar con la prensa pero principalmente no quiere ver a nadie.

En la última visita que le hice, sentenció: "Si todos ganan dinero con mi hijo, nosotros también tenemos que ganar". Me pidió un pago para seguir con las entrevistas. Después hablé con una de sus nueras: no lo podía creer, dijo, don Rubén siempre había sido temperamental pero ahora estaba desvariando, probablemente por la edad. Le ofrecí a don Rubén contactarlo con alguna organización de derechos humanos en México con la que pudiera entrevistarse para hablar sobre el caso de su hijo; se negó, continuó con las exigencias. Tantos años de dolor, de ausencia del hijo; consideraba que era tiempo de que fuera resarcido el daño… por quien fuera.

El chofer que en un sueño mató a Colosio

Tres años después del asesinato y presionado por un nuevo fiscal, un joven llamado Jorge Romero Romero confesó: fue en un sueño donde vio a un hombre de un metro sesenta, de piel morena, ojos rasgados y nariz chatita, accionar la segunda arma homicida contra el candidato presidencial Luis Donaldo Colosio.

Su admisión llegaría tarde, muy tarde. Ya habían puesto nombre y apellido al hombre que soñó: resultó ser un joven chofer al que torturaron y estaba encarcelado en el penal de Almoloya de Juárez. Othón Cortés fue acusado de disparar la segunda bala sobre el cuerpo de Colosio y procesado por el fiscal Pablo Chapa Bezanilla.

El 7 de mayo de 1997 Jorge Romero, un priista que había asistido al mitin en Lomas Taurinas, se derrumbó: confesó que no recordaba si vio la mano de Othón Cortés accionar una pistola, como juró en una declaración previa; con el paso de los años dijo que había sido el sueño de una noche posterior al mitin.

El día que mataron a Colosio, Othón Cortés recién cumplía 23 años. Había migrado desde su tierra natal, Salina Cruz, Oaxaca, en busca de empleo, y trabajaba desde 1988 como chofer para el PRI en Baja California.

Su primer encuentro con el político sonorense fue seis años antes del magnicidio: cargó sus maletas cuando era aún diputado federal. De hecho, Luis Donaldo lo llamaba cariñosamente *Oaxaquita.*

Después de las reuniones con políticos bajacalifornianos, por las noches Colosio le pedía a Othón que lo llevara a comer a las mejores taquerías de la ciudad, lo paseara por el centro de Tijuana y después lo devolviera a su hotel.

Cortés recuerda que cuando se enteró de que el político ofrecería un mitin en la colonia Lomas Taurinas, ahora como candidato a la presidencia, lo primero que pensó como conductor profesional fue en el acceso: era un barrio donde entrar entre dos cañones era difícil, pero salir resultaba imposible.

Finalmente, llegó al mitin del 23 de marzo de 1994 para ver a su amigo: 20 años después, aún recuerda la sonrisa panorámica que le lanzó Colosio desde la tarima donde pronunciaría su último discurso. El chofer se abrió paso entre el gentío que se aglomeraba frente al templete improvisado y aguantó los jalones de camisa porque quería retratarse al final del evento con él; sería un recuerdo inmenso, pensó.

Luego de tanto tiempo algunos recuerdos resultan borrosos, pero Othón aún puede oler la pestilencia que emanaba del canal de aguas negras, al aroma de los puestos de tacos y chicharrones, sentir los apretones de señoras de panzas poderosas y caderas de comadronas; todavía escucha el griterío agudo, unido en una sola palabra:

"Papacito". Luis Donaldo era un hombre de un metro ochenta, bien parecido y con acento golpeado.

Hay días en que el estribillo de la canción que sonaba, tan fuerte como una alerta nuclear, rivaliza con sus pensamientos: "La culebra", de Banda Machos. Después, el sonido hueco de los balazos.

—Cuando bajó, me incorporo del lado izquierdo; el camino era tan pedregoso que unos se resbalaban y te jalaban con ellos. Yo escuché el sonido de dos cohetitos, y entonces volteo y lo veo tirado. Traté de acercarme, de pegarme a él: pensé que había que salvarlo, estaba grave.

Othón anticipó que Colosio moriría cuando vio la última expresión del candidato en su rostro: abría y cerraba los ojos convulsivamente y de su cabeza salían chorros de sangre. Considera que murió porque no pudieron salir de Lomas Taurinas; aprieta los puños, abre los ojos y frunce el ceño. Si el 23 de marzo los políticos prepotentes no hubieran invadido la única salida con sus camionetas blindadas, el desenlace tal vez hubiera sido otro.

El chofer no recuerda en qué camioneta salió de la barranca; todo era caos, subió apresurado a un carro y pidió que lo llevaran al hospital. Alcanzó a llegar como barrido por el viento cuando bajaban en una camilla al candidato, con lágrimas en los ojos se acercó e hizo el último servicio a su patrón: desabrochó rápidamente las agujetas y retiró los zapatos del cuerpo inerte. Se quedó en la puerta, cuidando que nadie entrara al quirófano. Minutos después, Luis Donaldo sería declarado oficialmente muerto.

—¿Por qué nadie me detuvo ese día? Después de que murió mi jefe, seguí trabajando para el PRI, en la campaña del licenciado Ernesto Zedillo. Incluso fui a la PGR y me presenté: "Soy Othón Cortés y estoy aquí para lo que les pueda ayudar".

Once meses después, Mario Aburto seguía recluido en Almoloya de Juárez, acusado del homicidio; sin embargo, en todo el mundo aún se cuestionaba la versión oficial de un asesino solitario, incluso se dudaba que el joven encarcelado fuese el mismo que había sido detenido el día del atentado.

En diciembre de 1994 Pablo Chapa Bezanilla fue nombrado subprocurador especial, y en sólo dos meses resolvió el crimen: el magnicidio era el resultado de un complot en el que habían participado dos tiradores. Planteó que Mario Aburto no pudo accionar en dos ocasiones su arma de fuego, y que la lesión en el abdomen fue producto de un "segundo tirador": Othón Cortés Vázquez. Chapa Bezanilla había conseguido que tres personas inculparan al joven chofer, entre ellos Jorge Romero Romero, quien años más tarde admitió que nunca lo vio disparar: lo soñó.

• • •

Es el 24 de febrero de 1995; el reloj marca las ocho de la mañana. Othón Cortés sale de su casa como atleta en entrenamiento. Cada mañana corresponde a una rutina precisa: llevar a su esposa Juanita al trabajo, y al preescolar a sus niños, Leslie y Alberto.

Arranca de un semáforo en el bulevar Insurgentes, una de las vialidades más transitadas de Tijuana; frena abruptamente cuando una camioneta Suburban con vidrios polarizados le cierra el paso. El joven chofer lleva la ventana medio abierta, por eso alcanza a escuchar los gritos coléricos de un hombre:

—¡Órale, hijo de su puta madre, hágase para allá! —Othón no termina de enfocar la vista en el hombre vestido de negro cuando siente un jalón en el cabello; de las greñas lo suben a la camioneta.

Dos décadas después, comienza a entender lo que pasó aquella mañana: fue trasladado a un barrio de clase alta y secuestrado en una casa de seguridad que había sido incautada por la PGR a un narcotraficante.

—Se abrió la puerta, entramos y de ahí me quitan las agujetas, el cinturón, me vendan las manos.

"Ya está el cabrón detenido y le vamos a partir la madre hasta que confiese", escuchó durante dos días las amenazas de los hombres que lo secuestraron, quienes a pesar de su insistencia por conocer el motivo de la detención nunca hablaron, sus respuestas eran golpes brutales. Hoy sabe —porque en 1995 perdió la noción del tiempo— que lo tuvieron incomunicado por dos días y después se lo llevaron en un vuelo a la Ciudad de México, amarrado con cuerdas al asiento del avión; luego de tres horas finalmente aterrizaron y lo aventaron por las escaleras.

Hoy también sabe que fue trasladado a la oficina del subprocurador especial, Pablo Chapa Bezanilla, donde lo torturarían otros dos días y medio. Aunque han pasado dos décadas, Othón Cortés aún se desvanece, llora al recordar lo que le hicieron; cierra los ojos, suspira y rápidamente recupera el aliento. Le regresa la voz, que se le hace ronca cuando se quiebra. Se limpia los ojos inundados de lágrimas y vuelve a la lucha.

—Me desvisten, me empiezan a torturar: me reventaron el oído con golpes, me dislocaron el hueso de la pierna a patadas, me abrieron la cabeza, me dieron toques eléctricos en los testículos, me ahogaron con tehuacanes y me pusieron alfileres abajo de las uñas. Me desmayé, vomité, me hice del baño —dice férreo, con aire rencoroso.

Recuerda que le prometieron que las torturas terminarían cuando firmara una confesión donde aseguraba que había sido enviado por el entonces gobernador de Sonora, Manlio Fabio Beltrones, y el general Domiro García, encargado de la seguridad de Colosio: Chapa se había obsesionado con la idea de involucrarlos en el complot.

Othón nunca firmó la confesión. Ahora se ríe de su inocencia con lágrimas en los ojos: después de casi tres días de torturas, ilusamente les pidió dinero para el camión porque quería regresar a Tijuana. Le respondieron con más golpes y fue trasladado a la prisión en Almoloya de Juárez, con Mario Aburto.

Personal de la PGR lo obligó a ponerse un saco viejo para ocultar las manchas de sangre, las huellas imborrables de las torturas a las que fue sometido. Othón no sabía a dónde lo trasladaban, por eso cuando lo bajaron de la camioneta gritó:

—¡No me maten, yo no he cometido nada, miren cómo vengo sangrando! —suplicó desesperado. Lo recibió el director del penal, Sergio Solórzano; abrió un poco los ojos, respiró profundamente y analizó las lesiones del chofer.

—Usted está en buenas manos, ahorita le vamos a avisar a su familia.

Veinte años después, no se le olvida ese acto de humanidad.

—Vino servicios médicos, trajeron una camilla; me sacaron radiografías, me empezaron a curar los golpes, me dieron de comer y un juguito. Hacía mucho frío y me dieron una cobija, me llevaron a mi celda —Othón lloró durante nueve horas ininterrumpidas.

Pablo Chapa Bezanilla aún es recordado como el fiscal que esgrimió la tesis del "segundo tirador", apoyado por tres testigos: María Belem Mackliz Romero viuda de Osuna, Jorge Romero Romero y Jorge Amaral Muñoz, paradójicamente, compañeros de Othón Cortés en el PRI.

• • •

A las 11 de la mañana del 7 de agosto de 1996, Othón Cortés limpiaba su diminuta celda de tres por dos metros, la que durante ocho meses estuvo tortuosamente iluminada por una luz artificial de día o de noche; dobló la cobija, la colocó cuidadosamente sobre la plancha de cemento donde dormía y recogió las cartas que le enviaron sus hijos durante un año.

—¿Qué estás haciendo, Cortés? —le preguntó un custodio.

—Es que ya me voy a mi casa, me están esperando mis hijos y mi mamá —contestó seguro.

—¡Ay, pinche Othón, estás bien loco!

Othón Cortés recibiría ese día su sentencia: en una pequeña televisión que le permitieron ingresar al penal, cortaron la programación para enlazarse al juzgado penal de Toluca.

—"El juez decreta la libertad inmediata a Othón Cortés Vázquez" —me repite 20 años después. La voz se le desploma y se hace el silencio; llora tanto como aquel agosto, pasa su mano fuerte sobre los ojos y se disculpa—. Es terrible, hasta el día de hoy vemos cómo hay cosas que duelen demasiado. Hasta el día de hoy, cómo gente ha de estar injustamente encarcelada. Yo creo que los seres humanos estamos hechos para ser libres.

—¡Órale, Othón, ya te vas, cabrón, qué bueno, para que ya no estés chillando todos los días, ya te vas con tu familia! —festejó el custodio que unos minutos antes lo había llamado loco. Después vinieron los aplausos de los reos con quienes compartía sección, entre ellos su vecino de celda, Raúl Salinas de Gortari.

Su abogado de oficio, Héctor Sergio Pérez, quien también defendiera a Mario Aburto, evidenció que la tesis del segundo tirador fue un montaje orquestado por Chapa Bezanilla.

Fue a las 11 de la noche cuando Othón abandonó el penal de Almoloya de Juárez, aunque antes de salir le lanzaron una advertencia desde la Secretaría de Gobernación: "Ya estuvo, mejor quédate callado para que no tengas más problemas". La amenaza activó en él un sensor que había permanecido apagado: el de la lucha.

Pero tal vez la verdadera lucha de Othón fue la que emprendió cuando salió de prisión; durante más de 14 años no logró conseguir un empleo, en las calles le gritaban: "Mira, ahí va el que mató a Colosio". Después de hacer trabajos de albañilería, pintura y cocina, un alcalde de extracción panista le dio la oportunidad de establecerse como guardia de seguridad en el parque de la ciudad. El PRI siempre le dio la espalda.

—Viene gente, se toman una foto conmigo y me expresan su cariño, sobre todo paisanos de Estados Unidos. La vida comienza a hacernos justicia.

En la prisión de Almoloya de Juárez perdió su nombre y se convirtió en el interno 0595; ahí se quedó también su oído izquierdo y parte de la movilidad de su pierna izquierda a causa de las golpizas que le propinaron agentes policiales para que confesara una historia que jamás sucedió.

Cuando obtuvo su libertad, demandó al subprocurador Chapa Bezanilla, pero los funcionarios contrademandaron a Othón y perdió el juicio, sumando a sus malestares físicos y psicológicos el pago de 18 millones de pesos por costas y gastos; la deuda con el Estado mexicano aún sigue vigente.

—Hablé con dos ex presidentes, Vicente Fox y Felipe Calderón, pero me contestaron que no era responsabilidad de su gobierno, que había sido de otra administración, entonces no se hacen responsables de la reparación del daño.

Cuando Enrique Peña Nieto era candidato por el PRI en 2011, se comprometió a indultarlo, pero aún no ha obtenido respuesta por parte de sus funcionarios y quedó como una promesa más de su campaña.

Un lugar llamado Lomas Taurinas

En México hay lugares de los que nadie sabría de su existencia de no ser porque ahí asesinaron a una o varias personas: los habitantes de esos sitios recónditos y marginados sólo son visibles cuando ocurre una tragedia, por eso Lomas Taurinas comenzó a existir el 23 de marzo de 1994.

Para arribar a la colonia hay que descender por una rampa muy empinada, un camino maltrecho que hace pocos años fue pavimentado con asfalto barato que ha comenzado a caerse a pedazos. El temor natural al tratar de llegar es que los frenos del auto no resistan y morir en el "canal de Pastejé", un arroyo de aguas negras donde acaban los desechos de todas las letrinas de la zona; aunque hay días en que el sol crea el espejismo de un río lleno de agua, en realidad es el reflejo de las bolsas de plástico que flotan.

Son dos cerros partidos abruptamente por un canal, una barranca con trechos sin pavimentar, salpicada por 15 000 casitas de madera recubiertas con lonas afianzadas por ladrillos que se tambalean sobre tierra suelta; en el gris eterno de esa tierra seca y agrietada, contrastan las viviendas en colores turquesa, rosa fucsia y verde menta.

En Lomas Taurinas, desde hace 40 años viven prácticamente las mismas familias. Los abuelos les heredaron los terrenos a los hijos. Éstos se hartaron de vivir en la marginalidad como sus antecesores, y decidieron ir a trabajar a Estados Unidos en la construcción. Son ellos quienes han desafiado cualquier límite de la ingeniería moderna; a pesar de la inclinación del cerro, han modificado las pequeñas casitas, logrando mantenerlas en pie con dos pisos encima. Hoy algunas son algo así como auténticas casas de estilo californiano, con techos de dos aguas y barandales de yeso.

Aquí viven más de 30 000 personas que todos los días suben desde la calle principal, que se localiza a un costado del río, entre 50 y 100 escalones. Algunos adultos mayores se han enclaustrado en sus casas con sus recuerdos, las rodillas sólo les permiten dar 10 pasos hasta sus pequeños balcones improvisados, desde donde ven el otro cerro; quedaron para siempre atrapados en ese lugar anacrónico donde mataron a un candidato presidencial.

Un 23 de marzo asesinaron allí a Luis Donaldo Colosio, en un pequeño parque de tierra incrustado entre dos cerros: como en un ruedo, todos conspiraron para matar al toro. En la plaza, todos estuvieron de acuerdo para ver cómo lo hacían.

Don Agustín Pérez Rivero es un hombre que siempre, siempre pide disculpas; dice sin filtro lo que siente, pero cuando recuerda que es miembro del Partido Revolucionario Institucional desde hace 65 años, rectifica rápidamente. Habla de la falta de escuelas, del poco progreso, de las promesas incumplidas, pero luego, como si alguien le susurrara al oído, se detiene unos segundos y empieza a trastabillar. Recuerda que el actual presidente de México, Enrique Peña Nieto, emanó de su partido: es cuando empiezan las disculpas, y los "con todo respeto".

—Señorita, yo creo que el poco progreso desgraciadamente llegó con la muerte de Donaldo, pero en general no nos ha favorecido en nada, lo único que considero yo, ¿verdad?, es que se hizo famosa mundialmente para mal. Luis Donaldo era quizá de lo mejor que tuvo el PRI en su momento, disculpándome por ese comentario. Pero de ahí para acá son personajes que se han creado en la cúpula, bueno, esto también lo digo con mucho respeto y disculpándome.

"Por eso el señor Zedillo ya la había hecho tan holgadamente: con la pura muerte de Luis Donaldo ya iba en caballo de espadas, con todo el debido respeto.

"Pero bueno, volviendo a Lomas Taurinas, sigue igual que en ese momento, lo único que cambió fue la plaza y no podemos dar gracias a nadie, porque se hizo con dinero del pueblo, con todo respeto. Es lo único que tenemos, carencias ha habido y siguen muchísimas. Hay para banquetes pero no para escuelas, desayunos escolares, perdón, pero ésa es la verdad."

Don Agustín nació en 1930 en Santa Catalina, Estado de México. Desde los 15 años se afilió como miembro del PRI; cuando tenía 25 emigró a Tijuana, donde continuó con la lucha social que había emprendido desde sus días en la juventud priista en el centro del país.

La primera vez que escuchó hablar de un lugar llamado Lomas Taurinas fue en 1968, cuando a Francisco Ross Oviedo, empresario textil originario de España y avecindado en Tijuana, el ayuntamiento de la ciudad le otorgó un permiso para la construcción de un fraccionamiento. Alcanzó a construir seis casas muestra en las faldas de los cerros, sin embargo, problemas financieros y un préstamo negado por instituciones bancarias lo hicieron desistir del proyecto. El español nunca se enteraría de que el nombre que eligió para su fraccionamiento le daría la vuelta al mundo.

El fundador sería don Agustín, que nueve años después comenzó a acarrear gente de distintas colonias de la ciudad e invadieron los cerros del fraccionamiento, aunque él no se considera un invasor sino un luchador social que otorgó pequeños espacios en los vastos cerros desperdiciados.

—Me entregaron Lomas Taurinas y 1 500 familias pagamos a Bienes Raíces del estado 1 000 pesos por cada terreno de 200 metros cuadrados, así que no fui ningún invasor; decían que no tenía humanidad por meter a la gente en los cerros, pero no fue así, pagamos 1 200 pesos por cada lugar.

"Además, aunque Tijuana es preciosa, lo es con una situación orográfica de puros cerros; quiero decir, en sí, Tijuana es un cerro. Yo no entiendo por qué cuando llegué a esta colonia y entregué los terrenos no me dejaban en paz: me decían que era un líder corrupto por haber metido gente a las laderas, pero esta gente sin casa y de escasos recursos estaba decidida a poblar una colonia. Empezamos a hacer puras casitas de madera, de cartón.

Oficialmente la colonia Lomas Taurinas quedaría conformada legalmente en 1975. Sin embargo, se sabría de su existencia hasta 1994, aquella tarde, a las cinco, en que alguien tuvo que morir para que Lomas Taurinas existiera.

Cuando iba saliendo de mi trabajo, me encontré al *Ingeniero*, un señor de edad madura y que tenía un tic nervioso en su cabeza; era el encargado de mantenimiento de la empresa. Fue ahí cuando oí al guardia que leía un periódico, donde sólo se entendió que iba a haber un mitin en la colonia Lomas Taurinas con un señor Colosio.

El 23 de marzo abordé el transporte de la empresa sin darle importancia a lo que había alcanzado a escuchar del guardia de seguridad. El transporte llegó al centro de la ciudad y ahí me pasé para comer en una tortería, casi siempre me gustaba comer fuera de casa, antojitos mexicanos: tacos y tortas. Por eso ese día comí una torta, por una calle que creo se llama Constitución; en la esquina de la cuadra hay un establecimiento donde venden aparatos eléctricos y a un lado de la tortería hay una zapatería.

Siempre acostumbraba comer fuera de la casa y pasear, o ir a alguna parte porque salía temprano de trabajar y era temprano para llegar a casa, porque me aburría porque era el único hombre de todos los hermanos que vivía en la casa.

Después de haberme comido la torta en el establecimiento, pensé ir a otra parte y me acordé de lo que había leído el guardia pero no me acordaba del nombre de la colonia, pensé ir porque no sabía lo que era un mitin, porque jamás había estado en uno.

Vi un camión azul con una franja blanca que decía en el parabrisas "Lomas Taurinas" con pintura blanca. Entonces me acordé que ésa era la colonia y le hice la parada pero no se detuvo, saqué una libretita de direcciones y ahí apunté el nombre, para que no se me olvidara. Seguí caminando buen rato hasta que encontré otro camión también azul con una franja blanca y que también decía en el parabrisas: "Colonia Lomas Taurinas".

Le hice la parada y lo abordé, pensé que esa colonia tal vez estaría por el toreo de Tijuana, por lo de "Lomas Taurinas", entonces pensé que después me iría caminando un rato por el bulevar y después a mi casa.

Se subió al camión una señora y me preguntó si iba a la colonia, y le contesté que tal vez sí, pero no estaba seguro porque era la primera vez que iba yo a esa colonia. Le expliqué que sólo iba por curiosidad de saber y conocer qué era un mitin. El camión autobús se paró en un lugar donde había muchos carros y ahí nos bajó porque no le permitieron el paso.

A lo lejos se veía una multitud muy grande de gente reunida, la señora que encontré en el camión me dirigió la palabra para decirme que habíamos llegado tarde. Apresuró el paso, se me perdió de vista, seguí caminando y por el camino pude ver a varios hombres armados y que tenían a la vista las armas. No le tomé importancia porque no me competía y creí que tal vez serían de la Policía Judicial Federal.

Seguí caminando hasta ponerme frente a una como casa de dos pisos, por el lado donde estaban unos arbolitos, me acerqué hasta la gente. Fue cuando el licenciado Colosio dijo unas cuantas palabras, se bajó del lugar donde estaba y empezaron a aplaudir y a caminar. Pensé quedarme parado en el mismo lugar pero la gente empezó a empujar, entonces me di la vuelta para irme porque pensé que ya había terminado el mitin. La gente empezó a empujar, a darse pisotones, manotazos, codazos y tropezones por las condiciones del camino.

Traté de salirme a mi derecha pero la gente estaba muy concentrada, y me impidió el paso.

MARIO ABURTO,
declaración preparatoria

UN PLACER, SEÑOR COLOSIO

Cuando la caravana de camionetas blindadas bajó por la calle Mariano Arista, una pendiente de piedras en vertical, el señor José Sandoval soltó vertiginosamente un "Hijos de la chingada": hacía varios años que quería gritarlo pero nadie se había aparecido así en la colonia Lomas Taurinas. Rápidamente giró la cabeza hacia mí, se puso la mano en la boca y entre sus dedos terrosos alcanzaron a verse sus mejillas ruborizadas; meneó la cabeza, y ahora sollozó con tanta delicadeza que no despegó los labios. Seguían los reclamos frustrados, las exigencias en silencio contra los hombres vestidos con trajes finos que comenzaron a bajar de las camionetas blancas y negras.

Es el 23 de marzo de 2016. Políticos afiliados al Partido Revolucionario Institucional conmemoran el asesinato del candidato presidencial. A diferencia de otros años —cuando nadie se acordó de Luis Donaldo Colosio—, hoy la colonia luce como aquel día de 1994: repleta de funcionarios y políticos.

Don José es un hombre chaparrito que hace algunos años fue muy guapo, pero hay que observarlo muy bien para imaginarlo joven porque ahora resalta la piel colorada, las manos hinchadas de tanto barrer y llenas de surcos escarbados de sol a sol; andará rondando los 65 años, pero todas las arrugas de su rostro ennegrecido lo hacen parecer de 80. A 22 años del asesinato, sus facciones han comenzado a desdibujarse como pinturas rupestres.

En Lomas Taurinas dicen que sólo don José tiene autoridad para hablar de Luis Donaldo Colosio. El hombre, que apenas terminó la primaria y llegó a vivir a Tijuana a principios de 1990, es el único que ha cuidado al candidato después de su muerte; los residentes lo identifican porque lleva un pantalón eternamente tieso y una camisa ajustada al cuerpo jaspeada de mugre.

Desde cualquiera de las dos colinas que conforman la colonia se alcanza a ver a don José con una cubeta y un trapo en la mano, pero el único hombre que ha acompañado al candidato después de la muerte nunca lo conoció: apenas lo vio en una ocasión en la televisión.

Para los vecinos es como un xoloizcuintle, un perro originario de México que según la mitología indígena acompañaba a las almas de los difuntos para guiarlos, aunque don José lo cuida en la tierra y después de la muerte.

• • •

El rencor contra los hombres de trajes anacrónicos, estrictamente rectos, perfectamente grises, empezó hace dos décadas: hoy son cincuentones con bigote bien recortado y pelo teñido de negro.

El 23 de marzo, como barrido por un huracán, don José salió de la maquiladora donde trabajaba en aquellos años para alcanzar a llegar al mitin que comenzaría a las cinco de la tarde.

—Los políticos esos del PRI siempre se ven iguales; señorita, no me lo va a negar usted, les dicen licenciados pero ni la primaria terminaron. Esos desvergonzados no me dejaron llegar: llegué cuando se habían llevado al candidato, alcancé a escuchar el alboroto, mi esposa estaba llorando, ella sí estuvo cuando lo mataron. Esos trajeados fueron los que lo mataron, porque así como yo no pude entrar, el señor Colosio no pudo salir.

"Cuando llegué apenas quedaban unos pedacitos del candidato, pobrecito, dicen que era un buen hombre, yo creo que sí lo era. Creo que él me hubiera ayudado, por eso ahora yo lo cuido."

Don José vive en la calle Mariano Arista, la misma sobre la que cayó asesinado Colosio, en una pequeña casa de madera color verde menta, salpicada sobre la colina izquierda; para llegar, el hombre de casi 60 años sube unos 30 escalones de llantas.

Al pie de su casa, el gobierno federal construiría cinco meses después la Plaza de la Unidad y la Esperanza, un centro comunitario con una pequeña explanada y una estatua de tres metros de alto: el candidato presidencial, esculpido en bronce, viste unos pantalones bombachos que le llegan al ombligo, una camisa remangada hasta los codos, el pelo bien recortado y el bigote bien recto; don José dice que el político siempre lo mira y lo saluda con la mano izquierda. En los últimos 20 años, jamás escuchó el nombre de un gran escultor, como Miguel Ángel o Salvador Dalí; a pesar de eso, le entró un amor grande por la escultura y se convirtió en el restaurador eterno de Luis Donaldo Colosio.

—Cuando se murió la construyeron, rápido; ahora se sabe que para ocultar las pruebas. Pero como al año, me acerqué a un empleado del municipio que conocía, y le dije que si me podía pagar, yo mantenía limpio el espacio; realmente me daba mucha lástima ver al candidato todo lleno de mugre.

"Me ofrecieron 1 500 pesos al mes, y me pusieron un horario de ocho horas; pero ¿sabe, señorita? Yo lo hice gustoso. Compraba todo para que se viera digno. Me pesaba mucho que un hombre tan bueno, después de muerto, estuviera todo cochino."

El ayuntamiento de Tijuana lo reclutó hasta 2000, cuando se realizaban anualmente megaeventos que reunían a políticos de alto nivel; don José limpió la plaza para que los zapatos de diseñador del ex presidente Ernesto Zedillo no pisaran ninguno de los terrones que bajan del cerro con una ligera llovizna. Desde que dejaron de requerir sus servicios, don José trabaja barriendo el mercado sobre ruedas de la colonia Lomas Taurinas: vive de la caridad de los vendedores ambulantes, que esporádicamente le ofrecen una que otra propina.

Desde entonces, ya que separa el dinero de los frijoles, los huevos y las tortillas, compra un poco de aceite abrillantador y unos trapitos amarillos "para mantener al candidato como merece".

Algunos vecinos le permiten jalar un poquito de agua de sus casas; para un hombre de su edad, la parte difícil es conseguir una escalera lo suficientemente alta para alcanzar la mano que saluda.

—Él sigue aquí, el candidato aquí se quedó; parte de él quedó sepultada en esta plaza. ¿Sabe? No se llevaron todo el cuerpo del candidato: partes de su cabeza, de su abdomen, quedaron regadas en la tierra que encementaron.

• • •

A don José la memoria no lo traiciona: la Plaza de la Unidad y la Esperanza se construyó apenas cinco meses después del magnicidio. Los peritajes de la Procuraduría General de la República detallaron que la primera solicitud de licencia de construcción para una plaza cívica en la colonia Lomas Taurinas fue interpuesta el 18 de agosto de 1994 ante el ayuntamiento de Tijuana.

En 1994 la Secretaría de Desarrollo Social estaba a cargo del político Carlos Rojas Gutiérrez, quien fue designado para ocupar el puesto que dejaría el mismo Luis Donaldo Colosio en su carrera por la presidencia de México; el mismo Rojas argumentó que la construcción obedecía a demandas de organizaciones y grupos de ciudadanos de Tijuana y los comités de Solidaridad, y que no había razones ocultas.

—Fue con base en las demandas de los colonos y de varios grupos civiles, que nos solicitaron la construcción de un espacio donde se rindiera homenaje al licenciado Luis Donaldo Colosio; también reiteraron la necesidad de que hubiera en ese mismo lugar un centro comunitario, una biblioteca y algunos otros servicios públicos. A mí me pareció que era una petición a la cual nosotros nos podríamos sumar, es decir, era una circunstancia favorable para que nosotros, que habíamos sido colaboradores y amigos del licenciado Colosio, pudiéramos también rendirle homenaje.

Sin embargo, la última fiscalía especial del caso Colosio reconoció que la construcción de la plaza empezó el 8 de agosto, aún sin contar con los permisos de construcción. En uno de los últimos interrogatorios a Carlos Rojas Gutiérrez se le preguntó si existía algún interés en que la obra concluyese antes del mandato de Carlos Salinas de Gortari, si sabía que la plaza fue construida sin el permiso correspondiente; lo negó rotundamente.

La edificación de la Plaza de la Unidad y la Esperanza, una sala de usos múltiples y canchas deportivas, se llevó a cabo en 83 días.

Recuerda don José que incluso a ellos la rapidez con que concluyeron los trabajos los tomó por sorpresa: tres años antes del asesinato habían solicitado apoyos para el mejoramiento de la colonia a través del Programa Nacional de Solidaridad, sin embargo, no se les otorgaron.

Al igual que don José, en 1995 fue un joven político el que hizo público su desconcierto: su nombre era Diego Moreno Maldonado, quien fuera director de Planeación del Desarrollo Urbano y Ecología del ayuntamiento de la ciudad norteña. Declararía ante la PGR que en términos normales la construcción de una obra de esa magnitud llevaría alrededor de cinco o seis meses; hubo preocupación por terminar la plaza cuanto antes, dijo en aquel entonces, y "lo deduzco por la calidad mediocre de la obra".

Ésta se inició a 138 días de perpetrado el asesinato, y costó a los mexicanos 4 787 500 pesos. De acuerdo con las pruebas desahogadas por la fiscalía especial para el caso Colosio, en agosto de 1994 se habían considerado agotadas las investigaciones en el lugar, ya que el gobierno mexicano tenía probado que Mario Aburto Martínez era el autor de los dos disparos.

En el aniversario luctuoso número 20 sí se limpió la estatua del candidato: desde su casa don José vio cómo personal de limpieza del gobierno de Tijuana llegó armado de un gran equipo para quitar el moho que había cubierto la cara afable del político sonorense. Atónito, miró desde su patio cómo bajaban máquinas pulidoras y un ejército de hombres con chalecos verdes cortaba las hojas secas y otros arrancaban la maleza; bajó con tanta prisa que estuvo a punto de tropezar y rodar cuesta abajo por las escaleras.

—No, no vaya usted a creer que decidieron regresarle la dignidad al señor Colosio, no; iban a celebrar este aniversario luctuoso y, señorita, ¿sabe por qué? Porque es año de elecciones: resulta que hoy sería uno de esos días en que los políticos rateros se iban a tomar la foto con el señor Colosio.

La Plaza de la Unidad y la Esperanza estuvo repleta de gente, tanta como aquel día en que asesinaron a Colosio. El acceso fue igual de accidentado, dice don José, otra vez con camionetas bloqueando la única entrada a la colonia; los carros del año, los chalecos rojos. Este año, al igual que en 1994, hubo un mitin político.

Regalías de la muerte

Los que nos pasó con Colosio trajo poquitísimas mejorías, porque ya habíamos solicitado una cancha de usos múltiples que se agilizó con el asesinato. Construyeron a los meses el centro comunitario, y yo era la presidenta del comité que se formó para la ejecución de la obra.

Cuando hicieron la plaza también hicieron un Centro Comunitario Diana Laura, pero ¿qué crees? Nunca lo entregaron. Lo terminaron bien rápido, pero nos dejaban ingresar al centro y entonces se empezaron a robar todo.

Pero bueno, sí, la muerte ayudó; hay un dicho, que *no hay mal que por bien no venga*. Pero hemos tenido que cargar con la fama, con que nos dijeran que éramos los arrabales de México, me acuerdo mucho que decían: "No vayan ahí porque matan". Pero uno no es tonto, y ves con el tiempo cómo estaba todo bien organizado: esto no fue cosa de un asesino solitario.

Independientemente de lo que digan, Salinas no creo que haya sido. Todos en la casa tenemos una ovejita negra; no fue Salinas, ¿por qué nunca investigaron a Córdoba? Era el rey tras el trono, y Zedillo su dedo chiquito.

Te platicaba del centro comunitario, hasta la fecha seguimos peleándolo, porque se lo quedó el gobierno estatal. Pero en el año 2012 el presidente municipal de Tijuana, Carlos Bustamante, construyó el Centro Luis Donaldo Colosio, que es donde actualmente damos clases de uñas acrílicas y corte de pelo. Aunque lo abrieron pero no lo mantienen, nadie mantiene este lugar: yo le pagaba 600 pesos de mi dinero a una señora para que me ayudara, pero haz de cuenta, tuve gente de la colonia y les hacían mala cara a las vecinas que no querían, o con las que se habían peleado; luego tuve un desayunador y trajeron un comedor, pero nadie quiso cooperar para ayudar a la gente necesitada. Aquí la gente es holgazana, quieren que todo les regale el gobierno. Estas viejas todo quieren regalado, porque desde que murió el licenciado Colosio exigen que por qué no les dan esto o aquello. En Lomas Taurinas se la pasan viendo novelas, yo veo en otras partes de la República, la gente hace cosas: no sé, si les dan apoyos barren, tienen derechos y obligaciones. Aquí tienen el derecho de venir a gritar, a exigir, por qué no nos dan esto o lo otro. Imagínate, el gobierno vino a ofrecer apoyos para proyectos, ¿y qué crees? Que no quieren. Sólo una señora solicitó para abrir una estética. Aquí hay muy poquitas mujeres que trabajan. Hay señoras que ni trabajan, a los chamacos los mandan todos jodidos.

En 1994, cuando pasó lo que pasó, no había pavimento; sí teníamos un parquecito y teníamos que levantarnos temprano, a las cinco de la mañana, y a pico y pala abríamos calles, hacíamos escaleras. Ahora sólo tengo a 50 personas en los talleres comunitarios, entonces dijeras: "Bueno, fue al taller, hay que ayudarla a buscar un apoyo", pero sólo vienen y extienden la mano, y como te decía, hay señoras que ni trabajan, a pesar de que les dan dinero para uniformes de los niños, los mandan jodidísimos.

Yo tuve a mis dos hijos, y a pesar que mucha gente se vio beneficiada después del asesinato, les dieron cargos en mi partido, yo nunca pedí nada. Ahora los veo, a muchos de aquel entonces, líderes como yo, de la mano de candidatos, alcaldes; pero yo no, yo me he partido la madre trabajando. A mí me decían: "Cállate la boca", porque cuando mataron al licenciado Colosio no me quedé callada, yo quería tomar las calles, las casetas. Me acuerdo mucho que cuando lo mataron me fui corriendo al PRI y le dije al presidente de ese entonces: "Qué haces ahí sin hacer nada, levántate". Me dijo me calmara, que me callara. Porque como le dije antes, el Aburto era una chingaderita, un hombrecito, es una estupidez pensar que lo hizo solo. Yo les dije ese día, les grité en el partido que si no sentían. "Cuando les maten a su madre van a pedir justicia y no va a venir." Me fui al hospital y anunciaron que había muerto.

YOLANDA LÁZARO,
presidenta de Lomas Taurinas

Cuando Luis Donaldo cayó, una de gente terrible empezó a llorar, se hincaban y pedían que no se muriera: "No nos lo quites, no te lo lleves, porque él va a ser nuestro apoyo". Yo no lloré, yo les dije que así muerto seguiría siendo nuestro apoyo. Y no me equivoqué.

No teníamos agua, luz ni pavimento en las calles, nadie quería entrar por el lodazal a esta colonia, pero rápido, como a los 11 meses, trajeron los servicios: metieron la luz, drenaje y luego pavimento, en ese orden. Pero rápido se hizo todo, entonces ya no es lo mismo que antes, porque desgraciadamente su muerte sirvió para que nos hicieran caso; sí somos la burla de todo el mundo, yo lo sé, y lo peor es que el PRI sigue ganando votos, las regalías de su muerte.

Pobre hombre, nos ayudó, lo mandó Dios. Nunca hubiéramos querido nosotros los pobres, tan hermoso que hablaba, que se hiciera esto así, con su propia vida; hubiéramos querido que estuviera con todos nosotros para ver qué cambio tan hermoso hubiera hecho. ¿Le confieso algo? Cuando llegó, gritaba: "Ya llegué, ya llegué"; yo me agarré llorando de alegría cuando lo vi: "Que todo esto cambie, Dios misericordioso". Cuando él bajó, con una sonrisota tan hermosa, dijo: "Ya ganamos", y el gritadero de gente; una lloradera que tenía toda la gente. Les dije: "Ya no lloren, miren, éste es el único, Dios lo mandó porque era el único que nos iba a llevar adelante, no va a haber otro, de aquí en adelante habrá otro pero que nos mate de hambre". Pero ni modo, le tocó la de malas.

No se pudo defender, ya estaba escoltado por todos lados. Yo no vi que Aburto le haya dado, porque estaba del otro lado del río; era un hombrecito, chaparrito, y hoy sacan a un hombrezote, de pecho muy alto. El muchacho tenía aquí un montón de chinos... tal vez le cortaron el pelo, pero no pudo estar tan gordo y tan alto como lo presentan. Lo arrastraron al pobrecito muchacho, le dieron con la cacha en la frente y se le vino el sangrerío, y él decía: "No fui, no fui". Ay, Dios mío, yo me asusté mucho.

Quién iba a imaginar... Yo fui porque tenía la tentación de ver a ese señor hermoso, él era para los pobres, para nosotros. Se veía la honestidad del señor, y pues de repente cayó.

Aun así, te digo, todo cambió un poco cuando él se murió: hay calles que aún necesitan pavimentarse pero ahora tenemos transporte y luz, aunque es todo. Ya entraron otros nuevos presidentes que nunca se preocuparon por la colonia o hacer otra cosa mucho mejor, todo sigue igual de caído, ¿no has visto las calles por allá, cómo están? Y ya hemos ido con los políticos pero nos avientan, nos desprecian, nos hacen como quieren y ahorita, por ejemplo, hay muchas personas en los cerros, personas tiradas que no pueden salir y se pueden morir y nadie sabrá.

MERCEDES DE SANDOVAL,
residente de Lomas Taurinas

En 2012 vinieron todos los políticos: entraron con sus camionetas gigantes, negras, y todas llenas de guaruras; atascaron toda la calle de carros, no podía llevar a los niños a la escuela. Estuvieron viniendo unos días antes a barrer la plaza, hasta limpiaron la estatua del licenciado Colosio. Pero bueno, ya no podía salir de la colonia, entonces me quedé y fue cuando conocí al presidente municipal, al que le falta un brazo; Carlos Bustamante se llama, ¿no? Bien creído el viejito, ni sonreía, parecía que le daba asco que la gente se le acercara pero era una inauguración, ¿qué esperaba? Yo lo vi cómo se sacudía el traje negro, cómo sus guaruras no dejaban que nadie se le acercara; le dábamos asco, para qué decir mentiras. Bueno, total, que inauguró otro centro comunitario, como no podíamos usar el Diana Laura, ahora construyeron el Luis Donaldo Colosio: imagínate, mija, dijo que costó un millón de pesos.

Pues sí, muy bonito, eso que ni qué pero no sirve de nada; por ejemplo, si quieres entrar al baño no puedes, porque no tiene agua. Ya ni chingan, quieren seguir haciéndose promoción con el licenciado, porque a ver, aquí no hay escaleras, las casas se caen de los cerros, necesitamos muros de contención, una secundaria, no tenemos más que un kínder; el arroyo, cuando llueve mucho, se desborda; no entiendo, no entiendo para qué otro pinche centro que no podemos usar. Los muros, las casas están a punto de deslavarse como en otras colonias de Tijuana, pero con un muro de contención no se pueden tomar una foto: bonitos se iban a ver, ¿verdad?, o con unas escaleritas de llantas.

Bueno, pues total, que el méndigo alcalde, como te dije, empezó a hable y hable del licenciado Colosio, que era su amigo, amigo de todos nosotros, y que él hubiera hecho lo mismo. No, cómo cree, el licenciado Colosio no se hubiera estado sacudiendo las manos, no; hubiera venido con su traje, se hubiera tomado fotos con todos nosotros. Cómo me da coraje acordarme de ese día.

Ahora, pues sí, tenemos este centro comunitario, pero pobrecita Yolanda, nuestra líder batalla mucho porque todo el mundo la manda a la fregada, no tenemos nada en el lugar, una que otra clase para las uñas: oiga, ni que yo fuera sinaloense para andar poniendo uñas acrílicas. Pero a mí me gustaría terminar la secundaria; eso, debería haber un lugar para estudiar en la noche, cuando salgo de la maquiladora. Pero me dicen que no hay dinero, aquí nadie ayuda, y pues los méndigos políticos no hacen nada; entonces, ¿de qué sirve otro centro comunitario? Todo lo que han hecho se hizo por algún motivo que no tiene nada que ver con nosotros: la plaza, cuando mataron a Colosio, la hicieron para tapar las huellas del crimen; creo que en ese entonces había elecciones a gobernador, y pues el PRI quiso usar otra vez al licenciado Colosio —¿sí sabe que aquí, desde que mataron al licenciado, gobierna el PAN?— y no les sirvió porque volvió a ganar el PAN. Yo fui priista muchos años, pero desde que mataron al licenciado Colosio ya no. Y nunca más.

MANUELA CORTÉS,
residente de Lomas Taurinas

A las 5:20 de la tarde, ocho minutos después de que Luis Donaldo Colosio fuera trasladado a un hospital de la ciudad, los residentes de la colonia Lomas Taurinas terminaban de palpar cada centímetro de sus propios cuerpos: corroboraban que ninguno de los proyectiles se les hubiera clavado como una estaca fatal. Los políticos que asistieron salieron de las faldas del cerro en sus camionetas blindadas, temerosos de ser víctimas de otro atentado. Los colonos de Lomas Taurinas también lo intentaron, aunque para aquellos que no tenían vehículo resultó imposible: no había manera de salir de esa barranca, porque el transporte colectivo fue desviado unas horas antes del arranque del mitin.

Por eso fueron los primeros en anticipar, antes de que se anunciara en televisión, que a Luis Donaldo Colosio se lo llevaron muerto: sin tener conocimientos médicos, sabían que los pedacitos que quedaron regados en la tierra eran sus sesos.

Dicen que cuando Luis Donaldo Colosio fue asesinado, una fina llovizna cayó sobre Tijuana: fueron las gotas de agua lo que removió la tierra pedregosa, dejando al descubierto pedacitos de tejido humano en tonos blancos. Momentos antes lloraban angustiados de saberse "jodidos por toda la eternidad"; sabían que las promesas que había hecho el candidato quedarían enterradas con su cuerpo. Pero cuando la presidenta de la colonia, Yolanda Lázaro, descubrió los restos, poco les importó la muerte: se abalanzaron sobre el charco de sangre y comenzaron a recoger terrones color púrpura del tamaño de sus puños, creyeron fervientemente que los restos de un mártir resultarían milagrosos.

Las promesas terrenales que había hecho el político poco importaban: ahora Luis Donaldo Colosio podría curar enfermedades, resolver problemas económicos y hacer milagros para obtener una visa e ir a trabajar a Estados Unidos.

La señora Mercedes Sandoval, residente de la colonia, recuerda que cuando lo mataron, vio que sus vecinos se hincaban y recogían con la mano sangre que había quedado regada en el piso.

—Yo les dije que ya no lloraran, que miraran que éste era el bueno y que Dios lo mandó porque así muerto nos iba a llevar adelante, que Dios lo mandó y no iba a existir otro; era tanto su cariño y su amor que empezaron a pasársela lentamente por el rostro, a embarrarse el cuerpo.

Yolanda Lázaro, una mujer chaparrita de voz imponente, recuerda que para el 24 de marzo, unas horas después del asesinato, encontraron más pedacitos de carne blancuzca, viscosa y recubierta de sangre.

—Eran sus sesos; yo lo sé, todos lo sabíamos. ¿Qué por qué estoy tan segura? Pues porque los recogí con la mano: a mí no me daba asco, para nada no me importó. Los metí en una cajita de zapatos, quería preservarlos pero me los quitaron los federales, que supuestamente los iban a enterrar con su cuerpo.

En los siguientes días, los vecinos imprimieron una fotografía de Luis Donaldo Colosio y la colocaron en un marco de color dorado justo en el lugar donde había caído asesinado; rápidamente comenzaron a llegar coronas de flores, velas de todos tamaños y con santos muy distintos. Se organizó un novenario por el eterno descanso del político mexicano: grupos de distintas religiones acudían a rezar, cada uno se encomendaba a su Dios para que Colosio descansara y su alma alcanzara el cielo. Luis Donaldo Colosio se convirtió en motivo de culto en la colonia Lomas Taurinas desde aquella tarde en que empezó a correrse el rumor de que hacía milagros. Todo empezó el 23 de marzo, cuando una señora llamada Josefina Baltazar se untó la sangre del político en las piernas artríticas:

—Y luego venía la gente y oraban; te lo juro que venía la gente, agarraba tierra y se la untaban. Me dijo una señora que se había curado, que los pies los traía todos malos, se untó la tierra ensangrentada y rápido empezó a caminar; es que la sangre permaneció hasta el día siguiente. Aquí pasaron muchas cosas, imagínate, venía muchísima gente del otro lado y ponía dinero, le ofrecían eso por milagros. Y no te hablo de cinco y diez pesos, no: eran montones de dólares que dejaba esa gente. ¿Quién se quedó el dinero? Pues quién iba a ser, los pillos como el vecino de enfrente, los de la casa donde el candidato dio su discurso antes de que lo mataran.

Para el 21 de agosto del mismo año, el Partido Revolucionario Institucional había mandado instalar en el lugar un busto del candidato en metal; seguirían las ofrendas, cientos de flores y cartas encomendándose a Colosio, ya convertido en santo.

—Mira, esto me consta a mí: fíjate que mi consuegra en ese tiempo no tenía pasaporte para cruzar a Estados Unidos, trabajaba aquí, pero quería irse para el otro lado. Total, que hizo su cita, pero un día antes vino con el candidato y le rezó, le dijo una oración:

Por tu sangre bendita
que aquí fue derramada,
concédeme el milagro,
que me den mi visa
y no sea deportada.

"No llevaba gran cosa de papeles porque no tenía, pero le pidió tanto a Luis Donaldo, ¿y qué crees, mija? Se la dieron, le dieron la visa, se la concedió Luis Donaldo. Eso es verdad, sí hizo milagros."

Los antiguos residentes de Lomas Taurinas aseguran que durante los primeros años el político cumplió desde el más allá las últimas promesas que hiciera sobre el templete antes de ser asesinado el 23 de marzo de 1994: ellos creen que hizo el milagro de que les construyeran una plaza, pavimentaran calles y llegaran recursos federales para montar escaleras de llanta en los cerros. Hubo otros que se enteraron del milagro que concediera a la consuegra de Yolanda Lázaro, y comenzaron a rezarle al candidato fallecido en campaña cuando iban a solicitar una visa para ir a trabajar a Estados Unidos; miles de documentos migratorios fueron concedidos en la colonia en 1994 por la divina gracia de Colosio, según sus testimonios.

Con los años el político se olvidaría de los residentes de Lomas Taurinas, pues los recursos dejaron de llegar y el progreso quedaría truncado.

El último Mario Aburto

Han pasado más de 20 años desde que lo encarcelaron, y durante ese lapso, cada mes, cada semana ha sentido que tiene el deber ineludible no de esconderlo, pero sí al menos de aclarar que no es su padre, como el primer día de secundaria, cuando la profesora repitió su nombre con una risa burlona y se sintió como detenido en interrogatorio sin haber cometido ningún delito:

—¿Mario Aburto? ¡No me digas que es tu papá el asesino!

O cuando llegó a un hospital de Los Ángeles con un dolor que le quemaba el pecho y le impedía respirar, y una enfermera gritó su nombre desde una puertita que daba a la sala de urgencias. La misma expresión de hace años: unos ojos que se abrían tremendamente.

Es siempre la misma pregunta que ha aprendido a contestar evitando sentimentalismos: sí, se llama Mario Aburto, y nació un año después de que su tío asesinara a Luis Donaldo Colosio. Este nuevo Mario remplazó al otro, el ausente, aunque tal vez para sus familiares sea un sentimiento que sólo pueden encontrar en lo más hondo de sus conciencias. No iban a recuperar sus carcajadas, sus comentarios espontáneos, su voz, sus manos que abrazaban, la pulcritud de su ropa o sus besos grandes y sonoros, nada podría resucitarlo, pero sí había un nuevo Mario en esa familia que perdió un hijo con ese nombre hace 20 años.

Cada 3 de octubre compraban un bello pastel del sabor favorito del hijo encarcelado: festejaban un año más de vida del que se fue y le ponían una velita más, que recordaba inminente otro año en reclusión.

El pequeño Mario Aburto creció colocándose detrás del pastel, fingiendo ser un hombre que nunca conoció. La familia, los abuelos, le pedían que soplara las velitas en representación de su tío; lo consideraban algo normal, ambos llevaban el mismo nombre.

Mario Aburto es hijo de Alma Muñoz y Rafael Aburto, el hermano mayor de Mario Aburto Martínez; nació un año después de que su tío confesara ser el asesino del candidato a la presidencia de México, Luis Donaldo Colosio. Es ciudadano estadounidense y recién cumplió 21 años. La primera vez que lo vi, jugaba en el patio de su pequeña casa en Long Beach, California, con una patineta: su madre lo invitó a saludarme, "Hey Mario, say hi", el joven sonrió tímidamente e hizo un fugaz ademán con la mano. Llevaba un suéter gris, y la cabeza tapada con un gorro.

Había buscado a su madre durante meses, pero no contestaba mis llamadas, acostumbrados desde hace 20 años a vivir en la clandestinidad. Me estacioné afuera de su casa durante un día entero, con la firme intención de pernoctar allí de ser necesario; deseaba conocer a los sobrinos de Aburto y entender cómo habían sido estos años.

Fue la primera vez que vi al joven Aburto aunque no sabía que llevaba el mismo nombre que su tío, por eso me tomó por sorpresa y me fue imposible contener mi expresión facial cuando escuché cuando su madre llegó y lo saludó: "¡Mario!", gritando para que le ayudara a bajar las bolsas con la despensa de la semana.

—Mario, ¿dijiste Mario, Alma?

Alma, la más accesible y menos desconfiada de los parientes de Mario Aburto Martínez, vio mi cara de sorpresa, peló los ojos y soltó una carcajada; me invitó a entrar a su casa, me ofreció agua y pidió que me sentara en su sofá.

—Ya sé lo que estás pensando, y mira, yo no le quería poner Mario pero mi esposo, cuando supimos que iba a ser niño, me dijo: "Se va a llamar Mario". Yo dije: "No": me opuse, le dije que no se iba a llamar Mario, no lo sentía bien.

En 1995, a la misma Alma le entristecía la partida del cuñado, del mejor amigo de su juventud, y su recuerdo aún le pasaba muy cerca del corazón: por eso aceptó la propuesta de su esposo, aunque otros familiares y amigos le hicieron notar su descontento.

—No seas egoísta, Alma, van a hacer que el niño sufra, ¡cómo le van a poner así!

—¿Sufra? ¿De qué manera va a sufrir?

—Porque la gente lo va a querer humillar por todo lo que ha pasado.

—¡Pero por qué lo van a humillar!

—Lo van a señalar por lo que pasó.

—Pero ya pasó tiempo, hace mucho de eso.

—No deberías hacer eso, pero bueno, Alma.

Llena de incertidumbre, decidió contárselo a Mario durante una llamada telefónica que hizo desde Almoloya; le dijo que su hermano Rafael había decidido que su hijo varón llevara su nombre.

Mario Aburto se opuso férreamente a que su sobrino llevara su nombre, dejó ver que no le halagaba el homenaje poscarcelario: parecía saber que transmitirle ese nombre le traería complicaciones de por vida al niño.

Le propuso otro: Wilbert. "Alma, ponle así, ¿a poco no te gusta? Está bien bonito." La joven embarazada se negó rotundamente, era un nombre de viejito: "Yo no le voy a poner así, Mario, está feo". La verdad es que aunque Alma sabía las consecuencias, querían a un Mario Aburto que pudieran ver y tocar, un Mario que no fuera una señal eléctrica que corría de un teléfono a otro.

—No, no, Alma, de verdad está feo ese nombre, no le pongas así.

—Mario, se va a llamar como tú.

Desde que el niño tuvo uso de razón, la gente le preguntó si era hijo de Mario Aburto Martínez, "el hombre que mató a un presidente", pero no comprendió la magnitud de la asociación de su nombre y apellido hasta pasados los años; inocentemente contestaba que no, que su padre se llamaba Rafael Aburto. Después le contaron que tenía un tío que se llamaba Mario y vivía en un ranchito en México: fue más o menos cuando cumplió 10 años que se enteró por la televisión de que el pariente no cuidaba vacas y gallinas, sino que estaba encarcelado y probablemente era el asesino más famoso de México.

—Cuando la maestra le preguntó si su padre era un asesino, Rafael se enojó muchísimo, fue y habló con ella, cómo le pudo preguntar algo así a un niño. Ahora, con los años es el mismo Mario quien ha aprendido a defenderse.

Aquella noche en el hospital, con la garganta ardiendo y la boca del estómago ulcerada, cuando la enfermera le preguntó si era pariente de Mario Aburto, el que mató a Colosio, convertido en un hombre le contestó: "Qué le importa, usted haga su trabajo".

En Estados Unidos los ciudadanos no llevan el apellido materno; de generación en generación se transmite el del padre, por eso el jovencito será para siempre Mario Aburto, como su tío. Alma cree que probablemente su hijo será el último Mario Aburto, porque este Mario se rehúsa a hablar con el tío en prisión: "¿Qué le voy a decir?"

Yo no siento pena

Que quede algo muy presente en usted, que bajo las condiciones que a mí se me tengan yo le voy a echar ganas, papá. Sí, no respetan el Estado de derecho, a las instituciones ni a la Constitución ni leyes que de ella emanan, a los acuerdos internacionales ventilados en la Organización de las Naciones Unidas, o sea, esto es un total desastre en el país, para acabar pronto, y como le he dicho muchas veces, en reiteradas ocasiones: la corrupción y la narcopolítica seguirán imperando en nuestro país mientras siga el PRImitivo del gobierno priista y sus secuaces PRImates de los medios de comunicación que les sirven por estar comprometidos, por sus concesiones y embutes políticos y por sus servicios prestados a ese sistema corrupto, ¿entonces qué nos podemos esperar? Pero no hay que perder la fe, papá, pues lo importante es que yo creo mucho en Dios, yo creo que Dios es justo y algún día nos hará justicia, tarde que temprano nos hará justicia.

Si a nosotros cuándo nos van... No, ¡ja! Nunca, eso no. Papá, estuve recordando todas las enseñanzas que me enseñaste tú y me siento tan orgulloso; me acuerdo que una vez en Zamora, cuando trabajabas de velador, me encontré a una muchacha muy guapa y me preguntó que dónde trabajabas y yo le dije que trabajabas de velador, y tú me dijiste: "Ay, hijo, ¿para qué le dijiste que trabajaba de velador?", y como que te dio pena, pero ¿sabes?, a mí no me dio pena haberle dicho eso a la muchacha porque yo me sentía muy orgulloso de ti. Y aunque trabajabas en el laboratorio y luego te pasaron de velador, yo aún seguía sintiendo el mismo orgullo por ti y sigo sintiendo el mismo orgullo por ti. Porque como te digo: tú me enseñaste una cosa, hay que ser pobres pero honrados. Y esa enseñanza me la diste tú, me la dio mi madre, me la dieron mis abuelos, me la dieron mis abuelas, y eso es la mejor herencia que me has dejado. Y si vieras que me siento muy orgulloso de ti, papá, y por eso te quiero mucho; cuídate mucho, ya se me terminó el tiempo, me dio muchísimo gusto hablar contigo. Bueno, ya se me terminó el tiempo, mándales a todos muchos saludos y abrazos, los quiero mucho.

MARIO ABURTO,
Almoloya de Juárez

Los archivos secretos del caso Colosio

Cuando se publicó la primera edición de este libro decidí abandonar el caso Colosio. Habían sido siete años de investigación y escritura y quería darme una pausa porque me sentía muy desgastada. Había tejido una relación cercana con la familia Aburto, que incluía los cambios de opinión, el acceso un día y el rechazo al otro.

Por otra parte, fuentes importantes en el gobierno federal me habían confiado que había actores políticos muy priistas y muy enojados con la resurrección del caso Colosio y la noticia en los periódicos de la publicación de un libro, que reveló sus errores, violaciones y omisiones durante los años que duró la investigación.

Mi retiro duró poco, y a finales del año 2018 retomé una obsesión que me había acompañado durante el proceso de investigación: la desclasificación, es decir, la apertura para todos del expediente Colosio. Quería hasta la última hoja, el último video, de investigación judicial que se llevó a cabo durante siete años por parte de la PGR y después del Poder Judicial.

En ese entonces coincidí en un trabajo en Polanco con una talentosa y joven abogada: Alejandra Bustos, se llamaba. Hacíamos buen equipo; yo buscaba, preguntaba, y ella leía e investigaba todos los entramados legales para tener acceso al caso.

A mí ya me lo habían negado desde la administración del panista Felipe Calderón, así que sabía que tenía que dar la batalla por la apertura de los archivos secretos. La ruta era elaborar solicitudes de acceso a la información pública para volver a pedir el expediente.

Durante semanas nos sentamos a diseñar opciones de preguntas y posibles respuestas. La cerrazón de las autoridades era tan ridícula que nos pedían pagos exorbitantes por las hojas, por los videos.

En noviembre de 2018 ganamos el primer round: el Consejo de la Judicatura Federal revocó la reserva que se mantuvo sobre el expediente durante 25 años y ordenó hacerlo público por completo. Los argumentos en ese entonces para abrir por vez primera este archivo oficial fueron que se trató de un asunto de interés general y que impactó en la opinión pública.

Nos entregaron más de 9 mil hojas de expediente y aquí es donde digo que la cerrazón era tan ridícula que nos dijeron que no tenían con qué hacer la reproducción de los videos y las fotografías. Lo único que me proporcionaron en el Poder Judicial mexicano fue un escritorio en sus oficinas. Reproduje, videos, fui a Toluca, donde se encontraba resguardado el expediente. Fue una sorpresa: ahí estaba todo arrumbado en una caja, el libro de actas, los dibujos, la bala que mató a Colosio en una bolsita de plástico regada entre todas las evidencias. Todo se estaba pudriendo.

Fue muy claro por qué ocultaron por años esos expedientes: los archivos policiales, las declaraciones, las recreaciones, los careos contrastaban con la versión histórica del caso.

Hoy a la distancia les puedo decir que encontramos en dos días al menos nueve contradicciones que para nada encajaban con lo dicho en las declaraciones y en los resúmenes que presentó a la prensa la Fiscalía Especializada para el caso Colosio.

Vimos en más de 300 videos cómo los principales testigos acabaron desdiciéndose ante los jueces. Algunos incluso declararon con lujo de detalle cómo fueron torturados por las autoridades investigadoras.

Para mí tal vez las retractaciones más fuertes del caso y que deberían hoy ser investigadas con lupa fueron las de la declaración de Gabriela, la novia de Mario Aburto, y las de nueve policías federales que supuestamente presenciaron los hechos en Lomas Taurinas.

En el video de Graciela del 27 de marzo, a las 11:30 de la mañana se le ve llegando a las oficinas de la PGR en Tijuana. Era aún una adolescente, chaparrita, de cara redonda, que llevaba atado su cabello con una dona de colores. Apenas había cumplido 16 años, por eso no tenía ni siquiera credencial de elector, pero aseguró que su nombre era Graciela González Díaz.

Se presentó frente a la agente del Ministerio Público, "Socorrito" López, como le llamaban. Una mujer muy dulce que, por cierto, después conocí en la comida que organizó una amiga en común en Tijuana. Graciela estuvo acompañada de su tío, don Isidoro González, y una pasante que cursaba el octavo semestre de Derecho que asistió. A esa hora la taquimecanógrafa de la mesa II se preparó para tomar la declaración que quedaría para la historia.

Graciela dijo que conoció a Mario el 9 de marzo de 1993, cuando ingresó a trabajar a la maquiladora llamada Cameros Magnéticos, donde fabricaban cintas para casetes cerca del aeropuerto de Tijuana.

—¿Qué hora es? —cuestionó la joven a las compañeras que se encontraban desayunando en el comedor de la maquiladora.

—Las 10:30 de la mañana —contestó Mario Aburto, muy joven en ese entonces.

El relato de Graciela fue particularmente importante porque gracias a él se le dictó el auto de formal prisión a Mario, ya que fue ella quien aseguró que él se hacía llamar el Caballero Águila. Según la primera versión de Graciela, el jueves 10 de marzo Mario Aburto la invitó a conocer el museo de cera de Tijuana y ahí le enseñó la estatua llamada el Caballero Águila.

—En mi grupo político me llaman el Caballero Águila. Ya estamos enfadados de que siempre gane el PRI —le dijo Mario entre otras cosas. Después le confesaría que supuestamente sabía manejar armas; que había vivido en Chiapas durante cuatro meses cuando se gestó el conflicto armado del EZLN y que lo había llevado el "partido Cardenista".

Sin embargo, en las miles de hojas del expediente que revisamos encontramos que unos días antes de que él fuera encontrado culpable, Graciela, llorando, confesó ante las autoridades que su declaración era mentira.

Encontramos una transcripción del careo entre Mario y Graciela y después fuimos al video donde la vimos frente a su novio el 9 de septiembre de 1994.

—Graciela, no pido nada en contra tuya. Puedes estar siendo intimidada, sobornada o engañada.

Graciela guarda silencio, transcurren unos segundos y se escucha el llanto de Mario Aburto. Entonces la taquimecanógrafa consigna en su transcripción ese llanto que no para. Él inclina su cabeza sobre la barra que lo separa de Graciela. La mira y continúa llorando; fue la única vez que lo hizo desde que fue detenido por haber asesinado a Luis Donaldo Colosio.

—Sé que estás pensando en escoger entre yo y tu familia —le dijo Mario Aburto. Después de esto, Graciela lloró y habló:

—No, él no me lo dijo. No me dijo lo de las armas, lo de su partido político —confesó y miró a Mario.

La taquimecanógrafa volvió a consignar: "No para de llorar". Durante el careo, la joven de 16 años también dijo que sólo le pusieron unas hojas para que las firmara. Sin embargo, la retractación de Graciela no fue considerada a la hora de dictar sentencia a Mario Aburto, según consta en el expediente.

Otro ejemplo de las irregularidades que cometieron las autoridades fue la declaración de nueve policías federales que primero aseguraron haber visto a Mario Aburto disparar contra Colosio, a través del parte informativo número 87/94: cuatro cuartillas muy específicas, elaboradas por quienes, supuestamente, vieron con lujo de detalle cómo sucedieron los hechos.

Sin embargo, en la ratificación de las declaraciones se encontró que, aunque los nueve firmaron y narraron cómo ocurrieron los hechos, realmente siete de ellos no participaron en la detención y ni siquiera estuvieron cerca; sin embargo, fueron presentados como testigos del crimen.

Uno de ellos confesó que sólo participó en la filmación de un video a varios metros del lugar de los hechos; otro aceptó que nunca vio a Mario Aburto; un tercero reconoció que no estuvo en Lomas Taurinas, sino fuera del hospital general a donde fue trasladado Colosio. Una agente dijo que ella sólo se hizo pasar por reportera para "sacarle información" a Aburto. Quien hizo el parte informativo y se los dio a firmar en grupo fue el entonces subdelegado de la Policía Judicial Federal (PJF) en Baja California, Raúl Loza Parra, a quien Aburto constantemente acusó de haberle armado la causa.

Otra contradicción que encontramos fue la del famoso libro de dibujos del Caballero Águila, donde supuestamente Mario Aburto plasmó sus planes de asesinar a Luis Donaldo Colosio. En los documentos desclasificados del caso se puede leer que de hecho Aburto aseguró que él no los hizo. En una declaración rendida el 24 de marzo por Mauricio Ortiz Martínez, primo de Mario Aburto, declaró ante la autoridad que el libro se lo había regalado Mario y que fue él quien realizó la mayoría de los dibujos.

El mismo Mario, en una carta enviada al juez unos días antes de que le dictaran sentencia, reveló que tenía más de un año que se la había regalado a sus primos. "Los dibujos que pretendieron hacer creer que yo los había realizado lo hicieron otras personas", se puede leer en los archivos abiertos.

El libro de actas fue una de las pruebas que la fiscalía presentó para pedir 50 años de prisión, y la evidencia que los psicólogos contratados por el gobierno utilizaron para elaborar el diagnóstico psiquiátrico que dio la vuelta al mundo y donde afirmaron que Aburto era un "narcisista" que había matado para obtener fama.

En otro documento fechado el 29 de abril de ese año, Mario Aburto desmintió su primera declaración y juró que nunca se preparó para herir al candidato. Dijo que fue un accidente y que portaba el arma para protegerse; que le pegaron un golpe en la pantorrilla y después alguien lo tiró al piso y accionó el segundo disparo con su pistola.

Una vez que la fiscalía no logró hacer que Mario firmará la declaración, presentó dos testigos: sus primos Mauricio y Marcelino Ortiz. El primero declaró que seis días antes del asesinato, Mario le pidió que lo acompañara a su casa. Según el primo, Aburto sacó debajo de su cama un arma que mantuvo fuera durante unos cinco minutos. Pero Mauricio se arrepintió unos días después: amplió su declaración y confesó que ni él ni su hermano habían visitado a su primo Mario, por lo tanto, tampoco vieron ningún arma. Reveló que declaró contra Aburto porque los agentes que lo detuvieron le dijeron que si no lo hacía lo iban a matar y a meter "en un hoyo junto con su primo Mario".

Otro hallazgo fue que el 24 de marzo en Lomas Taurinas a Jorge Antonio Sánchez Ortega, el agente del Cisen, en efecto se le encontró pólvora en las manos. Esto a pesar de que el propio agente aseguró en su declaración rendida el 23 de marzo de 1994 que no llevaba armas, ya que dentro del trabajo que realizaba no se le permitía portarlas. Sin embargo, en el expediente encontramos el documento número 464/94 que reveló que la delegación de la PGR en Tijuana le mandó a hacer una prueba de Harrison Gilroy, conocida como Rodizonato de Sodio.

El mismo 23 de marzo de 1994 se entregaron los resultados de dicha prueba en la que se determinó: "palmar derecho positivo; dorsal derecho positivo; palmar izquierdo negativo; dorsal izquierdo positivo". En las manos de Jorge Antonio Sánchez Ortega existía la presencia de plomo y bario. A pesar de existir esta prueba, Jorge Antonio Sánchez Ortega fue liberado unas semanas después.

Otro de los documentos que nos sorprendió fue una ampliación de declaración de Mario Aburto donde deja asentado por escrito que el entonces presidente Carlos Salinas de Gortari trató de negociar con él.

> Lo regresaron (a Mario) a la PGR donde en un momento de lucidez se acercó al declarante un agente que sin ser notado por sus compañeros le dijo que el presidente Salinas de Gortari estaba en el teléfono y quería negociar con él. Y que lo que el declarante quisiera el presidente se lo iba a dar, pero que el de la voz tenía que prestarse a lo que él dijera y que de preferencia dijera que le había pagado un partido político.

La declaración continuó y la presunta participación del presidente fue descartada por completo durante el proceso penal.

Unas semanas después de esta apertura logramos la desclasificación de más de 150 mil hojas del expediente que resguardaba la PGR. En una sesión de transparencia se leyó nuestra solicitud y el Instituto de Acceso a la Información Pública consideró que era momento de revelar toda la investigación que le costó siete años a los mexicanos. Actualmente puede encontrarse en la página de internet de la Fiscalía General de la República (FGR).

Los políticos implicados

Pero la desclasificación de los documentos no terminó ahí: con la apertura nos dimos cuenta de que hacía falta un cabo suelto: las declaraciones que rindieron los políticos de su época y que "casualmente" venían en negro —de los pocos fragmentos en ese color—. De tal manera que hubo que pelearlos otra vez.

Tras un año de pelea —porque en este país hay que pelear por los archivos públicos—, logramos que nos entregaran las cartas, declaraciones y testimonios de seis hombres trascendentales en la política mexicana que narraron su participación en el único magnicidio de la época contemporánea.

Por primera vez logramos leer completas y sin tachaduras las declaraciones de Carlos Salinas de Gortari y de Ernesto Zedillo, expresidentes de México; del exgobernador Manlio Fabio Beltrones, del asesor político José Córdoba Montoya —quien se dice controló los destinos de un país a mediados de 1990—; y también del excomisionado de la Paz, Manuel Camacho Solís.

Aquel 23 de marzo de 1994, Carlos Salinas de Gortari era presidente de México y todas las sospechas del asesinato recayeron en él. Distintos rumores al interior del partido apuntaron a que el discurso pronunciado por Luis Donaldo Colosio en el Monumento a la Revolución en la Ciudad de México el 6 marzo de ese año, en el que cuestionó la gestión del mandatario, lo hizo enojar. Es por esto que, luego de terminar su gestión en noviembre de 1994 y ante una crisis que dejó millones de pobres en el país, Salinas partió con rumbo a Irlanda. Desde allá envió una carta, ésta que hoy fue desclasificada. En ella cuenta su participación en el magnicidio y revela datos no conocidos. Insiste en que no tuvo nada que ver con el asesinato de Colosio, sin embargo, acepta que "no puede asegurar que no haya habido una conspiración en el atentado".

"Si alguna estrategia política quedó dañada a raíz del crimen fue la mía", destaca en el documento desclasificado por Biznaga y al que ahora ustedes tienen acceso. Una de las constantes en esta misiva enviada desde Irlanda es que asegura que nunca hubo ninguna confrontación ni ruptura. Sobre el discurso pronunciado aquel día de marzo en el Monumento a la Revolución, dice que nunca se opuso a aquel. Aunque reconoce que su atención sí estuvo en otra parte, además de en la campaña de Colosio, ya que el contexto político lo ameritaba. "El espacio estaba monopolizado por la guerrilla", dice y agrega que había que "garantizar elecciones presidenciales libres y creíbles y atender la amenaza de grupos que colocaron bombas en espacios públicos".

Y cuenta dos pasajes que quedarán para la historia: el primero, que unos días después del asesinato de su amigo Luis Donaldo Colosio, su viuda, Diana Laura Riojas, "me mostró una botella de vino que nos tomaríamos". La botella que nunca se abriría. El segundo, su deslinde de las fallas en la seguridad del candidato, ya que asegura que fue el mismo Colosio quien eligió al general Domiro García, un viejo militar que tendría que cuidarlo; las razones del político sonorense: el general había cuidado al papa en México y eso le inspiraba toda la confianza. Salinas dice en la carta: "La muerte de Colosio es un dolor del que nunca me podré separar".

En ese entonces, Manlio Fabio Beltrones era uno de los mejores amigos de Luis Donaldo Colosio. Ambos habían ido ascendiendo muy jóvenes y logrando posiciones importantes al interior del PRI. Colosio era el candidato presidencial y Beltrones gobernador de Sonora, el estado natal de ambos. En su declaración Beltrones cuenta que tenía como ritual asistir todos los domingos a la casa de su amigo, donde conversaban con otros políticos sobre las campañas electorales y los sucesos relevantes en el país. Recuerda al candidato como un hombre totalmente hermético, prudente con sus comentarios. Dice que la campaña electoral de Colosio no fue muy distinta a otras, sin embargo, fue opacada por otros sucesos en la agenda nacional, tales como el levantamiento del Ejército Zapatista en Chiapas.

Cuenta que unos minutos después de que Colosio fuera asesinado en Lomas Taurinas recuerda que llamó a varias personas porque quería respuestas e información adicional sobre los hechos. Fue así que terminó en la línea directa que contestaba el presidente Salinas de Gortari. Pero Beltrones revela un hecho inédito que habría de cambiar la versión histórica que aseguraba que un joven michoacano llamado Mario Aburto Martínez había enloquecido, por eso compró una pistola y mató al candidato de dos balazos, uno en la cabeza y otro en el abdomen. El procurador estatal de Sonora, Wenceslao Cota, le informó que una persona lo había llamado para alertar sobre la presunta vulnerabilidad de Colosio. Beltrones se enteró de esto en la víspera de la campaña por Tijuana. "Esto fue en la gira que iba realizando por Baja California y Sonora, de ahí el esmero que yo quería darle a esa junta de gabinete en la búsqueda de una mayor seguridad y atención en la gira."

Hay una versión que ha perseguido a Manlio Fabio Beltrones y es que éste habría sacado a Mario Aburto de las instalaciones de la Procuraduría General de la República en Tijuana para torturarlo en un canal de aguas negras. Beltrones aclara en su misiva cuál fue la verdadera historia que según él difiere de esta versión: "Forma parte de un sinnúmero de versiones sin fundamento que han aparecido irresponsablemente en algunos medios de comunicación". Aunque sí reconoce que estuvo presente ese día en las instalaciones de la delegación de la PGR en Tijuana y que incluso supervisó que Mario Aburto subiera al avión con rumbo al Estado de México. Fue Manlio quien dio un informe preliminar del asesinato de Colosio al presidente Salinas de Gortari.

Otra declaración que encontramos fue la de Ernesto Zedillo Ponce de León, quien revela que sí existía molestia hacia el presidente por parte del equipo del candidato. "Su incomodidad era perceptible para los que trabajamos ahí." Revela que incluso tomaron la decisión de pensar con la cabeza fría y no mostrar públicamente el enojo hacia el presidente, quien parecía no respaldar al candidato Colosio.

A través de su carta Zedillo lanzó una bomba que contrariaba las versiones oficiales, que descartaron cualquier ruptura. Incluso trajo a la mesa a un político que actualmente controla el rumbo del país: Marcelo Ebrard, actual secretario de Relaciones Exteriores.

Recuerda que el presidente Salinas y él se reunieron en febrero de 1994, unas semanas antes del asesinato. "Que en ella me mostró una nota escrita por el señor Marcelo Ebrad, entonces asesor suyo, con comentarios sumamente críticos hacia el desempeño del licenciado Colosio y la campaña, a lo que yo respondí que esos comentarios no corresponden con lo que indicaban las encuestas, incluyendo las de la propia presidencia."

También reveló que él atestiguo cuando Salinas le pidió a Manlio Fabio Beltrones que fuera él quien se trasladara a la ciudad de Tijuana unas horas después del atentado.

Un hecho inédito es que Zedillo cuenta que fue él quien coordinó a los redactores y asesores que elaboraron el discurso que Colosio pronunciaría en el Monumento a la Revolución. La frase icónica "Yo veo un México con hambre" provino de propuestas de comunicación política que el mismo Zedillo consiguió. La última vez que habló con Colosio fue el 23 de marzo de 1994 a las tres de la tarde, desde La Paz, Baja California Sur, donde el candidato le informó de los resultados de su gira por el norte de México.

En marzo de 1994 Manuel Camacho Solís, un viejo político priista, había sido nombrado comisionado de la Paz en Chiapas luego del levantamiento del Ejército Zapatista de Liberación Nacional (EZLN). Era cercano al presidente Salinas de Gortari y uno de los principales operadores del régimen priista; acostumbrado a negociar temas con la oposición, fue enviado a Chiapas en vísperas de la campaña electoral.

Pero Camacho no estaba de acuerdo con el candidato elegido, que había sido seleccionado directamente por el presidente para sucederlo.

En el documento que se obtuvo se puede leer una declaración donde Camacho admitiría que estaba en contra del grupo de interés "que estaba detrás de Colosio". Por eso tras el asesinato los reflectores miraron a Camacho, y sus viejos detractores al interior del PRI filtraron versiones que apuntaban a que estuvo detrás del crimen.

El propio Camacho admite en los documentos que después de la muerte de Colosio su carrera política se terminó. Recuerda cuando llegó al funeral del sonorense y ante las miradas y el clamor de algunos asistentes tuvo que abandonar el lugar.

Es por eso que en la misiva que a continuación conocerán, puede leerse que reiteradamente intenta aclarar que, a pesar de su descontento con la candidatura, una semana antes de la muerte de Colosio, tuvieron una reunión donde el sonorense le ofreció un puesto en su gabinete, de ganar la elección presidencial. "Me dijo que todo estaba resuelto, que entre los dos haríamos grandes cosas por el país", el encuentro fue la misma tarde de marzo en que Colosio pronunció el icónico discurso en el Monumento a la Revolución. Camacho recuerda que cuando lo escuchó pensó "bájale", "bájale". Unos días después sería asesinado.

Por primera vez alguien se atrevió a mencionar un nombre: José Córdoba Montoya, político francés y asesor de Salinas; terminó concentrando tanto poder que se decía que era vicepresidente de México. Hoy su nombre está ligado totalmente al asesinato de Colosio, aunque nadie ha logrado comprobar su participación.

Según Camacho, él era quien integraba la información y los análisis más delicados de la seguridad nacional durante el periodo de Salinas de Gortari. Tanto él como Salinas, dice Camacho, llevaron al PRI a la ruina política. "El capital político del régimen se estaba desmoronando. La imagen del presidente de la República venía en picada y junto a ella con la misma intensidad la imagen del PRI", dice. Agrega: "Estaba en contra de ese grupo de interés, en parte porque pensaba yo que estaban metidos algunos otros en la corrupción y en parte porque no veía en ninguno la voluntad de llevar al país a la democracia, sino más bien de perpetuarse en el poder, como un miembro del gabinete lo dijo, en los próximos 24 años".

Aunque no se atreve a acusar directamente a Córdoba Montoya ni a relacionarlo en los hechos, dice que su candidato siempre fue Ernesto Zedillo, quien ganaría la presidencia con una victoria apabullante luego del asesinato de Colosio.

Sobre los acontecimientos relevantes durante la campaña electoral de 1994 recuerda que Salinas tenía un proyecto de reelección que fracasó. Camacho siempre se opuso. Lamentó los hechos ocurridos y dijo que con Colosio habían pactado que se cumplirían los acuerdos de paz, mientras que la línea de Córdoba era exterminar al EZLN.

Del asesinato de Colosio se enteró cuando estaba en la casa del obispo de Chiapas, cuando alguien les paso una tarjeta. "Por el manejo trágico de los acontecimientos que se estaba haciendo, mi vida política estaba terminada. Yo [Salinas] le dije que ella [Diana Laura, esposa de Colosio] me dieran [una carta] en donde dijera que yo no era responsable del crimen. Esa carta era mi seguro de vida y el de mi familia. En las semanas y en los días previos a su asesinato. Mi problema no es con Manuel Camacho es con otros". Manuel Camacho Solís murió en junio del 2015 y siempre su nombre estuvo ligado al del asesinato del candidato.

Fue el 10 de octubre de 1996, tres años después del asesinato del candidato presidencial Luis Donaldo Colosio cuando finalmente José Córdoba Montoya se presentó a declarar ante las instalaciones de la Procuraduría General de la República.

Córdoba fue el asesor del poder y quien intervino en cada decisión que se tomó en 1994. Culminaría sus actividades tras el asesinato de Colosio.

Ese día en las oficinas dejó asentado en papel su escrupulosidad, primero pidió una copia de la declaración que rendiría y luego él mismo cuestionó por qué había sido llamado a declarar. Le contestaron que tenían información que apuntaba a que conocía los hechos ocurridos en el 94.

José Córdoba Montoya había sido jefe de la oficina de la presidencia de la República y presentó su renuncia exactamente siete días después del asesinato en Lomas Taurinas. Cuenta los motivos de su renuncia, para despejar los rumores y las versiones publicadas en distintos medios de comunicación. "Sé que la coincidencia de las fechas ha propiciado algunas especulaciones", aclara que su cargo ya no era necesario con el nuevo rumbo que el presidente Carlos Salinas quería darle a su gobierno justo para terminar su sexenio.

"Acepté salir del país porque sentí que ese era mi deber al mejor logro de los objetivos del gobierno. Nunca imaginé que la cercanía entre la fecha del asesinato del Lic. Colosio y mi salida del país pudieran propiciar sospechas", aclara.

Dice que con Colosio sólo se reunió en dos ocasiones, y no fueron encuentros formales, sino sociales donde conversaban sobres temas del momento. Según Córdoba aquí también le expresó su descontento con el protagonismo de Camacho Solís al frente del conflicto entre el gobierno y el EZLN.

No recuerda quién le informó el día del asesinato. La única llamada que dice haber tomado fue la de Ernesto Zedillo, entonces coordinador de la campaña. Fue él quien tuvo que avisarle a Salinas sobre lo ocurrido en Lomas Taurinas; la primera reacción del presidente fue preguntar qué se sabía de la salud del candidato.

Córdoba se mantuvo firme en sus respuestas, cuando se le preguntó sobre la versión de un atentado, aseguró que él ya había salido del país cuando se suscitó esta versión, por lo que no sabía nada. También confirmó que en Semana Santa Luis Donaldo Colosio haría cambios importantes en su equipo, pero que antes se reuniría en su casa con el presidente Salinas.

Antes de terminar su declaración el asesor político dejó claro que todas las versiones que lo señalan como la mano detrás del poder, e incluso de haber sugerido directamente al presidente que retirara de la contienda a Colosio, son falsas. "A veces el costo de aclarar versiones periodísticas sin fundamento era superior al costo de dejarlas pasar."

Pero Córdoba Montoya aclaró un rumor histórico: el del discurso de Colosio en el Monumento a la Revolución y que supuestamente hiciera enojar al presidente. Recordó que Colosio se los envió a él y al presidente, llegaron a Los Pinos entre la una y las dos de la mañana, apenas unas horas antes de pronunciarlo. Por la mañana, dice Córdoba, Salinas le dijo que ya lo había leído mas no le expresó mayor molestia.

Los últimos minutos del interrogatorio Córdoba, el hombre al que su prudencia y discreción lo llevó hasta las más altas esferas del poder, decidió negar. Decidió callar.

Anexos

El 24 de marzo de 1994 a las 11:20, Federico Benítez, jefe de la policía de Tijuana, recibió en su escritorio un baúl con un pequeño candado de metal y siete fotografías pegadas alrededor. Con sus lentes de aumento estilo aviador, miró atónito el paquete durante algunos segundos.

Aquel día llegó a su oficina un hombre 29 años llamado Elías, quien juraba que ese baúl era de Mario Aburto, el hipotético asesino del candidato presidencial. Elías dijo que la madre del homicida se lo había entregado y que además le había confesado: "¡Mi hijo cometió una barbaridad, le metió un balazo a una persona, lo están pasando por televisión en estos momentos!"

En el baúl se hallaba una libreta de contabilidad en cuya pasta se leía "Libro de actas"; un volumen titulado *Manual de marxismo* y una carta de recomendación que en 1977 firmara Cuauhtémoc Cárdenas —el contrincante de Colosio en 1994— para el padre de Mario.

Dicen que Benítez no creyó en tal historia. Elías era un vecino de los Aburto que tenía apenas 15 días de haberse mudado a un costado de la casa de la familia. El "Libro de actas" resultaba un documento por lo demás extraño y desconcertante. Hasta el día de hoy, la familia de Mario lo desconoce; lo único que identifican como propio son las fotografías, de las cuales se aseguró que las autoridades las habían sacado de su casa.

A Federico Benítez lo mataron un mes después de abrir el baúl: lo acribillaron con un rifle AK-47. La hermana del policía declararía desconsolada que a Federico lo ejecutaron porque llevaba una investigación paralela al asesinato de Colosio. Seis meses más tarde, el denominado "Libro de actas" fue determinante para lograr que la fiscalía pidiera una condena de 50 años por homicidio con premeditación, pues en los escritos, consideraron, existía evidencia suficiente para asegurar que Mario era un desequilibrado que había planeado el crimen desde hacía tiempo.

A continuación se presentan algunos de los escritos del supuesto baúl de Aburto.

Libro de actas

Aquellos que esten encontra de las decisiones del pueblo. que se consideren traidores ala patria. Se abre un capítulo mas en la istoria de estos estados heroicos y de la nacion entera, dando paso alos ideales de un hombre que preocupado por el futuro de su país deside. contribuir para seguir construllendo un pais mejor cada dia, acosta de su propia vida, renunciando a todo asta su propia familia. "Porque los verdaderos hijos de la patria lo demuestrancon hechos no con palabras". El pais a hido cambiando gracias a todos aquellos valientes que han ofrendado su vida por los ideales de un pueblo que sufre las injusticias de sus gobernantes, y luchando por una verdadera justicia y democracia. Que no sea henbano el sacrificio de aquellos valientes que isieron baler los derechos del pueblo oprimido y engañado, ellos que contanto sacrificio quisieron darnos un pais cada dia mejor. Esto es sólo el principio de un gran y verdadero cambio, y el cambio se vera desde donde empiesa la patria. Hagace responsable de los hechos atodos aquellos gobernantes que siempre quisieron tomar decisiones que sólo le correspondian al pueblo.

Los gobernantes que no cumplan con el pueblo con una verdadera justicia y democracia que pagen las consecuencias. Suscrita por un hijo de la patria. Caballero Águila.

Mis declaraciones recorreran el mundo en vusca de apollo y comprenciones por parte de los paises hermanos de America entera y de los demas continentes. Asiendoles saber que en este pais un partido, aformado un inperio que a tenido al pueblo engañado desde hace muchos años, y que utilizan los terminos equivocados y que no les corresponden, escudandose tambien tras las grandes figuras de grandes Heroes de la Revolucion.

Por tal motivo no a sabido cumplir con las demandas de un pueblo sediento de justicia.

Muchos de mis hermanos han preferido salir del país en vusca de mejores oportunidades y en vusca de un país donde su palabra verdaderamente cuente y sea respetad, pero esa no es la solucíon, las solucíones deven hacerse en su patria y quedarse para hacer valer sus derechos como ciudadanos y como verdaderos hijos de la patria su propio candidato ala presidencia alguna vez asepto que su partido habia fallado y siempre ablo con demagojia al higual que algunos mandatarios que dejaron al pais siempre con mas problemas, agrabando asi el problema de este gran pais hermano del mundo entero por ser un pais pasifista, que siempre a hestado en pro de la paz mundial.

Aunque ustedes no lo crean pueblos del mundo entero y naciones". en este pais existen todavia dictadores apollados por el inperio formado por un partido político. De todos aquellos hechos culpables ninguno resulta ser tan culpable que, cuando más nos estan engañando atodo el pueblo, tratan de aparentar bondad. Se puede engañar a muchos alguna vez y algunos todas las veces pero jamas se a podido engañar a todos todas las veces. Por que sabemos perfectamente bien que a habido fraudes en las elecciones y portal motivo el pueblo pide a organismos internacionales defensores de los derechos humanos esten precentes en el país para hacer valer las decisiones del pueblo. Sabemos perfectamente bien que el error es un arma que acaba siempre por erir al que la emplea. Hermanos, es preciso saber lo que se quiere; cuando se quiere, hay que tener el valor de decirlo; y cuando se dice, se debe tener el coraje de realizarlo. Y recordemos que las inteligencias grandes discuten las ideas, mientras que las inteligencias medianas los sucesos, y las pequeñas las personas.

Agance ala idea de que vivir para los demás no es sólo la ley del deber y de la vida si no tambien la ley de la felicidad por que el que hace respetar la democracia donde no se respeta es más útil a la humanidad que miles de politicos reunídos. Hermanos cumplan con su dever y confien en Dios que el jamas los abandonará, por que Dios esta con los justos porque el es justo.

Muchos criticaran su apariencia pero tambien muchos más advertiran lo que ustedes son; los verdaderos hijos de la patria que se preocupen por el futuro de su pais.

No te lamentes de los ayeres con todas esas quejas vanas por que hay promesas en las montañas y en el campo y las ciudades. Unanse, formen todos un solo ideal.

Hispanidad y razas muestren los dones que fueron antaño su triunfo, griten a los cuatro vientos, y estos sean los que lleven sus peticiones al mundo entero. La prensa tiene una mision especial que es la de informar con la verdad y sancionar la mentira y la calumnia. La prensa tiene deveres y su obligacion es informar sin que sea censurada. Este país sera ejemplo de las demas naciones por que demostraremos que no son necesarias las armas para cambiar un mal sistema politico.

¡Fuera el mal gobierno, muera la descriminación racial, viva la paz mundial.

En una ocación que me encontraba en el campo, en mi infancia, seme hacerco un señor de avanzada edad; todo un revolucionario; alto, ojos de color, cabello blanco de la esperiencia y de la sabiduria, con una enerjia envidiable: y me dijo: —Hijo dame fuego de la fogata.

y le conteste: —Suelen ofenderme de esa manera, mas no saben que yo tan sólo soy la mecha, y un dia la pluma sera mi arma pero mi arma mas peligrosa para los injustos cera mi vo ca. Y mi ejersito seran mis ideales y mi filosofia reconstructiva. y cada vez mas mis filas iran asiendose cada vez mas numerosas. Por que todos apollaran ala justicia.

El me dijo: Estas seguro de lo que dises y de tus ideales por que yo estoy de acuerdo en ellos.

Yo le conteste quesi. El dijo: Que sea para bien de la patria, y en nombre del pueblo yo te nombro Caballero Águila.

Alo que yo conteste: Rindo protesta sin reserva alguna guardar y hacer valer la constitucion y las desiciones del pueblo que es nuestro pais, con sus reformas alas leyes y desempeñar patrioticamente mi nombramiento, mirando por el bien y prosperidad de nuestro pais.

Alo que el dijo: Si asi lo hicieres que la nacion os lo premie, y sino os lo demande. Recuerda que un pueblo engañado es capaz de todo. No pretendo dar ordenes, sólo hacer cumplir las deciciones del pueblo y sus ideales. Acontinuacion menciono algunas de las peticiones:

—La pobresa no sólo ecsiste entre los indijenas, sino en muchas partes de la poblacion, por tales motivos se quiere y se requiere que se mejore el nivel de vida de los trabajadores para evitar el flujo de indocumentados al vecino pais, y si fuere necesario fortalecer, rectificar o inplantar nuevas reformas ¡que se hagan para bien!

—Que el sistema educativo nacional se le de todas las prioridades, tanto para el alumnado en general asi como para los instructores y estos gosen de un salario justo, para que la enseñanza asi, pueda llegar asta los lugares mas dificiles de penetrar.

—Alos estudiantes que trabajen, se les de todas las facilidades para que puedan continuar con sus estudios, brindandoles todo el apollo que requieran, por que ellos son el futuro de nuestro pais, y para que halla jente apta para el Tratado de Libre Comercio.

—Qué este libro de actas sea reproducido por todas las univercidades, y sea vendido en la nacion y todo el mundo y todas las ganancias de las ediciones sean enpleadas para crear un sistema de becas para estudiantes debajos recursos o ingresos.

—Que halla un tratado internacional para conbatir fuertemente el narcotrafico en todo el mundo, pidiendo la colaboración del país que es el mercado mas fuerte en la compra, venta o distribución.

—Que sea proivida la venta de armas en todo el mundo para personas que no pertenescan algun club de caseria o tiro, por que el tener armas en casa entorpece al sistema policial. —La corrupcion sea castigada contodo el peso de la ley en todo tipo de casos.

—Halla un organismo que enverdad este al cuidado, se preocupe verdaderamente por la ecologia, el medio ambiente, cuidando de la tala y quema de vosquez y la contaminacion del medio ambiente.

—Los medios de informacion no sean censurados de ninguna forma, porque ellos tienen la mision de informar con la verdad y sancionar la mentira.

—Quien llegara a agredirlos de cualquier manera quien quiera que sea, que sea castigado conforme a las leyes del pais en que se encuentren.

—Que sean liberados todos los presos politicos del pais.

—Que sea apollada la clase trabajadora en su resistencia decidida alos planes imperialistas de un partido que a cumplido ya 65 años en el poder, por que el imperialismo esta poniendo en peligro el destino del pais y del pueblo entero.

—La defenza de la paz sea primordial por la democracia Por que las fuerzas de la paz son superiores alas de la guerra. —Que se busquen todas las posivilidades para evitar gerrillas y que vusquen posivilidades por la via pasifica.

—Que todos los dictadores del pais sean destituidos desus cargos, asi como los que han llegado a puestos políticos recurriendo al fraude.

—Que la clase trabajadora no sea intimidada por no querer votar por un partido.

—Que se den todas las facilidades para que se mejore el transporte publico.

—En todas las empresas del pais se impartan cursos reconocidos por la sep gratuitamente.

—Que la clase trabajadora gose de un salario mas justo.—Que sean apollados los campesinos y se les den y gocen de todas las facilidades para trabajar sus tierras.

—Y apollando el ideal de Zapata 'Que la tierra sea para quien la trabaja'.—La clase indijena sea tratada como ceres humanos que son y no se les descrimine en ningun lado.

—Que se le ponga fin a la desigualdad de la mujer por que ellas tambien cuentan con la capacidad para ocuparcargos, y asta puestos politicos que asta la fecha sólo eran para hombres, pedimos seles de la oportunidad de demostrarlo.

—Que haya una mejor vijilancia en nuestros mares para controlar la explotacíon de recursos.

—Que sean protejidas todas las especies de animales acuaticos como terrestres, en especial aquellos que esten enpeligro de extincion.

—Los pescadores gocen demas privilejios como un mejor pago asu mercancias y tambien se les brinde todo el apollo para que en todos los ogares del pais disfruten de lo que nos da el mar, así como disfrutamos de la indispensable tortilla.

—Pretendemos liberar a la Nacion de la corrupcion, los malos gobernantes, el narcotrafico, el deterioro del medio ambiente, del imperio que a fracasado ya, justo cuando cumpla 65 años en el poder, la guerra, la inestabilidad, de la mala imajen ante las demas naciones.

—Que la nacion entera gose de un nivel de vida cada dia mejor, que se viva en paz y Armonia todos los pueblos, no nada mas del pais sino tambien de nuestros hermanos de toda America, que siga siendo un pais ospitalario y alludar en lo que se pueda anuestros hermanos de toda

America, que siga siendo un pais 100% pasifista y que sirva como ejemplo para todas las naciones. y que se haga ver que no hay necesidad de las armas para lograr cambios para mejorar.

—Que las personas de avanzada edad sean tratadas con respeto y cariño, y no sean tratadas como cosas que ya no nos siven, por que enverdad ellos son las personas mas intelijentes del mundo. y que halla un organismo que los apolle y demuestre al mundo que son personas muy valiosas.

—Que se tenga mas cuidado en la educacion de los niños y tengan una educacion y trato excelente, por que ellos son el futuro del pais y del mundo entero.

—Pretendemos evitar que se siga explotando al obrero y el rico cada dia mas rico mientras que el obrero siga peor o igual, sufriendo las condiciones pauperrimas.

El movimiento que marcara el viraje en la Nacion, sera desde las montañas, la cual al sacudir las bases mismas del imperio, dara un poderoso impulso al movimiento que pretendemos liberar ala Nacion y abrira la perspectiva de la victoria uniendonos con pleno éxito y sera por vez primera.

Los pueblos se convertiran en manantial inagotable de apoyo moral y politico, y serviran de ejemplo para otras naciones. La formacion de un nuevo sistema devilitara al imperio. Los imperialistas trataran de minimizar por todos los medios, la importancia del movimiento de cambio. Para ello difundiran por todos los medios de comunicación que tienen el firme proposito de cambiar su sistema y asta reformas, pero estas palabras se veran como una flor en el osico de un cerdo.

Al mismo tiempo se intentara repartirse el poder dos partidos politicos que se uniran, en su intento desesperado por mantener el poder del imperio.

Se hablara mucho de la mision de un hijo mallor de la patria y su hecho, que cambiara el rumbo de la Istoria. Los del imperio jamas se han preocupado en desarrollar en todos sus aspectos la economia de la Nacion ni de preparar a está para nuevos retos. Guiados por sus calculos egoistas aceleraran aun mas el proceso de cambio de los liberadores de la Nacion.

—Con hechos se obligara al cambio, no con palabras, el pueblo sólo cree en los hechos no en las palabras. El yugo de los imperialistas oprime, y aunque no en el mismo grado a casi todos los sectores empujara al cambio, los pueblos no se resignaran a continuar engañados por el imperio, por que sabemos que se puede engañar algunos o muchos alguna vez y algunos todas las vezes pero jamas se apodido engañar a todos todas las vezes.

La mayoria (inmensa) simpatizara con todos aquellos que participaran en el cambio, por que se les quitara la venda de los ojos. y adquiriran consiensia sobre la explotacion y la descriminacion, y de todos los problemas. Muchos con ideas muy positivas fueron ejecutados por el imperio porque representaban un peligro para su imperio y sabian de qué si ellos le quitaban la venda de los ojos al pueblo sin llegar adudas su inperio se des plomaría. El error de esos valientes que le desían al mal gobierno y asus malos governantes, murieron como jesucristo, y fue precisamente predicando. Por eso los que ahora vamos a cambiar al mal gobierno, cambiaremos de tactica para primero quitarles la venda atodo el pueblo y despues predicarles la unica y verdadera verdad y realidad.

Muchos hemos mantenido en secreto nuestros ideales para tomar desaprevinido al imperio y continuar con vida, para seguir luchando por ideales que aran un pais cada dia mejor. Tengo ocho años trabajando con un prollecto para tener un pais cada día mejor. Recuerdo cuando apenas tenia un año con el prollecto y por revelarlo a un seguidor del imperio, por poco me cuesta la vida. Tenia escasos diesisiete años de edad y tal vez por eso no lo tomaron tan en serio cuando revele mi prollecto por segunda ocacion. Aquella persona que le conte mi secreto era un abogado que tambien estaba de acuerdo conmigo pero por conveniencia esta unido con el imperio y me dijo:

—Qué quieres que haga, si tengo esposa, hijos, padres, hermanos, familiares, casa, dinero, no me puedo quejar estoy bien asi. Yo le conteste: —El vivir para los demas no es sólo la ley del dever y de la vida, si no tambien la ley de la plena felicidad, por que es mas importante aquel que hace respetar la justicia y la democracia donde no se respetaban que muchos políticos juntos. y un verdadero hijo de la patria tiene que renunciar a todo, tan sólo para servir a la nacion, al pueblo y a sus ideales. Por que antes que todo primero esta la patria". La desintegracion del imperio ejercera una notable influencia faborable sobre el desarrollo de las relaciones internacionales. Seran muchos los paises que implantaran la posicion antibélica y se incorporaran al movimiento de paz. La implantacion de nuevas reformas y la rectificacion de muchas, fortalecera al acercamiento total del pueblo y aminorara la posibilidad de conflictos.

—El programa a nuevas reformas sera aprovado por toda la nacion.

—Los pueblos o el pueblo intervendra cada vez mas en forma más activa en todas las desiciones del gobierno y de sus gobernantes.

—Los candidatos verdaderamente elejidos por el pueblo seran llamados a desenpeñar su papel destacado en la solucion de problemas y nuevos retos y formaran un equipo de trabajo para trabajar por el pueblo y para el pueblo. Sólo seran llamados los mejores para servir ala patria.

—Que se logre superar la escandalosa diferencia que existe en el nivel de desarrollo economico de los distintos paises y asegurar a todos los sectores de la poblacion.

—El fomento de la cultura sea mas activa. Que la Istoria no se a detenida en una etapa sino que sea transformada y siga el camino de la democracia popular.

—Nuestros ideales nos permiten alcanzar los mayores exitos y sera gracias al pueblo, por que el pueblo es patria y Nacion, y sin pueblo no puede aver patria ni nacion.

Por que el verdadero gobernante de una nacion es el pueblo no un mandatario, Por que el pueblo es el uni co que tiene poder amplio y apsoluto para elegir a sus gobernantes y encaso de no cumplir su papel desenpeñado y destacado, enfrentando todo tipo de retos que se le presenten. El pueblo tiene derecho y poder amplio para sustituir a su presidente cuando el pueblo lo crea presiso y combeniente. Nuestro pais cuenta con un inmenso potencial de competitividad y por tal motivo puede mejorar su situacion economica.

Por eso los candidatos ala presidencia deven de analizar bien la responsabilidad que tienen en sus manos. Para que siga nuestro pais contando con ese inmenso potencial de competitividad es necesario que se siga preparando numerosos especialistas nacionales para la industria, la agricultura y la ciencia.

Y como resultado de todo ello optendremos cada vez mas un mejor nivel tanto politico como comercial, y así tambien iran mejorando cada vez mas el nivel de vida de todo el pueblo.Pretendemos la libertad, la independencia y la felicidad del pueblo como jamas sea conocido. Es muy cierto que la clase mas acomodada nunca conocio las privaciones.

Sigue siendo inposible ablar de felicidad plena entre el pueblo mientras siga experimentando privaciones, miseria y asta hambre.

Es nuestra obligacion de darle al pueblo lo que necesite para lograr sus objetivos de progreso y ponerlo a salvo de las privaciones. Nuestros ideales de progreso abarcan todas las esferas.

—Deve prevalecer el bienestar general del pueblo, la igualdad de derechos y la paz, la livertad de exprecion, la justicia verdadera y la democracia.

—Deve tambien prevalecer el desarrollo de la persona en toda la extencion de la palabra.Todos estos ideales tienen sus raises en las condiciones sociales de la vida. La explotacion y las calamidades de todo genero con denan ala Nacion entera, de ahi que, el pueblo se una por un gran numero de deseos y aspiraciones. Estos cambios y movimientos se realisan con los mas nobles ideales que el pueblo alguna vez se imajino. La Nacion ya no puede aseptar tantos elementos falsos y cambiara Indudablemente. El pueblo antes de aseptar cualquier propuesta deve ser revisada muy cuidadosamente y ser discutida, para despues aseptarla o rechazarla.

Cabria preguntar por qué las leyes, que hasta ahora nos rijen simplemente an sido cambiadas por nuevas reformas y esto ha abierto ahora nuevos horizontes que nos permiten el ver cumplidos los mejores anhelos y esperanzas del pais. No, se trata de casualidades, los sueños del pueblo tienen bases. Todos los cambios son producto de las condisiciones, del mal sistema y de los malos gobernantes. Es el momento de que las leyes del desarrollo coloquen los ideales del pueblo como necesarios para un berdadero desarrollo.

Todas las tareas de la humanidad deven de ser lo mas perfectas quese puedan para resolverlas inmediatamente. Unos de los mas grandes problemas en nuestra sociedad es que los hombres se han vuelto esclavos de la riqueza y por eso caen en el error de la corupcion.

Los grandes ideales son los que hacen que las grandes masas sinpaticen con nosotros y nos sigan por que ablamos con la verdad, no con demagojia.El gobierno de ahora no tiene ideas ni mucho menos ideales capaces de ganarse la confianza de todo el pueblo. De ahi que recurra ala infinidad de fraudes. La Istoria nos a demostrado que el inperialismo es el peor enemigo de la paz y de la igualdad de derechos, de las libertades, la justicia y la verdadera democracia. En nuestra epoca se estan abriendo ante el mundo nuevos caminos ala realizacion de todos los ideales del pueblo.

La economia jamas deve colocarse contra la ciencia. La historia la han hecho los heroes, las grandes personalidades alos cuales los a seguido la multitud por tener confianza en ellos y por saber que sus ideales son de justicia y de igualdad de derechos.

La acumulacion de riquezas y capital viene siendo resultado de la explotacion de aquellos que no tienen nada más que su fuerza de trabajo y esto los biene combirtiendo en trabajadores asalariados y que a pesar de no darseles garantias y facilidades para que sigan estudiando, ni gosen de salarios justos asepten ser trabajadores asalariados para no morirse de ambre.

Todo trabajo es una inversion de fuerza humana en forma espesial y con fines concretos, esta calidad de trabajo crea los valores de uso y de salario justo.

Sin embargo el salario no es lo que parece ser es sólo una forma disfrazada de valor, dado que el salario no se presenta como lo que realmente es, y no ecsisten los medios absolutamente necesarios para la vida del obrero y el sustento de su familia ni de las necesidades vitales.

Todos estos problemas de los trabajadores nos hacen rea lisar un estudio donde nos damos cuenta que hay organismos muy bien organizados para seguir explotando al trabajador inventando nuevas formas de explotacion de la mano de obra, con estandares de produccion y controlando el salario de los trabajadores para así combertirlos para siempre en trabajadores asalariados faciles de explotar.

Asta ahora el salario no ha compensado el aselerado desgaste fisico del trabajador a causa de medidas insalubres en las que todavía se trabaja descuidando así medidas de seguridad e ijiene y ademas contaminando el medio ambiente. Todos los articulos de consumo, sustento y necesidades vitales deven ser controlados por la ley del precio.

Para que el trabajador no sea una masa uniforme de desgraciados sentenciados a vivir en la miseria y sufriendo de necesidades prioritarias como: el derecho a seguir capacitandose en los diferentes niveles. El pais deve contar con una mayor repartision de sus riquezas para la poblacion mas necesitada. Las promesas y peticiones en campaña de todo candidato para cualquier nivel de candidatura sean firmados por ellos y presentarlas ante la opinion publica y de los pueblos de toda la nacion entera para revisarse, aseptarse o rechasarse

Litigio de los buhos

Decia un buho defensor de la
ley
a su compañero:
Hay que defender el derecho
sin quebrantar la razon
dejar debilidadez del pecho
y dejarlo al buen corazon
Contestaba el compañero
amigo de don Dinero.
Sacar al raton del agujero
que el deber es primero
antes que la razón,
puesto que, arrepentido es
concederle el perdon
que de humanos es
no ser perfecto.
Y como la retórica es el arte
de persuadir,
el ratón del hoyo pudo salir
de lo más contento y más
feliz.
mientras doña Justicia
de un coraje se iba a morir.
Han fucilado al derecho
ya lo llevan a enterrar,
la razón quebrantada
también le ha ido a llorar.
Envano defender a don
Derecho si nunca lo han
de
respetar mejor dejar a doña
Justicia con una
divinidad Que, al que lo
defiende don Dinero
¿siempre ha de ganar?
No, la justicia tarde que
temprano
siempre se impondra.

El niño de color

Un niño, que habia nacido moreno de su color renegaba y un santo desde el cielo lo miraba. Rodeado de animalitos a un pajarito mandaba, que aquel niño negrito

algo se le enseñara. Pero el morenito no escuchaba y con

arina se polviaba. Se decia: Ahora soy blanco no me preocupa nada, ahora Dios si me mira y no como antes estaba; pero con la lluvia su color le regresaba. De pronto

la niebla surge de la nada y un buho a parece del polvo de la nada, y le dice al negrito "que su color adoraba, pues en el cielo habia un santo que lo queria y que

lo amaba, y que de el siempre cuidaba —Hijo no embidies lo que otros tienen, pues lo que se te ha dado vale también por cienes.

El topo, la vibora y el zopilote

Una vibora a un zopilote llamo estaba coludidos para
una mala acción. El sopilote es famoso por su trabajo
sucio y la vibora por su astucia. Pues queria comerse al
topo en un abrir y serrar de ojos. Se decian que el topo no veia
mas alla de sus narices, por eso tonto era,
pero el topo siempre estudiaba en lo obscuro de una
cueva. Para justificarse ante los demas al topo se le acuso de matar
al buen elefante de una mordida que le dio,
pero la vibora y el zapilote fue quien lo mato. Se inventaron
pruevas contra el topo, los demas se dieron
cuenta y en la inocencia del topo se creyo, pero como
el zopilote y la vibora eran los mas poderosos mejor
encerrado dejaron al topo para ocultar su mala acción.
Y un dia soñaron que el elefante que estaba muy pesado con una
de sus patas los aplasto.
Un chivo en problemas
Hay que triste es:
han agarrado al chivo
para poder acusarlo de algo que no hizo
porque decente es.
Fue el zopilote
y el ratón de biblioteca
que todo esto hicieron pues.
Que hable el elefante
que testigo es:
el chivo culpable es.

Que hable la gorila:
culpable es.
Que hable el ratón;
el sapo, los cerditos,
el pato, el perico,
el chimpancé
la pulga, la araña,
la víbora, la tortuga
el camaleón.
La mariposa, la avestruz,
la rana, el buho, la ormiga,
la gorila, el canario, el pato
y el oso, están a favor.
Señores el chivo ha ganado
Sueltenlo por favor.

Mi bisabuela y yo

Me acuerdo de ella mucho: cuando iba por leña. Con
sus pies descalzos, el delatal viejo que se ponía para esas
ocasiones; su revoso, sus trensas en el pelo, sus escasas
sonrisas, sus ojos serenos y su forma de ser siempre tan
serena y comprensiva; su pelo que tenía muy blanco sus
manos maltratadas por el duro trabajo y sus sombrero
que en ocasiones usaba para taparse el sol o cuando iba
por la leña y regresaba con un tercio de leña en su santa espalda,
con algunos nopales también que después cocinaba como ella
sola sabía hacerlos: con unos frigoles
muy sabrosos y tortillas hechas a mano que yo nunca
me cansaba de comer con esos ricos frigolos, solas o con
simple sal que le robaba a mi abuelita.
Una vez que estaba yo chiquito y estaba lloviendo llegue yo a su
casa todo mojado, me sentó en un bankito
de madera que ella misma hizo me presto su reboso para que no
me diera frio y me hizo una tortilla como a
mi me gustan, mientras ella soportaba el frio en la choza
asercandoce al jogon para que se le quitara el frio, se
restrejaba las manos y yo la miraba con mucha curiosidad, despues
se preparaba un café que se comia con una
dura que previamente tosto en las brazas, me ofreciuo
un poco de café y yo negue con la cabeza en señal de
que no quería, aunque, ella ya sabia que no me gustaba el café.
Su seriedad infundía en el ambiente un aire de respeto
y seguridad con un calosito de ogar. Sus inexpugnables

sentimientos casi nunca los daba a conocer abiertamente y yo no
me atrevi a romper su silencío, porque no me
entendía muy bien lo que yo trataba de decirle, porque
era muy pequeño todavia, y el frio menos me dejaba porque con
mis dientitos de leche hacia mas ruido que unas
castañuelas, estaba titiriteando de frio; le ofreci de nuevo su
reboso para que no sufriera la pobresita pero no
quiso; asi que, yo segui cobijado con el reboso que ya
estaba humedo en esos instantes. Me miro y le mire,
me sacudio el pelo y me ofrecio una dura que habia estado
calentando entre las brazas, agarre la tortilla dura
e inmediatamente la solte porque aun no se enfriaba
bien. Despues ella entre la obscuridad busco un pocillo de barro,
calento el agua y me hizo un té, agarre el
pocillo y lo puse en el suelo para que se enfriara, ella
busco una cuchara de madera que inmediatamente encontro,
parecia como si sus ojos estuvieran ya adaptados a la
obscuridad del cuarto de adove y detejas el
techo. Me dio la cuchara de madera para que enfriara
mi té, recogi mi dura del suelo y la limpie de la tierra,
y empece a mordisquiarla sin que mi bisabuela y yo dijeramos una
sola palabra; en eso entraron mis tias que
me dijeron: ¡a con que aquí as estado ¡e pequeño bribon y
nosotras buscandote por todas partes. Tu mamá
esta enojada porque te mojaste. Maria ya le dijo a tu
papa para que te regañe. ¡aber! ¿Qué estas comiendo comelon?
Yo les enceñe lo que estaba comiendo y les ofreci mi té, les
invite de mi dura, ellas sentaron serca del
jogon para calentarse un poco mientras me regañaban
y rechazaban mi convite. Entonces mi bisabuela por
fin hablo y dijo: dejenlo, no lo regañen, que aquí ha
estado sentadito desde que llego, diganle a su mamá y
su papá que no lo vallan a regañar, que le preparen
un chocolate caliente y lo acuesten para que se duerma y no se
valla a enfermar. Eso fue todo lo que dijo

mi bisabuela y yo hasta entonces hable y dije: ya mi
voy mamichuy.
Que Dios te acompañe hijo; dijo por última vez; acto segido mis tias me tomaron de la mano y salimos
de la choza de mi bisabuela. Para entonces, ya había
dejado de llover. Mis tias me dejaron en la casa, y mi
mamá me dijo: "que quien me habia dado la dura",
que todavia estaba mordisquiando, mientras mis tias
se iban a su casa burlandoce de mi, porque una a la
otra decia: mira cómo come, come rete chistoso, con
sus dientillos no puede morder bien la tortilla, ja, ja,
ja.
Yo no hice caso de sus burlas y chanzas, y me fui a dormir cuando termine de comerme toda la tortilla.
Recuerdos como esos y como muchos otros, llegan muchas veces a mi memoria con frecuencia y con nostalgia.
Te cuento esto para que siempre recuerdes tus orígenes
de cuna humilde tambien y nunca te avergüences de
tus raices.

Estas creciendo

Me han dicho que estabas empezando a dejar de ser niña, y yo
no lo queria aseptar, pues, para mi, niña siempre seras. Pero
pensandolo bién tíenen toda la razón y
yo he de aseptarlo con dolor de mi corazon.
Cuando yo tenia tu edad, me molestaba que me trataran como a
un niño, que me dijeran niño, porque yo
me sentía un jovencito ya. En mis cumpleaños no queria
pasteles, pedia una pelota para poder jugar y no queria jugar a la
vibora de la mar, no queria que me felicitaran
pues me resultava cursi; sólo queria que me trataran como un
jovencito y ya.
No queria que mi mamá me peinara; y alegaba que mi
papá ya no pe podía regañar, que le ayudaria a trabajar,
que algun dia terminaria de estudiar para ganar de dinero mas.
Ahora que he crecido puedo comprender que por mas
que se cresca nunca se deja de ser niño; eso aprendelo
y recuerdalo muy bien.
Como *hermanas*
Georgina una hueranita niña, es muy estudiosa y mucho
se le admira. Por la escuela se pasea con su amiga Marisol que
tambien es bella niña y tambien eclipsa al sol.
Se han buelto inseparables, en ellas hay amor, han sido
muy amigas eso lo se yo, apenas van creciendo. Y ya,
un niño el corazón les robo. El las quiere y las respeta
como su hermano mayor, Que lindo recuerdo me ha llegado hoy,
pues, ese niño soy yo.

El niño escritor

Este era un niño que jugaba ha ser escritor, adopto un seudonimo, que sus iniciales son: el sonido del tambor. TAM, TAM, TAM, se escucho, y America le respondio. Por Europa, Africa y Ocenia también le respon dian, pues ahí tambien habia, y en Australia se estremecian. Y entonces en todo el mundo se escucho el seudonimo del niño que jugaba a ser escritor; y su seudonimo, que sus iniciales son: El sonido del tambor. TAM, TAM, amor; TAM, TAM, paz; TAM, TAM, bienestar; TAM, TAM, felicidad; TAM, TAM, ilucion; ilucion del niño que jugo a ser escritor.

La lectura es vida

Un niño que jugó ha ser escritor dio vida a un personaje, que
mucho lo conmovió y de sus escritos se salió.
Hera un huerfanito que usmeaba a qui y alla con avida
curiosidad, y como no encontró mucho los libros se puso a
estudiar. De los libros no se le podia quitar, en veces comia
poco para luego continuar. Deboraba pagina
tras pagina una y otra más, decia "que se alimentaba de
toda la lectura para su vida continuar". Y hasta entonces ese niño
sigue vivo gracias a la lectura que lo pudo
alimentar.

Los dos hermanos

A mi memoria ha llegado lo que sucedió a dos hermanos. Al primero le gustaba el juego de manos y sus libros tenia olvidados. El otro los cuidaba y los queria, los destelarañaba, los leia y los guardaba, Asi fueron creciendo los niños y la colección de libros que uno de ellos guardaba. Un dia el señor Destino quiso dar por esposa a su hija la Felicidad y les dijo que el que le respondiera una pregunta le concederia el bienestar para él, y su hija la Felicidad. La pregunta era: ¿Qué es lo que le pesa mas al hombre? El primero dijo: El estomago, mesandoce las manos. El segundo dijo: lo que le pesa mas al hombre es su ignorancia si nunca estudio o se preparo, y si lo hiso lo que le pesa más es no poder llegar a ser sabio del todo. Como el segundo fue quien estaba preparado. pues por siempre se quedo con el bienestar y la Felicidad.

Reflexion

Desolador silencio, aire silvando, hojas corriendo ala
direccion donde las lleva el aire. Volteo mi cabeza y mi
mirada choca con una barda que separa a los vivos de
los muertos. Reflexiones invaden mi mente: ahí se reunen todos
sin importar si fue bueno, malo, bondadoso,
alegre, borracho, mugeriego, etc. Ahi es donde todos vamos a
pasar fisicamente haciendo una fucion de materia. Despojos
fisicos que sólo sirven para alimetar la
tierra y los recuerdos. Tumbas, testifas fieles del sufrimiento y de
la perdida irreparable; cruces que gritan en
voz en cuello: No me olvides espiritualmente por que
fisicamente ni las luces del cuerpo quedan. Lugar triste,
desolador y silencíoso lleno de recuerdos futiles; risas jovenes e
infantiles que sólo el recuerdo no las trae con
todo su esplendor. Empieso este rezo y digo: Gracias
Dios te doy por darme la vida y cuidarme por brindarme paz
y bienestar ami y mis familiares, amigos y conocidos. No
puedo rezarte un padre nuestro por que
aún soy niño y no lo sé, apezar de que en la escuela un
año mas pasé. Mi tia:— En que piensas hijo, que de pronto te
quedaste callado sin decir palabra alguna, cosa
rara en ti. —Soló pensaba tia que es bonito vivir y ser
feliz en vida, porque despues seria demaciado tarde
para tratar de querer hacerlo. —Hijo creo que te estas,
iniciando en la filosofia de la vida y estas creciendo,
fisica, moral y espiritual.

Madures

Que importa, que importa tener los pies cansados, que
importa el color desaparecido del castaño, las manos torpes por
los años, y el rostro lleno de surcos que ya fueron sembrados,
ojos por demas cansados, muecas envez
de risas, recuerdos desmarañados, sueños de juventud ya
apagados. Los cabellos canos por los aires arrastrados,
palabras que no se lleva el viento, y recuerdos concensados. No
hay reproches a la vida ni al destino. Sólo
satifacción de hombre bueno haber sido, en los dilemas del
destino. En la lejania de los rios la juventud renace como que
fenix desde su propio ser. Por ahora
demos rienda suelta a la alegria y enterremos las tristezas, pues lo
importante es haber llegado, pues haber llegado es una dicha
de vida larga, recuerdos felices y frutos
cosechados.

Introducción:
historicos, políticos y culturales:

Prefacio.
Pero quién pudiera pasar por alto la necesidad imperiosa de
escribir cuando por sus venas corre la, tinta que
le apremia a realizar el ríto sagrado de plasmar en el papiro las
inquietudes; las interpretaciones más claras, precisas, veraces
y esactas de las cosas; que a juicio de] actor
y su libre albédrio le parescan.
No se alarmen si se llegacen a equivocar, puesto que el
viejo adagio y canon ya dice:
Algunas veces lo que parece ser no lo es.
Por eso, si te crees juez eres historiador o remembrador
de la historia tú peor error seria que no actuaras con
imparcialidad; y si eres un simple ciudadano como yo.
formate el concepto de la vida y de las cosas según tu
propia conciencia; que si llegaces a, errar, ella misma
tal vez te lo dira. Acuerdate que ya lo dijo Platón: Es
más vergonzoso actuar con injusticia que padecerla.
Díficil es empezar y facil perderse en el mar de la ideas,
cuando la musa de la inspiración en una de su lección
te indica con toda presición
que a la critica rovaras un poco de atención.
Tantos caminos hay en la vida
que les es dif'ícil escoger
y más para un ser humano
que apenas empiesa a crecer
Tantos caminos hay

pero pocos son los buenos,
pero todo esta en saber
y poder reconocerlos.
Tantos caminos hay
que asta temor nos da,
por eso debemos cuidarnos
de nunca tropezar.
Caminos tan bariados que van cambiando
siempre al transcurso de los años;
y siempre los caminamos
como buenos humanos
tratando de llegar aquel
que nos an marcado.
En ocaciones; te puede parecer
un poco cansado y asta pesado,
pero a cada paso logrado,
¡Seras recompenzado!
Arena que siempre corres
y no puedes detenerte,
crees que un camino tienes,
pero lo que no sabes,
es que el viento no miente, y
que algunas veces te lleva,
por un camino diferente.
Pero eso no te preocupa tanto,
porque sabes que talvez,
son caminos santos.
Porque el Señor te gía con amor,
los que nosotros llamamos…
los caminos; de, Dios.
Como reconosco que siempre he dicho que mi patria
es el idióma, refiriendoles que: lo que sigue: a continuación no lo
refiero por mi gusto Si no por preción. Preciones que resivi
de infinidad de gentes de diferentes
estatus sociales: presidentes, congresistas, legisladores de
diferentes partidos politícos que me hicieron el comentario, al

igual que gobernantes del estado, también:
generales, abogados, doctores, medicos, custodios, reclusos;
algunos medios de comunicación masiva y hasta mi familia.
escritores trabajadoras sociales, psicologas, psícologos,
directores y profesores. Uno me lo pedían seguramente para ser
materia de estudio, otros con hiperbolika intención, otros
por convicción por gusto o diverción
otros por curiosidad, morvo o que sé yo.
Es menester aclararles que creo careser de erudicción,
que soy autodidacta pero lo hago de corazón, y que mucho menos
me siento poeta, cantante, pintor o escritor, pues caresco de
delirios que me hagan sentir lo que
no soy. :No es tampoco complejos de inferioridad o
pensamientos ambivalentes, problemas psícologicos,
emosionales o de estavilidad.
Los que quieran hacer algún daño siempre alegaran sobre cosas
que no son, por eso, mejor lo dejo al tiempo
y a la gente, que son los que tienen razón.
Pero dejemos la retorica por un momento y veamos las
cosas con un nuevo aspecto filósofico de ver la vida.
Es cierto que para referir sobre algunos temas es necesario
conocer de terminologias,ca.los, etimologias, psi
cologia, historia universal; literatura en general entre ella
filología, logologia, teologia, edniología y muchas otras
más
Quise uvicar la historia, los personajes, el lugar, el modo, el
tiempo, lo ocurrido, todo sacado de la ficción,
aunque mucho sea tan real como lo veran acontinuación.
Pues como todas las historias que nacen en una mesa,
una vela, una f'ojata: entre los amigos, familiares o porque a
alguien se le escucho. Asi también quiero clase
empiese esta historia, pues creo; que es mejor.
Entonces empezare contandoles, que: alrededor de
una fogata, cuando surgen gentes contando lo que mi
ojo no vio pero que mi oido escucho con muchisima
atención.

Cada persona cuenta sus historias como lo demanda la
ocacion, de eso, usted esta seguro asi como también yo
al que no recuerdo hoy, cantaba esta historia que sigue
a continuación: En estilo que pudiera talvez sonar trillada quisiera
empezar, pues por ser ignorante no conosco otro mas.
Sucede, que entre muchisimos temas que hubiera podido abordar,
he escogido este, que tiene mucho de real
y lo dire de forma peculiar, dedicándolo de todo corazon al que
me quiera escuchar, Salud también a las siguientes personas
que aunque no se donde ahora estan,
algun dia se enteraran: Octavio Paz, Carlos Fuentes, Juan
José Arreola, "Pita" Amor y muchos más que no nombro, para
evitar cosas que se puedan tergiversar.
Salud también para: Gabriel García Márquez, Mario Vargas
Llosa y Camilo José Cela, y como lo dije anteriormente: no
menciono a otros que mucho quisiera
mencionar.

Aburto de Laura Sánchez Ley
se terminó de imprimir en el mes de julio de 2022
en los talleres de Diversidad Gráfica S.A. de C.V.
Privada de Av. 11 #1 Col. El Vergel, Iztapalapa,
C.P. 09880, Ciudad de México.